ARKANA

W0197316

Buch

Finanzieller Erfolg und materieller Besitz sind die Parameter, an denen der Einzelne in der Konsumgesellschaft gemessen wird. Wehe dem, der da nicht mithalten kann! Hexe Sandra gibt Hilfestellung. Mit magischen Tipps greift sie in den verhängnisvollen Kreislauf aus Misserfolg, Mutlosigkeit und vertaner Chance ein. Die schwarze Magie des Geldes bezwingt sie mit weißen Gegenkräften. Am Beispiel von Fällen aus ihrer täglichen Hexenpraxis zeigt sie, wie Öle, Kräuter, Amulette, Gebete und Rituale auch notorischen Verlierern wieder zu neuem Schwung und frisch erlebter Motivation verhelfen. Ob beruflicher Neuanfang, Karriereplanung oder der erste Schritt in die Selbständigkeit – für jedes Vorhaben hält sie den passenden Zauber bereit. Sie verrät Hexenrezepte für anhaltenden Erfolg und gegen akut drohende Situationen, erteilt Ratschläge zum Umgang mit Konkurrenten und Neidern und lehrt, Sieg und Niederlage richtig zu nehmen.

Autoren

Sandra wurde 1940 in Prag geboren und entstammt einem alten Adelsgeschlecht. Sie ist Mutter dreier Kinder und lebt und arbeitet als Hexe in München, wo sie auch einen eigenen Laden für magische Utensilien leitet.

Arno Frank Eser, Jahrgang 1953, ist Buchautor und Journalist. Er arbeitet für die Münchner Abendzeitung und verschiedene Magazine.

Bei Goldmann sind von Sandra bereits erschienen:

Ich, die Hexe (12134)
Hexenrituale (12193)
Rezepte aus der Hexenküche (14198)
Weiße Magie, Schwarze Magie, Satanismus (21527)
Liebeszauber (21597)

SANDRA
ARNO FRANK ESER

GELDZAUBER

Sandras Hexentipps
zu finanziellen und
beruflichen Problemen

ARKANA
GOLDMANN

Für meine Familie

Originalausgabe Dezember 2002
© 2002 Wilhelm Goldmann Verlag, München
in der Verlagsgruppe Random House GmbH
Umschlaggestaltung: Design Team, München
Umschlagabbildung: Zefa/Müller
Satz/DTP: Martin Strohkendl, München
Druck: Elsnerdruck, Berlin
Verlagsnummer: 21622
Redaktion: Ralf Lay
WL · Herstellung: WM
Made in Germany
ISBN 3-442-21622-2

1. Auflage

*Dieses Buch widme ich voller Liebe
meinem Sohn Rainer,
meiner treuen und wunderbaren Gefährtin,
Mitarbeiterin und Hexentochter Lucy,
meiner Freundin Angy
und auch von ganzem Herzen
meinem Koautor Frank,
der nicht nur wunderschön und treffend
formulieren kann,
sondern mich auch immer wieder
mit neuen Ideen überrascht
und zu neuen Ufern geleitet hat.*

Sandra

Inhalt

Vorwort

Unter dem viel sagenden Titel *Geldzauber* kann man sich natürlich einiges vorstellen. Im Geiste sehe ich schon all die Glücksritter vor mir, die nun der irrigen Meinung sind, dass in diesem Buch der schnell wirkende Hokuspokus zu finden sei, von dem sie in ihrer Verzweiflung schon so oft geträumt haben: der Zaubertrank, den man kurz vor dem Ausfüllen des Lottoscheins einnehmen muss, das Amulett oder der Talisman, mit dem man König der Spielbank wird, und das Ritual, das den Gerichtsvollzieher in einen Goldesel verwandelt. *Simsalabim, die Geldsorgen sind weg ...*

So einfach geht das freilich nicht; dennoch gibt es zahlreiche Rezepte und Tipps aus der Hexenkultur, die genau dort ansetzen, wo es im Fall der Geldprobleme hapert: beim Selbstbewusstsein, beim richtigen Vorgehen im aktuellen »Brandfall«, beim beruflichen Misserfolg und im Fall des finanziellen Desasters. Denn alles hat seinen Grund und damit auch sein Gegenmittel. Wer die Zusammenhänge kennt und begreift, sich dazu noch ein bisschen Unterstützung aus dem Schatz der Magie holt, ist schon ganz gut unterwegs auf dem Pfad der Besserung. Ich kann in diesem Buch also einiges mehr bieten als ein billiges Simsalabim, das dann zwar oberflächlich helfen würde (wenn es so etwas gäbe!), aber nichts an der zugrunde liegenden Fehlerquelle änderte, an der eigenen Person und ihrer geistigen und spirituellen Ausrichtung. Wir kennen doch genügend Beispiele von reichen und steinreichen Leuten, seien es nun bekannte Schauspieler oder Musiker, die trotz all ihrer Millionen auf dem Konto alles andere als ein glückliches Leben führen, die in Depression, Sucht und Selbstmordgefahr verfallen. Die weder in der Liebe klarkommen noch in finanziellen Dingen, die ihre persönlichen Defizite mit immer mehr Konsum zu befriedigen versuchen. Das kann es also nicht sein, was wir anstreben wollen.

»Deren Sorgen möcht ich haben«, höre ich nun viele sagen, weil sie das Thema Geldprobleme von der anderen Seite kennen. Jede Rechnung, die der Postbote bringt, liegt bleischwer auf ihrer Seele, jede Mahnung nagt an ihrem Selbstbewusstsein. Und kaum hatten sie einmal die Chance, sich finanziell ein bisschen zu erholen, kommt von irgendeiner Seite wieder ein richtiger Hammer daher, sei es die Heizkostennachzahlung oder das Finanzamt. Der Alltag im Konsumparadies Deutschland ist härter geworden; an große Investitionen wie Hausbau oder ein schönes Auto mag manch einer gar nicht mehr denken, geht es doch vielfach schlicht ums Überleben. Und dabei muss man ja immer noch so tun, zumindest vor Freunden, Kollegen oder Nachbarn, als ob alles in Ordnung sei, und man zu denen gehöre, die vom Erfolg gekrönt sind. Die zumindest keine Schwierigkeiten mit dem »lieben« Geld haben.

Die Wirklichkeit sieht schon lange anders aus. Eine Rezession hat das Land erfasst: die Zahl der Betriebspleiten und auch die Überschuldung der privaten Haushalte ist so hoch wie nie, Tendenz steigend. Auch wenn uns die meisten Politiker mit ihren Sonntagsreden das ganze Dilemma immer wieder schön zu reden versuchen, sind die neuen Boommärkte wie Computertechnik bzw. neue Medien in sich zusammengebrochen wie ein Kartenhaus; unter sich begraben haben sie Hoffnungen von kleinen Angestellten und inzwischen verzweifelten Investoren. Aus meiner Praxis kenne ich unzählige Menschen, die aufgrund solcherart verursachter finanzieller Sorgen der Lebensmut verlassen hat und die depressions- oder gar selbstmordgefährdet sind. Neben den Problemen mit der Liebe bilden die Klienten mit Geldsorgen in meiner täglichen Beratungspraxis die zweitstärkste Gruppe. Lange Wartezeiten bei den Schuldnerberatungsstellen zeigen, dass auch bei nichtesoterischen Einrichtungen immer häufiger und immer mehr Menschen mit existenziellen finanziellen Sorgen Rat suchen.

Erst wenn man in einer prekären Situation steckt, werden allgemeine Probleme die eigenen. Das gilt für alle Bereiche, ob nun auf dem Gebiet der Liebe, der Gesundheit oder eben dem der Finanzen. Das war schon immer so, und das wird wohl auch immer so bleiben. Falls Sie zu den Betroffenen zählen, haben Sie jedoch schon den wichtigsten Schritt unternommen: Sie wollen sich informieren und Ihre Lage in den Griff bekommen. Endloses Lamentieren und Sichverlieren in Diskussionen über den Sinn oder Unsinn des Phänomens Geld bringt Sie nämlich erst mal nicht weiter.

Denn eins ist klar: Die Konsumgesellschaft hat »gewonnen«. Zumindest vorläufig. Und ihr »Sieg« ist sehr wahrscheinlich von größerer Dauer. Also müssen wir uns dieser Realität stellen. Geld regiert die Welt, wer die Geldmacht hat, hat auch das Sagen. Das sind Einzelweisheiten, aber große und kleine Familien müssen sich ebenso wie Firmen, Konzerne, nationale und internationale Politiker und Religionsgemeinschaften diesen fragwürdigen, aber dennoch siegreichen Grundsätzen anpassen, und wenn es noch so schwer fällt. Selbst so genannte Aussteiger können nur bis zu einem gewissen Grad wirklich der Leistungsgesellschaft den Rücken kehren: In aller Regel müssen sie dazu über ein erkleckliches Sümmchen auf der hohen Kante verfügen. Ohne Moos nix los!

Dabei ist es wirklich ein Phänomen, wie das Ganze funktioniert. Denn Geld hat mittlerweile nur noch einen Nennwert. Was früher richtiges Gold war bzw. einen Gegenwert hatte, ist inzwischen nur noch eine Zahl. Eine Zahl auf dem Kontoauszug, auf dem Magnetstreifen der Kreditkarte, auf der Aktie. Die im Kontext dann wieder Vermögen und Macht bedeutet. Oder aber, sollte ein Minuszeichen vor dieser Zahl stehen, Schwierigkeiten und oft genug auch Not.

Finanzjongleure machen uns vor, wie man schnell zu einem Vermögen kommt. Man kann sogar mit einer Pleite noch reich werden. Oft genug aber auch – und das befriedigt meinen Sinn für Gerechtigkeit – fallen diese wilden Konstruktionen aus Spekulation und Skrupellosigkeit in sich zusammen. Die Logik der Natur ist eben eine ganz andere als die der selbst ernannten Finanzartisten. Es würde meinem Sinn für Gerechtigkeit allerdings noch wesentlich mehr entsprechen, würden nicht immer wieder die so genannten »kleinen Leute« unter derartigen verantwortungslosen Firmen und ihrem oft recht spektakulärem Ende leiden: all die Angestellten, aber auch die Endverbraucher, die unter der vertrackten Logik der Finanzwelt und dem offenbar unvermeidlichen Tanz um das Goldene Kalb so schmerzhaft auf der Strecke bleiben.

Schon die Teenager stehen unter einem von Werbung, Marketing und Imagevorstellungen gehetzten Konsumzwang, müssen mit Markenkleidern und dem angesagtesten Handy im Gleichaltrigenverbund konkurrieren können. Sind sie dann achtzehn und verfügen sie über erste Einnahmen, können sie Kredite zur Befriedigung ihrer Konsumbedürfnisse aufnehmen und werden so bereits zu Beginn ihres Berufslebens zu Schuldnern. Allein die laufenden Kosten für das Handy können sich zu einem riesigen Problem auswachsen. Und falls sich die »Kids« noch in der Schule oder in der Ausbildung befinden, wird das Problem der Handyrechnungen auf die Eltern abgewälzt.

Wenn Familien schließlich von Arbeits- oder gar Wohnungslosigkeit betroffen sind bzw. wenn diese Situation bevorsteht, wird das Ganze scheinbar ausweglos. Es staut sich Hass an. Hass auf die eigene Lage. Aber auch auf alle, die mehr haben als man selbst, die anscheinend nicht unter finanziellen Problemen leiden müssen. Bei einfach strukturierten Geistern ist der Schuldige denn auch vielfach gleich gefunden: Erst ist es der Staat, dann kommen sofort »die Ausländer«, die uns angeblich irgendetwas wegnehmen, vielleicht sogar die Möglichkeit, eine Arbeitsstelle zu finden. Und wenn keine Ausländer da sind, die man beschuldigen könnte, greift man auf Angehörige fremder Religionsgemeinschaften zurück. Im Mittelalter waren es die Hexen, im Dritten Reich die Juden, und im 21. Jahrhundert nehmen die Muslime in vielen verengten Köpfen diese Position ein. Denn ein Sündenbock muss her, und das schnell und um jeden Preis, damit das eigene ramponierte Selbstbewusstsein sein ach so nötiges Ventil bekommt.

Akteure auf der politischen Bühne, die in diese Kerbe schlagen, dürfen fast immer mit regem Zulauf rechnen, und das nicht nur in Deutschland. Wer Brot und Lohn verspricht, gleichzeitig einen Schuldigen präsentiert, der als Bösewicht und Verursacher der eigenen Wohlstandskrise angeprangert werden kann, hat bald eine große Zahl kleiner Geister um sich geschart. Wohin das im Extremfall führen kann, demonstrieren nicht nur Verbrecher wie Hitler. Es gibt immer noch viele kleine und große Rattenfänger ähnlichen Strickmusters über die ganze Welt verstreut. Überall, wo Inflation, Rezession und Not das Heft in die Hand nehmen, finden sie ihre Plattform und ihren Nährboden.

Wie sehr auch in der westlichen Konsumwelt die Schere zwischen Arm und Reich immer mehr auseinander klafft, schlimmer noch schneidet diese Schere allein mit aggressiver Wirtschaftspolitik die Welt in zwei Hälften, in eine reiche und eine arme. Ein Drittel aller Menschen auf unserer Mutter Erde haben in ihrem Haus oder in ihrer Hütte weder fließendes Wasser noch Strom. Und ich weiß nicht, wie viele Menschen noch nicht mal eine Ahnung davon haben, was elektrisches Licht überhaupt ist. Es gibt unzählige Bestrebungen, dass alles so bleibt, wie es ist – die Reichen reich und die Armen arm. Denn Reichtum auf der einen scheint sich immer nur mit Armut auf der anderen Seite erreichen zu lassen. Es finden Weltwirtschaftsgipfel statt, doch sind Milliarden Menschen vom Weltmarkt ausgeschlossen; und selbst Institutionen wie die Weltbank und der internationale Währungsfonds bestreiten mittlerweile nicht mehr, dass ihr Globalisierungsmodell nicht die erwarteten Ergebnisse bringt. Zumindest offiziell reden auch sie jetzt von der Kehrseite der Medaille, zum Beispiel der Schuldsklaverei.

Vor den Toren der Konferenzräume rufen Heerscharen von Demonstranten nach einem Stopp der zerstörerischen Politik. Einige werden sogar gewalttätig. Man nennt sie dann gleich alle »gewaltbereite Chaoten« und kriminalisiert sie damit kollektiv. Das tatsächliche Problem wird mit solchen Maßnahmen aber nicht gesehen, geschweige denn in Angriff genommen.

Als am 11. September 2001 islamistische Fanatiker die Türme des World Trade Center zu Fall brachten und zwei weitere Jets zu terroristischen Attacken benutzten, ging ein Schock durch die ganze westliche Welt. Es war blanker, menschenverachtender Terror, aber alle Beobachter waren sich sofort darüber einig, dass es sich vor allem auch um einen Angriff auf die Symbole der kapitalistischen Weltwirtschaft nach amerikanischem Muster handelte, die allenthalben Ursache unendlichen Leids derer auf der Verliererseite ist. Man kann Menschenleben nicht gegeneinander aufrechnen, dennoch muss man sich einmal vergegenwärtigen, dass infolge der unverantwortlichen Wirtschaftspolitik der Starken weltweit täglich Tausende von Kindern Hungers sterben.

Doch solche Töne wollte niemand hören. Statt vornehmlich auf eine Situation hinzuarbeiten, die für mehr Gerechtigkeit in der Welt sorgt und letztlich wahnwitzigen Verführern vom Schlage Osama bin Ladens nachhaltig den Nährboden entzieht, sucht man vor allem die Schuldigen und trampelt bei dieser Suche rechts und links des Weges wieder Unmengen weiterer unschuldiger Menschen zu Tode. So wird sich die Spirale der Gewalt, die sich ursächlich auf die Auswüchse einer entfesselten kapitalistischen Politik zurückführen lässt, wohl fortsetzen.

Geld an sich ist also schwarzmagisch, daran gibt es keinen Zweifel. Die negative Energie, die durch Geldgier ausgesandt wird, kommt auf den Verursacher zurück. Und alles, was mit (Geld-)Macht und Manipulation zu tun hat, muss unter diesem Aspekt gesehen werden.

Als in früheren Zeiten der Tauschhandel gang und gäbe war, ging es vielleicht ein bisschen gerechter zu. Aber auch um einiges komplizierter. Denn wer setzte beispielsweise den Wert von zwei Rindern in Hühnern fest? Und wer rechnete aus, wie lange man für zwei Rinder arbeiten musste?

Ungefähr 2000 vor Christus erfanden dann die Sumerer die Schrift. Jedenfalls stammen die ältesten Texte aus dieser Zeit. Darin wurden schon verschiedene finanzielle Transaktionen beschrieben. Es hatten sich mittlerweile gewisse

Tauschwerte eingebürgert, etwa sieben Ziegen für ein Rind. Die Priester in den Tempeln setzten dann allgemein gültige Umrechnungstabellen in Kraft, die von den am Marktgeschehen Beteiligten akzeptiert wurden. Darüber hinaus wurden in den Tempeln gewisse Gold- und Silbermengen aufbewahrt, Materialien, die man mit dem Attribut der Heiligkeit versah, die als göttlich galten. Als dann für jedes Tauschgut ein theoretischer Gegenwert in Gold oder Silber festgesetzt wurde, hatte man eine Rechnungseinheit gefunden, die universal anwendbar war. Das war die Geburtsstunde des Geldes. Obwohl die Sumerer selbst nie welches besaßen.

Für die Armen war dieses »unsichtbare Geld« wahrscheinlich ein Segen. Es schützte sie nun nämlich vor der Willkür der Reichen. Denn die hatten bislang nur das gegeben, was sie wollten, und konnten damit ihren Wohlstand immer weiter ausbauen. Im Streitfall entschied jetzt ein Priester, indem er sich an seinen Tabellen orientierte.

Im antiken Griechenland bestand das erste »Geld« aus Spießen mit Ochsenfleisch. Damit bezahlte man Richter für ihre Arbeit. Und auch die Bürger Athens hatten bei Festen auf solche Spieße Anspruch. Man nannte sie *obelós* (= Bratspieß). Irgendwann wurde dieses Verfahren wohl zu umständlich, und man ersetzte die Spieße durch Münzen, die aber weiterhin *obelós* hießen. (Wahrscheinlich waren die ersten Münzen dieser Art kleine, spitze Metallstücke.) Von diesem Begriff kommt, wie man sich denken kann, das Wort »Obolus«.

Nach den Münzen kam der Münzenbrief aus Papier, der versicherte, dass das Stück Papier einen bestimmen Münzwert und der Besitzer tatsächlich an einem bestimmten Ort die entsprechende Münzanzahl hatte. Denn in dem Moment, in dem die Münze wertvoll geworden war, wurde es auch schwer, mit ihr zu hantieren. Erstens aus Platz- und Gewichtsgründen, zweitens aber auch unter dem Aspekt der Sicherheit. Ein Münztransport zog Räuber an wie ein Magnet. Papier war also sicherer. Bis man darauf kam, dass man solches Papier auch fälschen kann ...

Wir sehen also, schon nach dieser stark vereinfacht und sicher lückenhaft dargestellten Geschichte des Zahlungs- mittels, dass die Verknüpfung von Geld und Kriminalität bereits im Wesen der Sache liegt, und zwar fast von Anfang an. Was sich zeitweise als Regulativ zur Herstellung von Gerechtigkeit präsentierte, wurde schnell und entschlos- sen mit den Mächten des Bösen belegt.

Doch gebe es kein gerechteres System als das kapita- listische, meinen dessen Befürworter. Und verweisen auf den Wohlstand der kapitalistisch orientierten Länder, ei- nen Wohlstand, der aber ungerecht verteilt ist und immer mehr bröckelt. Salopp formuliert, sitzen in amerikanischen Großstädten die Bettler schon in Viererreihen und halten die Hand auf. Und in gewisse Viertel der Boomtowns in den USA darf man sich als Tourist gar nicht mehr wagen, es sei denn, man riskiert bewusst, ausgeraubt zu werden. Auch bei uns nehmen Pleiten, finanzielle Notsituationen, Hoff- nungslosigkeit und in deren Folge Kriminalität immer mehr zu.

Fast sieht es so aus, als wollten die Götter nun dafür Ra- che üben, dass unser Wohlstand großenteils auf der Aus- beutung der armen Länder aufgebaut ist, dass an unserem Geld Blut klebt. Das Blut von Bananen- und Kaffee-Ernte- helfern aus Afrika, von Teesklaven aus Indien, von Dia- mantenschürfern in Afrika, von Bauern, Fischern und Zie- genhirten in den arabischen Ländern. Denn eine Instanz, die wie die Priester der Sumerer mit ihren Umrechnungs- tabellen für Gerechtigkeit zwischen Arm und Reich sorgen sollte, sucht man vergebens. Das Phänomen Geld hat sich selbständig gemacht, die Kräfte des Kapitalmarkts sind ungezügelt, die Gier nach dem Mammon fegt wie eine tollwütige Bestie quer über die Erdkugel.

Das alles darf uns aber auf keinen Fall dazu verleiten, ebenfalls »tollwütig« zu werden. Raub rechtfertigt keinen Gegenraub; und nur weil es soundso viele Gangster gibt, ist das für uns noch lange keine Legitimation, ebenfalls zu Verbrechern zu werden. Sie wissen vielleicht aus meinen früheren Büchern, und es klang weiter oben schon an: Jede negative Energie, die wir aussenden, kommt früher oder später auf uns selbst zurück. Das ist ein universelles Gesetz. Es geht hier also nicht nur um Moral und Ethik, sondern schon um Selbstschutz.

Meine Tipps für den Umgang mit der schwarzmagischen Bestie Geld sind daher ausschließlich und durch und durch weiß. Ich mache Sie mit magischen Rezepten aus Afrika, Haiti und New Orleans bekannt, aber auch mit dem Kulturschatz der ganz traditionellen und bäuerlichen Magie hiesigen Ursprungs. Alles, was schwarze Magie ist, hat bei mir nichts zu suchen.

Ich bin mir in diesem Punkt mit meinem Koautor Arno Frank Eser absolut einig, und das, obwohl wir sonst so gern diskutieren und streiten. Es ist jetzt unser viertes gemeinsames Buch (mein sechstes insgesamt), und wir wissen, dass wir mit der Weigerung, schwarzmagische Weisheiten weiterzugeben, sehr gut fahren. Und das nicht nur aus den vielen positiven Briefen, die uns erreichen, sondern auch aus innerster Überzeugung heraus. Sie werden sehen, dass Sie ohne Hühnerblut und ohne Beschwörungen schwarzer Geister Ihrem Ziel viel näher kommen werden und Ihre finanziellen und beruflichen Probleme auf diesem Weg, den wir unter der Überschrift »Geldzauber« anbieten, selbstbewusst, selbstbestimmt und selbstverantwortlich regeln können, indem Sie an sich selbst und auch an Ihrer Situation arbeiten.

In den Schoß wird Ihnen nichts fallen – Sie müssen sich schon so manch unangenehmer Überlegung stellen. Und Sie sollten auch konsequent und genau sein, wenn Sie die von mir empfohlenen Rituale anwenden. Außerdem brauchen Sie Geduld. Denn nicht jeder Tipp und auch nicht jedes Ritual führen gleich zu Anfang zum Erfolg; manche davon sind schon im Konzept so angelegt, dass sie erst auf Dauer Früchte tragen. Aber das tun sie dann ganz gewiss.

Und wer jetzt immer noch meint, für sein Seelenheil und den Geldsegen doch lieber oder gleich ganz unbedingt ein bisschen Simsalabim und Hokuspokus zu brauchen, der hat woanders sicher mehr »Glück« – bei Harry Potter vielleicht ...

1

• • • •

Alle haben Erfolg,
nur ich nicht!

Kennen Sie dieses schreckliche Gefühl, im Berufsleben ein absoluter Versager zu sein? Rechts und links von Ihnen ziehen die Kollegen als Karrieristen vorbei, bekommen bessere Posten und höhere Gehälter, nur Sie selbst stehen immer noch da, wo Sie schon vor Jahren angefangen haben? Sie machen tagein, tagaus gewissenhaft Ihren Job, sind sich sicher, dass Sie auch nichts anders machen als Ihre Kollegen, ja, im Gegenteil, dass Sie vielleicht sogar besser arbeiten und die größere Erfahrung haben – und dennoch werden Sie jedes Mal übersehen, wenn es um Beförderungen und Gehaltsaufbesserungen geht.

Oder noch schlimmer: Ihnen steht regelmäßig das Wasser bis zum Hals, Sie kämpfen Monat für Monat um ein bisschen Wohlstand bzw. Ausgleich auf dem Konto, aber es kommt immer etwas daher, das Sie dann wieder zu Sonderausgaben zwingt. Seien es nun eine teure Autoreparatur, eine Steuernachzahlung oder dringend nötige Anschaffungen für Haus und Hof. Und die Kinder brauchen auch wieder mal neue Sachen, weil sie mit den »alten Klamotten« zur Zielscheibe von Spott und Hohn ihrer Mitschüler werden. Sagen sie zumindest; und wer wollte ihnen das

23

nicht glauben? Ein Kind erfindet so etwas nicht. Der Urlaub findet dieses Jahr also notgedrungen wieder mal auf Balkonien statt, wenn überhaupt. Und das Auto, das gute alte, muss noch ein paar Jahre halten. Sollen die Nachbarn doch denken, was sie wollen.

Hier wirken die Mechanismen der Konsumgesellschaft, die uns erfolgreich einredet, dass wir immer das Neueste, Beste und Teuerste brauchen. Mein Haus, mein Auto, meine Yacht. Man gönnt sich ja sonst nichts.

Geradezu zynisch muss diese Werbung auf all jene wirken, die ums nackte finanzielle Überleben kämpfen. Die gerade ihren Job verloren oder schon länger keine Arbeitsstelle mehr haben, die sich nach langem, zähem Ringen endlich aufgerafft haben, die Hilfe des Staates in Anspruch zu nehmen, die nun von Arbeitslosengeld oder Sozialhilfe leben.

Schwer genug war dieser Gang zur Behörde, kommt er doch einer persönlichen Kapitulation gleich. Alle haben Erfolg, nur ich nicht. Ich bin ein Versager, ich muss den anderen auf der Tasche liegen, nur weil ich selbst nicht mehr in der Lage dazu bin, mich und meine Familie durchzubringen. Hoffentlich sieht mich keiner, wenn ich zum Amt gehe. Zumindest keiner, der mich kennt. Das sind die Gedanken, die einem dann durch den Kopf gehen.

Der Haussegen hängt schon lange schief. Anfangs war der Partner oder die Partnerin noch verständnisvoll, zauberte mit einem aufmunternden »Das wird schon wieder! Hauptsache, wir halten zusammen!« mühsam, aber immerhin ein gequältes Lächeln in das Gesicht des Betroffenen. Aber dann geht sehr bald die Maulerei los. »Schon wieder Nudeln mit Soße«, quängeln die Kinder. »Aber ihr wisst doch, wir müssen sparen«, säuselt Mami beschwichtigend.

Das geht nur eine Zeit lang gut. Spätestens dann, wenn alle Klassenkameraden den neuesten Ski-Anzug einer bestimmten Firma haben, nur der eigene Nachwuchs noch den vom letzten Jahr, droht offener Aufstand. »Ja, warum hat denn der Papa keine Arbeit? Andere Papas haben doch auch Arbeit! Wieso ausgerechnet unserer nicht? Mit dem alten Fummel vom letzten Jahr fahr ich auf jeden Fall nicht ins Ski-Lager, da blamier ich mich doch bloß bis auf die Knochen.«

Irgendwann kommt auch Mama, die Gute, die Ausgleichende, in Erklärungsnot. Nicht nur ihren Sprösslingen gegenüber, die bislang alles hatten, was sie brauchten, sondern auch sich selbst gegenüber. Stimmt es wirklich, dass auf 100 Bewerbungen 99 Absagen kommen? Oder erzählt ihr Mann nur Lügenmärchen, weil ihm nichts Besseres mehr einfällt? Hat er wirklich schon so viele Bewerbungen geschrieben? Bemüht er sich denn richtig? Oder macht er irgendetwas falsch?

Papa hat sich wirklich bemüht. Und er hat auch tatsächlich schon so viele Bewerbungen geschrieben, dass er sie kaum mehr zählen kann. Die meisten kommen mit einem freundlichen Standardbrief als Absage zurück. Er braucht sie gar nicht zu öffnen; er weiß schon von vornherein, was in dem Umschlag steckt. Sein Selbstbewusstsein leidet, er fühlt sich als Versager. Doch weil er sich das noch nicht so richtig eingestehen will, wird er erst mal aggressiv, wendet sich nicht nach innen, sondern nach außen. Er schnauzt die Kinder an, weil sie immer mehr »unverschämte« Forderungen stellen, weil sie gerade so tun, als hätten sie ein Recht auf ihre heile Welt, die vorher offensichtlich existierte.

Und im Ehebett läuft auch schon lange nichts mehr. Zu sehr drücken die Sorgen. Wo soll da noch Platz für Romantik oder gar Erotik sein? Und überhaupt – wer will schon mit einem Versager Sex haben? Schließlich ist Geld doch das erotischste Parfüm der Welt, nicht wahr?

Nicht nur das Finanzgebäude der Familie ist in sich zusammengebrochen, sondern auch alles drumherum, was eine Partnerschaft und eine Familie ausmacht: gemeinsame Freunde, gemeinsames Lachen, gemeinsame Ziele. Stattdessen herrschen Zukunftsangst, Selbstvorwürfe und Verzweiflung. Und das alles nur wegen diesem dummen Geld! Wie schön wäre die Welt doch ohne Geld. Wirklich? Wir wissen es nicht. Und wir haben auch kein besseres Rezept für ein sorgenfreies Zusammenleben der Menschen parat.

Langsam stellt sich Resignation ein. Aus den beiden gewohnheitsmäßig genossenen Flaschen Bier für den Feierabend werden auf einmal fünf; zwei Monate später kommen noch ein paar Stamperl Billigfusel dazu. Bis man schließlich ganz auf Letzteren umsteigt. Einfach deshalb, weil er so schön billig ist. Und weil er schneller das leistet, was er leisten soll: das Tor zum Vergessen aufmachen, das Tor zum »Es-wird-schon-wieder-werden«-Gefühl.

Alkohol, der dem Staat viel Steuern einbringt, hat aber auch seine Risiken und Nebenwirkungen. Das steht zwar nicht auf dem Flaschenetikett, aber eigentlich müsste jeder Flasche Hochprozentigem ein Beipackzettel wie bei Medikamenten beiliegen. Worte wie »Aggression«, »Kontrollverlust«, »Suchtgefahr« und ähnliche müssten auf diesem Beipackzettel stehen. Außerdem müsste unbedingt darauf hingewiesen werden, dass man Alkohol nur dann einnehmen darf, wenn es einem gut geht. Weil Alkohol als Seelentröster nachweislich versagt. Wir erfahren regelmäßig von Unglücken bzw. schrecklichen Taten unter Alkoholeinfluss: vom Diebstahl bis zum Verkehrsunfall, von der Körperverletzung im unkontrollierbar gewordenen Affekt bis hin zu Totschlag und Mord. Verzweiflungstaten im Alkoholrausch führen im Extremfall so weit, dass ganze Familien ausgelöscht werden. Motiv: finanzielle Sorgen und ihre Folgen. Immer wieder und immer öfter.

Aber das Gefühl zu haben: »Alle haben Erfolg, nur ich nicht!«, das tut so verdammt weh. Grund genug, hier mal einzuhaken. Stimmt diese Behauptung denn tatsächlich? Oder basiert sie lediglich auf einer Einbildung, die wir unreflektiert als Wahrheit akzeptieren? Höchste Zeit, dieser »Theorie« mal auf den Zahn zu fühlen.

Einbildung oder Wahrheit?

Grundsätzlich gilt erst mal folgende Überlegung: Geld ist, wie bereits gesagt wurde, eine schwarzmagische Kraft. Sie definiert sich nicht nur durch Reichtum, sondern auch durch Einfluss und Macht. »Geld kommt zu Geld«, sagt ein altes Sprichwort. Das heißt, dass Geld immer die Verbindung mit noch mehr Geld sucht und dadurch mit noch mehr Macht. Geld macht also nicht nur geldsüchtig, sondern auch machtsüchtig.

Manager auf höherer Ebene sind auf diese Formel geeicht. Die Gewinnmaximierung hat für sie die oberste Priorität. Selbst wenn sie anders, also verantwortlich handeln wollen, sehen sie sich gezwungen, diesem Ziel Werte wie Gerechtigkeit gegenüber ihren Mitarbeitern und dergleichen unterzuordnen.

Der Umgang mit Geld ist also ein »Tanz mit dem Teufel«. Wobei der kleine Handel zwischen einem hungrigen Passanten und einem Currywurstverkäufer natürlich etwas Harmloses ist. Ware gegen Geld – so stimmt das Spiel, so kann es funktionieren.

Aber der spekulative Geldhandel, Geld gegen Aktienanteile, Kredit gegen Stimmrecht, Aktienanteile gegen Sitze im Aufsichtsrat ... politische Macht – mit der Folge, dass die negativen Auswirkungen dieser Entscheidungen und Transaktionen fast immer auf die abgewälzt werden, die sich meist nicht wehren können, nämlich die Mitarbeiterschaft, betroffene Gemeinden bzw. die Umwelt generell –: Dieser Handel ist moralisch nicht vertretbar und mehr als teuflisch. Wer sich auf diese Ebene begibt, dem wird es langfristig ähnlich ergehen wie Dr. Faust, wahrscheinlich sogar noch wesentlich schlimmer, als Dichterfürst Goethe es dargestellt hat.

Aber nun wieder zurück zu uns kleinen Rädchen im großen Getriebe dieses Systems, zurück zum »einfachen Mann« und zur »einfachen Frau«. Wenn wir in etwa verstanden haben, wie das große Ganze funktioniert, erkennen wir, dass Arbeitskraft nur einer von vielen Faktoren im Spiel um die Macht ist. Ein Faktor, der heute gefragt ist. Und der über Nacht wieder lästig werden kann wie ein Geschwür, weil sich die Absatzlage geändert hat. Den man also loswerden möchte und nach der Logik der Entscheider sogar loswerden muss.

So hat man beispielsweise mit Lockangeboten viele Arbeiter aus dem Ausland geködert, pressewirksam und vor laufenden Kameras den soundsovielten ausländischen Arbeiter mit einem Moped beschenkt – und dann, ein paar Jahre später, wollte man all diese inzwischen hier heimisch gewordenen Arbeiter am liebsten so schnell wie möglich wieder loswerden. Diesmal ohne Presse und Fernsehen.

Bei uns in Deutschland ist das passiert, im so genannten Wirtschaftswunder nach dem Zweiten Weltkrieg, Ende der fünfziger, Anfang der sechziger Jahre. Der Grund: Es gab zu wenig deutsche Arbeiter. Sie hatten ihr Leben im Namen des Führers »auf dem Feld der Ehre« gelassen.

Das von den Amerikanern fleißig und gewissenhaft erlernte Wirtschaftssystem, da dürfen wir uns nicht das Geringste vormachen, ist heute mehr denn je auch in Deutschland bestimmend. Arbeiter werden »geholt« und wieder weggeschickt, wenn man sie nicht mehr benötigt. Hire and fire, einstellen und wieder rausschmeißen, je nach Bedarf.

Der »kleine Mann«, der seine Arbeitsstelle verloren hat, der die Raten für sein Reihenhaus nicht mehr bezahlen kann, vielleicht nicht mal mehr die Miete für seine Dreizimmerwohnung aufbringt, ist inzwischen vielleicht sogar schon genervt von meinen Versuchen, das Wirtschaftssystem in groben Zügen zu erklären. Er will lieber wieder mitspielen, wie er es zuvor schon durfte. Oder aber er will endlich einsteigen, wie so viele vor und nach ihm schon eingestiegen sind. Es funktioniert doch – oder etwa nicht? Warum bin gerade ich auf der Verliererseite ...?

All diese Selbstzweifel werden auch genährt von dem, was täglich aus der Klatschpresse und entsprechenden Fernsehsendungen auf uns einrieselt: Graf Hopsasa und das Luder Geldgeil haben ihre Verlobung bekannt gegeben, die Scheidung von Bobs und Babs hat 33 Trillionen für Babs gebracht, 44 Trillionen wurden allein mit dem Film Sowieso eingespielt, 92 Fantastillionen verdient der gesichtsamputierte Popstar Soundso, wenn er einmal mehr »I love you« für eine Zuckerwassermarke ins Mikro haucht. Solche »News« haben Erfolg, und zwar vor allem bei Frauen, die hinter dem Bügelbrett stehen, oft nicht wissen, wie sie ihre Kids morgens anständig füttern sollen. Die Träume sind schließlich frei, aber auch daran wird verdient.

Die Wahrheit ist, dass all diese Träume von der großen finanziellen Freiheit uns vormachen sollen, was man angeblich alles erreichen kann. Lottogesellschaften verdienen wie verrückt an diesen Hoffnungen. Quizsendungen schüren sie außerdem.

Die Realität sieht aber anders aus. Der Lottogewinn, die Einladung zur Millionen-Quizshow, die Heirat mit dem Multimillionär – übrigens ein beliebtes Hollywood-Filmthema –, all diese wunderbaren, vermeintlich realistischen Ereignisse werden an unsereinem garantiert vorbeigehen. Die Möglichkeit, im Lotto einen Sechser zu haben, ist Millionen Mal kleiner, als von einem Blitz erschlagen zu werden!

Und so steht nun ein Gemisch aus einem von Kapitalinteressen gesteuerten Funktionalismus und einer »Vom-Tellerwäscher-zum-Millionär-Illusion« einem »live« erlebten und erlittenen Alltagsleben gegenüber, mit dem wir erst mal klarkommen müssen.

Hat also der »Versager«, der keinen Fuß ins Berufsleben kriegt oder der gerade seine Arbeitsstelle verloren hat, wirklich Grund, an sich zu zweifeln? Bildet er sich sein Versagen nur ein, oder hat er wirklich versagt?

Jeder so genannte »Versager« muss wissen, dass es schon immer im Interesse des Kapitals war, ein »Reserveheer« an Arbeitern und Angestellten zur Verfügung zu haben. In Kriegszeiten waren es die Frauen, die an der »Heimatfront« Uniformen, Gewehre und Bomben zusammenbauen mussten. In Friedenszeiten sind es zum Beispiel all die gutgläubigen Spezialisten, die auf den immer weiter expandierenden Elektronikmarkt vertrauen. Man führt sogar wieder Ausländer ein, selbst im konservativen Bayern. Inder, die uns auf die Sprünge helfen sollen – aber nur solche, die hoch qualifiziert sind in Sachen Computertechnik und Elektronik, also eine Zeit lang für kapitalistische Interessen ausgenutzt werden können.

Wenn ein ständiges Heer von etwa vier Millionen Arbeitslosen gierig auf Erfolg in Wartestellung steht, ergibt sich ein Reservoir, das man zwar im Moment nicht braucht, das aber im Falle des aktuellen Abrufs mehr als nützlich sein könnte. Außerdem verbessert sich mit diesem Reserveheer die Position der Arbeitgeber, können sie doch ihre Mitarbeiter gefügig halten, weil sie leichter ersetzbar scheinen.

Aus meinen bisherigen Ausführungen sollte hervorgehen, dass es viele Faktoren gibt, über die nachgedacht werden muss; erst dann sieht man, ob man sich seinen Misserfolg selbst zuzuschreiben hat, oder ob er auf Realitäten basiert, auf die man keinen Einfluss ausübt.

Aber eins dürfen Sie mir jetzt schon glauben: In 99 Prozent aller Entlassungen oder Nichteinstellungen bildet sich der so genannte »Verlierer« sein so genanntes »Versagen« nur ein. Er ist in aller Regel ein kleines Steinchen im Spiel des großen Ganzen und hat es nur noch nicht erkannt. Ob er eingestellt oder geschasst wird, das hat oft am wenigsten mit ihm selbst zu tun, sondern mit gnadenlosen marktwirtschaftlichen Mechanismen. Was uns aber nicht als Ausrede dafür herhalten kann, nun nach der Kismet-Formel die Hände in den Schoß legen zu dürfen, nichts mehr zu machen und zu resignieren. Gerade wer das System durchschaut hat, ist umso mehr verpflichtet zu »kämpfen« und an seiner misslichen Lage etwas zu ändern.

Woran der Misserfolg liegen könnte

Die Frage, worin der persönliche Misserfolg begründet sein könnte, ist mehr als berechtigt. Denn es gibt durchaus Faktoren, für die wir allein verantwortlich sind. Dominierend sind die weltpolitischen und großwirtschaftlichen Zusammenhänge. Aber sie sind eben doch nicht groß genug, um mit dem Hinweis auf diese Mächte jeder Eigenverantwortung enthoben werden zu können. Es gibt also durchaus stets einen Bereich, auf den wir selbst Einfluss haben, in dem wir tätig werden, in dem wir Erfolg oder Misserfolg steuern können.

Einfluss haben wir zum Beispiel stets dann, wenn es im Berufsleben um den zwischenmenschlichen Kontakt geht. Um den Kontakt mit Kollegen, mit Mitbewerbern, mit Konkurrenten, mit Untergebenen, mit Vorgesetzten, mit Kunden. Hier ist der Bereich, in dem wir tätig werden können und müssen – und damit auch der Beginn unserer Suche im Falle eines Misserfolgs.

Freilich nützt Ihnen diese Fehlersuche wenig, wenn gerade Ihre Filiale oder Ihr Werk geschlossen worden ist, wenn die Produktion aus Kostengründen ins Ausland verlegt wurde, wenn Sie sozusagen einer Massenentlassung zum Opfer fielen. Eine persönliche Fehlersuche macht in diesen Fällen wenig Sinn. Hier sind es wirklich die Mächte »von oben«, die gewirkt haben und denen Sie zum Opfer gefallen sind.

Doch gleich nach der Entlassung tut sich das persönlich verantwortliche Betätigungsfeld wieder auf: beim Gespräch im Arbeitsamt, bei der Zusammenstellung der Bewerbungsunterlagen für eine neue Arbeitsstelle, beim Vorstellungsgespräch. Auch beim Gespräch mit Ihrer Bank, wenn es um einen Überziehungskredit, ein Darlehen oder eine Stundung geht. Und auch in der Familie ist nun Ihre persönliche Kraft gefragt wie noch nie zuvor. Sie müssen sich der neuen Situation stellen und aktiv werden. An den Kindern rummosern oder über die Weltlage hadern macht wenig Sinn. »Es ist keine Schande, hinzufallen«, sagt ein altes Sprichwort, »aber es ist eine Schande, liegen zu bleiben.«

Also heißt das Gebot der Stunde, dass es höchste Zeit ist, sich aufzurappeln. Wo und wann immer der Misserfolg zu suchen und zu finden ist.

Sofern Ihre Firma ausgerechnet Sie entlassen hat, Sie

und keinen anderen, dann gestaltet sich – so zynisch das klingen mag – die Suche nach dem Misserfolg relativ einfach. Wenn betriebswirtschaftliche Gründe ausgeschlossen sind, kann es in der Regel nur an zwei Faktoren liegen: entweder an Ihrer Arbeitsleistung oder an zwischenmenschlichen Defiziten im Umgang mit Kollegen oder dem Vorgesetzten. Dass Sie goldene Löffel gestohlen haben oder anderweitig grob gegen die Spielregeln verstoßen haben, möchte ich hier ausdrücklich ausschließen. Denn in solch einem Fall geschähe es Ihnen recht, wenn Sie gekündigt würden.

Also erst mal die Arbeitsleistung: Jetzt, da die Würfel ohnehin schon gefallen sind, bitten Sie den Kollegen oder die Kollegin, mit dem/der Sie sich bislang am besten verstanden haben, um ein ehrliches Urteil über Ihre Arbeitsleistung. Gehen Sie zusammen ein Bier trinken oder ins Café und fragen Sie ihn/sie diesbezüglich aus. Und seien Sie auf keinen Fall beleidigt, wenn Sie nun eine ehrliche Meinung vernehmen. Hören Sie gut zu; notieren Sie am besten jeden einzelnen Kritikpunkt an Ihrer Arbeit. Doch machen Sie auf keinen Fall den Fehler, sich hier und jetzt zu rechtfertigen! Sie sollten einfach nur zuhören und alles registrieren!

Fragen Sie dann, wie Sie im Kollegenkreis angekommen sind, was die anderen so über Sie sagen. Ob sie es bedauern, dass Sie nun nicht mehr an Bord sind, oder ob sie eher erleichtert und froh sind. Wenn ja, warum. Auch hier gilt: nie und nimmer Rechtfertigungen formulieren, nie und nimmer beleidigt sein. Zuhören, notieren und dankbar sein für die Offenheit. Sie verbauen sich sonst selbst den Weg zu Einsichten, die für Ihr weiteres Vorgehen wichtig sind!

Mit diesen beiden Listen haben Sie ein Instrument in der Hand, das Sie nun zusammen mit einem Dritten, einem Freund bzw. einer Freundin (nie mit dem Ehepartner!), be-

sprechen und diskutieren können. Zeigen Sie sich kritik-
fähig, hören Sie zu und schimpfen Sie nicht. Denn das, was
Sie jetzt an Wahrheiten erfahren können, ist das Rüstzeug
für einen neuen Anfang.

Vielleicht hat die Kollegin ja Recht, wenn sie meint, dass
Sie pingelig, altmodisch und unkollegial sind, dass Sie zu
träge sind, sich weiterzubilden, oder dass Sie selten den
richtigen Ton treffen, wenn es etwas zu diskutieren gibt. Ist
das wirklich so abwegig? Hören Sie zu und prüfen Sie alles
in Ruhe. Nur so kommen Sie auf den richtigen Weg.

Die Frage, woran der persönliche Misserfolg gelegen haben könnte, ist wichtiger als alles andere. Denn diese Frage
kommt einer Bestandsaufnahme gleich, einer Beichte, einer Zwischenbilanz. Und Ihre Antwort führt im besten Fall
zu einer »Selbstreinigung« und damit auch zu einem neuen
und sauberen Anfang. Nur so können Sie herausarbeiten,
welche konkreten Maßnahmen Sie ergreifen müssen, die
mit »Hexerei« erst mal gar nichts zu tun haben.

Drücken Sie sich also nicht vor diesem vielleicht auch
schmerzhaften Prozess. Wenn Ihnen kein Exkollege dabei
helfen kann, geht es auch über eine gründliche und absolut ehrliche Gewissenserforschung, die Sie mit einem kleinen Gebet und ein paar Tagen vorheriger Ruhe einleiten
sollten.

Auf den bösen Chef, die neidischen Kollegen und auf das
Übel der Welt zu schimpfen, das ist leicht. Aber sich selbst
hinstellen, vor einen geistigen Spiegel, und sich schonungslos fragen, was zum persönlichen Misserfolg geführt hat,
dazu braucht es schon eine gewisse Größe. Zeigen Sie sich
und anderen, dass Sie diese Größe haben. Sie werden spüren, wie Sie dabei wachsen, garantiert.

Beispiele aus meiner Praxis

Der Weg in die finanzielle Beklemmnis hat eigentlich kein allgemein gültiges Muster. Es gibt viele Wege; und es gibt auch viele Varianten von diesen vielen Wegen, Abzweigungen, Abkürzungen, Schnellstraßen und Autobahnen. Die Verkehrszeichen auf diesen Straßen sind so vielfältig und verschieden wie die Menschen.

Das Einzige, was alle Fälle verbindet, denen ich tagtäglich in meiner Praxis begegne, sind letztlich Faktoren wie Trauer, Ausweglosigkeit und Versagensangst. Dieser Faktor der Versagensangst ist eigentlich der schlimmste, denn er steht dem überaus wichtigen Neuanfang im Wege.

Werfen wir trotzdem einmal den Blick auf einige exemplarische Einzelfälle, um die Muster und theoretischen Lösungsansätze deutlich zu machen.

Da ist zum Beispiel *Wolfgang H.* (49) aus Augsburg, der als Journalist für sich, seine Frau und seine zwei (angeheirateten) Kinder sehr gut sorgen konnte. Die Familie zahlte eine sehr schöne Maisonettewohnung an; die Raten beglich Herr H. mit den Einnahmen aus einem Nebenjob. Er gestaltete für einen kleinen Privatverlag nach Feierabend am Computer komplett eine Vereinszeitung für Pferdesportler. Als Journalist, der zudem auch privat dem Reitsport sehr zugetan war, fiel es ihm leicht, den gesamten redaktionellen Teil selbst zu bestreiten. Ein Artikel folgte dem anderen; eine Zeitschrift der nächsten. Alle waren glücklich: die Familie, die Bank, der Reiterverein, der noch nie eine so kompetente Zeitschrift hatte, und auch Wolfgang H. selbst. Das Spiel mit dem Geld ging auf. Man leistete sich ein schönes Auto, teure Urlaube, sogar ein Reitpferd. Wolfgang H. sah sich auf der Gewinnerstraße.

Bis das passierte, was so oft geschieht. Herr H. verliebte sich in eine andere Frau, ebenfalls Journalistin, ebenfalls Pferdesportlerin. Eine Zeit lang konnte er das Verhältnis geheim halten, aber dann flog alles auf. Mit dem Ergebnis, dass seine Frau so gekränkt war, dass sie sofort mit Anwalt und Scheidung auf den Plan trat und nicht mehr mit sich reden ließ. In der Zwischenzeit verlangte die Geliebte nach ihrer offiziellen Anerkennung, wollte eine gemeinsame Wohnung und bestand auf ihrem Wunsch nach einem eigenen Kind.

Die Scheidung von seiner ersten Frau ist noch nicht durch. Herr H. zahlt also derzeit zwei großräumige Wohnungen, außerdem einen angemessenen Unterhalt für seine erste Familie; und seine neue Frau ist inzwischen ein zweites Mal schwanger, kann also nicht arbeiten. Sein an sich großzügiges Gehalt ist auf ein Minimum zusammengeschrumpft, weil er nun zwei Familien ernähren muss. Und seine Noch-Ehefrau schöpft alle Möglichkeiten aus, um ihn zur Kasse zu bitten.

Und nun hat sich auch noch der Reiterverein, für den Herr H. die Zeitschrift gestaltete, aufgelöst. Ein wichtiger Nebenverdienst fällt weg. Der Gerichtsvollzieher ist inzwischen ein Dauergast bei Herrn H.; der einst relativ wohlhabende Journalist weiß nicht mehr ein noch aus.

Karin L. (42) aus dem Münchner Norden war nie richtig »wohlhabend«; man würde ihren Status wohl eher im unteren Bereich der gesellschaftlichen Rangordnung ansiedeln. Sie jobbt mal als Kassiererin und dann wieder als Verkäuferin in einer Boutique. Sie hat keine Berufsausbildung und auch keine großartigen Ambitionen, doch sie war zufrieden und ist immer über die Runden gekommen. Manchmal eher schlecht als recht, aber immerhin.

Bis zu dem Tag, als sie für eine Freundin eine Bankbürgschaft unterschrieb. Für einen Kredit über 10.000 Euro. »Nur eine Formsache«, versicherte diese Freundin, aber aus der Formsache wurde – Sie ahnen es schon – für die gutgläubige Karin L. bitterer Ernst. Die vermeintliche Freundin verschwand nämlich auf Nimmerwiedersehen; und Karin L. blieb auf den Schulden sitzen, die sie eine Zeit lang als Zeitungsausträgerin, frühmorgens zu nachtschlafender Zeit, abzuarbeiten versuchte. Ein schier aussichtsloses Unterfangen.

Frau L. lebt inzwischen vom Sozialamt, tut sich immer wieder mit fragwürdigen Freunden zusammen, die sie noch zusätzlich ausnehmen, und ist schwer alkoholkrank. Sie muss jeden Monat darum bangen, ob sie ihre Miete zusammenkratzen kann. Von der Unterschrift unter der Bürgschaft bis zum heutigen Stadium sind gerade mal zwei Jahre vergangen. So schnell kann's gehen.

Bei *Andrea B.* (31) aus Stuttgart lag der Fall ganz anders: Sie ist sozusagen »mit dem goldenen Löffel im Mund« geboren: ihre Eltern sind wohlhabend. So konnte es sich Frau B. nach ihrem Studium als Informatikerin leisten, mit einem ansehnlichen Startkapital von zu Hause ihre eigene Computer-Beratungsfirma aufzumachen, die anfangs auch ganz gut lief.

Mit vier Angestellten konnte sie im allgemeinen Computerboom Ende der Neunziger nicht mehr mithalten; so stockte sie auf neun Angestellte auf. Ganz abgesehen von den Aufwendungen im technischen Bereich, die, so sagt sie, fast siebenstellig waren.

Wir wissen inzwischen alle, wohin der Zug in der Computerbranche gefahren ist, nämlich auf das Verlierergleis. Andrea hat mittlerweile zwei Selbstmordversuche hinter sich, ihren Partner und ihr Geld verloren; sie ist ein Fall für die Psychiatrie geworden. Fünf ihrer ehemaligen Angestellten haben noch Geld von ihr zu bekommen, und sie lassen nicht locker. Man hat Verständnis auch dafür, aber so sind nun mal die Fakten für Andrea B.

Sie hat dennoch Glück im Unglück. Ihre Eltern stehen weiterhin zu ihr und werden nach dem Abschluss der Behandlung im psychiatrischen Krankenhaus alles tun, damit ihre Tochter wieder auf die Beine kommt. In finanzieller Hinsicht. Der Verlust an Selbstbewusstsein, den Andrea B. verarbeiten muss, wird jedoch noch einige Zeit der Aufarbeitung in Anspruch nehmen.

So viel Unterstützung wie Andrea B. hat *Walter D.* (29) aus Kempten noch nie erfahren, schon gar nicht von seinen Eltern. Seine Mutter und sein arbeitsloser Stiefvater erklärten ihn für verrückt, als er ihnen voller Stolz seine Geschäftsidee auf den Tisch legte: Eine Fußballkneipe wollte er aufmachen, eine kleine, aber feine, zu Hause in Kempten, wo ihn alle als Fußballfan und trinkfesten Partyhengst kennen, wo er bestimmte Leute anziehen und Umsatz machen konnte. Fußball war sein Leben; aber das Leben als Gastwirt hat er sich dann doch wohl anders vorgestellt. Er verwechselte nämlich Umsatz mit Gewinn und schaffte sich vom Kredit der heimischen Brauerei als Erstes ein schickes Auto an – und fuhr schnurstracks in Richtung Pleite.

Seine Kneipe ist zwar noch nicht geschlossen, aber bis ihm die Brauerei und die Bank den Geldhahn abdrehen, hat Walter D. nicht mehr viel Zeit zum Nachdenken. Aber er denkt überhaupt nicht nach. Er ist in seinem Lokal inzwischen der beste Kunde geworden und spielt seinen wenigen verbliebenen Gästen vor, es sei »alles in Ordnung«. Dabei sitzt er auf einer Zeitbombe. Und er weiß das. Täglich eine halbe Flasche Cognac und bis an die zehn Halbe Bier helfen ihm beim Vergessen. Doch der Tag wird kommen. Sein Stiefvater, sagt Walter D., sitze schadenfroh und weiterhin arbeitslos im ausgeleierten Jogginganzug auf dem abgewetzten Sofa und warte nur auf den Moment, bis er ihm ein schadenfrohes »Das hab ich dir doch schon immer gesagt« vorhalten könne.

Es gibt noch viel mehr Beispiele aus meiner Praxis, die ich hier jetzt alle gar nicht aufzählen kann und will. Schließlich haben Sie Ihre eigene Geschichte. Ich kenne viele dieser Geschichten und Erklärungen. Sie haben alle einen recht »interessanten« Anfang – und laufen schließlich auf das gleiche Resultat hinaus, auf das Problem mit dem Geld.

In der Tat kommen viele Menschen zur Beratung, die immer wieder betonen und mir erklären, wer alles Schuld hat an der fatalen Entwicklung hin zur Geldnot. Ob es nun der Stiefvater ist, der einem nie das entscheidende Vertrauen entgegengebracht hat, oder die Freundin, die zur Betrügerin wurde, oder ganz einfach das »böse Gesellschaftssystem«. Das mag ja alles stimmen. Doch was nutzt es mir, wenn ich heute weiß, dass mich vorgestern mein Stiefvater oder meine Oma zu wenig geliebt haben? Oder dass mich meine Mutter zu kurz gestillt und mein Bruder mich stets gehänselt hat? Nichts nutzt es mir, aber auch rein gar nichts! Heute ist heute, und heute ist der neue Tag. Der Tag, an dem ich gewinnen will und muss, der Tag, der den Beginn meines neuen Lebens einläutet.

Soll ich also hingehen und Klienten mit Geldproblemen ein paar Streicheleinheiten spendieren? Duziduzidu, du armer, kleiner Wicht, die ganze Welt ist gegen dich? Ja, ja, das

Leben ist hart! Soll ich ihnen einen Geldschein oder einen Scheck in die Hand drücken? Ich werde mich hüten, Derartiges zu tun. Bevor eine Beratung in Sachen Finanzen in meiner Praxis beginnt, werde ich erst mal fragen – und nichts als fragen. Wann war der Zeitpunkt, an dem es finanziell schwierig wurde? Welcher Monat, welches Jahr? Welches Sternzeichen? Welche äußeren Gründe gab es? Inwieweit gelten diese äußeren Gründe bei meinem Klienten als Rechtfertigung oder gar als Entschuldigung? Waren wirklich immer wieder die anderen schuld, die »bösen anderen«?

Und dann werde ich lästig; so hat sich mein Klient die Beratung nicht vorgestellt. Verdammt nochmal, Sie sind doch eine Hexe oder etwa nicht? Können Sie nicht irgendetwas unternehmen, ein Ritual oder eine geheimnisvolle Substanz empfehlen, damit meine Geldnot ein Ende hat?

Ja, das könnte ich. Aber meine Empfehlungen sehen anders aus, als sich das die meisten Leute vorstellen. Hokuspokus fidibus, Geld komm her, liebe Hexe, mach mich zum Lottokönig, das ist Quatsch hoch zehn. Dennoch gibt es Naturgesetze, die der persönlichen Geldnot Paroli bieten können. Sie wirken nicht von einer Stunde auf die andere, auch nicht von einem Monat auf den nächsten, aber sie wirken. So sicher wie das Amen in der Kirche.

Warum? Ich weiß es nicht. Ich übernehme diese Rezepte aus den verschiedensten Schatztruhen meiner Hexenschwestern aus den verschiedensten Epochen der Weltgeschichte. Diese Schätze findet man in Haiti, in Afrika, in New Orleans und in alten Bauernhäusern in Europa.

Wer sie kennen lernen will, lässt sich mit mir auf das nächste Kapitel ein.

Hexenrezepte gegen Geldnot

Bevor ich Ihnen nun Hexentipps bzw. -rezepte offenbare, die Ihrer persönlichen Geldnot entgegenwirken können, möchte ich noch einmal Folgendes betonen: Keines dieser Rezepte entbindet Sie von der Notwendigkeit, Ihre persönliche Analyse vorzunehmen – und die daraus individuell zu folgernden konkreten Schritte zu unternehmen, die Sie aus der Krise führen können. Eine Analyse, die schonungslos den Grund Ihrer derzeitigen finanziellen Notlage erarbeiten soll. Eine Analyse, die nichts mit Hexen, Magiern oder anderen esoterischen Faktoren zu tun hat, sondern einzig mit Ihnen höchstpersönlich, mit Ihnen ganz allein. Und bei der Sie sich nicht auf eine Erklärung wie »weltwirtschaftliche Gesamtlage« herausreden dürfen. Jetzt geht es nur noch um Sie.

Wir Hexen können aus Erfahrung zunächst einmal Folgendes feststellen, und das erstens aus einem historisch fundierten und zweitens aus einem ständig aktualisierten Wissensschatz: Der wichtigste Faktor, um in Gelddingen erfolgreich magisch tätig werden zu können, ist die *Zeit*.

Es macht also wenig Sinn, irgendwann und irgendwie aktiv zu werden, nur weil gerade wieder mal eine bedrohliche Rechnung ins Haus geflattert ist. Jede Rechnung und auch jede Mahnung hat mindestens ein paar Tage Zeit zum Ablagern, nennen wir es Reifeprozess. Diese Gelassenheit müssen Sie mitbringen. Also schon sehr wohl und auch sehr bewusst und verantwortlich registrieren, was da wieder mal auf Sie zugekommen ist, aber auf keinen Fall ungesunde Hektik entwickeln. Auf die paar Tage mehr, die das unangenehme Papier auf Ihrem Schreibtisch liegt, kommt es nun auch nicht mehr an.

Denn um wirklich erfolgreich magisch aktiv werden zu können, sollten Sie mindestens die Geduld mitbringen, bis zum folgenden *Donnerstag* zu warten. Warum ausgerechnet den Donnerstag? Der Donnerstag ist der traditionelle Jupiter-Tag; und Jupiter kann wie kein anderer Planet Einfluss auf all Ihre Geldgeschäfte haben. Fragen Sie mich nicht, warum: das sind Erfahrungswerte aus mehreren Jahrhunderten. Schon meine Hexenschwestern aus dem Mittelalter haben sie gewissenhaft notiert.

Sie haben ebenso festgehalten, dass es nicht nur auf den Donnerstag an sich ankommt, sondern vor allem auch darauf, wie dieser Donnerstag im Vergleich zum vorangegangenen Mittwoch und im aktuell gültigen Planetenverbund astrologisch zu bewerten ist. Sind Merkur, Pluto, Neptun und Mars gerade »aggressiv« oder nicht? Können sie den Jupiter-Einfluss mindern? Auch das sollten Sie in Erfahrung bringen, bevor Sie sich mit geldmagischen Experimenten versuchen.

Natürlich weiß man als »Otto Normalverbraucher« nicht auf Anhieb, wie so etwas geht, und man hat auch nicht die geringste Ahnung davon, woher man diese Informationen bekommen kann. Aber es ist leichter, als man denkt. Denn es gibt zahlreiche gut verständliche Bücher mit astrologischen Berechnungen, in denen all das steht, was Sie in diesem Fall wissen müssen. Das Stichwort heißt »Ephemeriden«. Hinter diesem Begriff verbergen sich all die interstellaren Berechnungen, die hier wichtig sind. Schauen Sie unter dem betreffenden Datum nach, und Sie können sehen, was zu dieser Zeit im Kosmos geschieht. Lassen Sie sich im Zweifelsfall beraten. Bringen Sie jedoch auf jeden Fall die Geduld auf, bis zum nächsten möglichst günstigen Termin zu warten.

Noch mal zum Einprägen: Es geht darum, dass Jupiter

so viel Einfluss wie nur irgend möglich wirken lassen kann. Und dass Sie von diesem Einfluss profitieren.

Nun kommen wir zu einem Komplex, den ich gerne mit der Überschrift »Kräuter, Öle und Räucherungen« überschreibe. Man kann jedes Kraut zu Öl verarbeiten, man kann fast jedes Kraut in getrocknetem Zustand verbrennen und damit als Räucherung einsetzen. Es geht dabei immer um die Heilkräfte von Mutter Natur. Es liegt in Ihrem eigenen Ermessen, ob Sie lieber auf Kräuter setzen (vielleicht als Tee), auf Räucherungen vertrauen (weil Sie eine sensible Nase haben) oder ob Sie sich lieber mit einem Öl einreiben bzw. in einem mit Öl getränkten Badewasser meditieren. Die Kraft des jeweiligen Wirkstoffes kann immer dann am besten wirken, wenn das gesamte »Setting« stimmt, also vor allem wenn Sie sich wohl fühlen im Moment der Anwendung.

Die folgenden genannten Wirkstoffe sind als Kraut, als Räucherung wie auch als Öl erhältlich; entscheiden Sie also selbst, mit welcher Vorgehensweise Sie sich besser fühlen. Auf jeden Fall geht es in allen meinen Vorschlägen darum, dass Naturkräfte freigesetzt werden, die es Ihnen leichter machen, die bisher so lange vermissten Güter wie Erfolg oder Geld zu erlangen. Die eine Brücke bauen können zwischen Ihnen und dem Phänomen Geld, das Ihnen so sehr fehlt.

Dabei können Sie, wenn Sie denn einen haben, erst mal ganz gelassen in Ihren eigenen kleinen Kräutergarten gehen. Haben Sie *Beifuß* gepflanzt? Dieses Kraut, ob Sie es nun aus Ihrem Garten nehmen können oder im Laden kaufen müssen, hat eine anziehende Wirkung auf Geld. Sie räuchern mit der getrockneten Pflanze Ihre Wohnung. Oder Sie machen sich einen Sud (die Kochzeit beträgt höchstens

5 Minuten), mit dem Sie Ihre Handflächen einreiben. Und zwar immer dann, wenn Sie an Ihre Arbeitsstelle gehen. Oder freiberuflich und anderweitig Geschäfte machen wollen.

Auch beim Lebensbaum *Zypresse* ist die Vorgehensweise ähnlich. Sie kochen einen Sud aus den Nadeln, verwenden diesen Sud als Beigabe zur täglichen Körperreinigung, träufeln vielleicht sogar einige Tropfen davon in Ihr Putzwasser, wenn Sie Ihre Wohnung oder Ihr Büro reinigen. Oder Ihre Registrierkasse. Auch beim Putzen des Telefons mit dieser Lotion haben sich schon Erfolge im Hinblick auf eine finanzielle Verbesserung der eigenen Situation gezeigt.

Ähnlich verhält es sich bei *Mandelöl*. Wir wissen nicht, warum, aber es hat eine magische Anziehungskraft auf Geld. Wer ein paar Tropfen Mandelöl auf ein Scheckformular tröpfelt, und zwar vor dem Ausfüllen, kann davon ausgehen, dass dieser Scheck ein Vielfaches seiner ausgewiesenen Summe wieder zurückbringt.

Wer Zeit und Energie dazu hat, all seine Schecks, Kreditkarten und Geldscheine vor dem Einsatz mit *Damianakraut* zu räuchern, begibt sich offenbar grundsätzlich auf die sichere Seite. Denn bereits die alten Ägypter haben dieses Kraut dazu eingesetzt, um finanzielle Erfolge zu erzielen.

Es gibt auch noch zahlreiche fertige Räucherkombinationen und Ölmischungen, mit denen Sie arbeiten können. Namen wie *Master-Öl, New-Orleans-Räucherung, Easy-Money, Better-Business, Success* oder *Money-Drawing-Öl* verraten meistens schon durch ihre Namen, um was es geht. Verantwortungsvolle Importeure beziehen diese Öle und Räuchermischungen über spezielle Firmen in den USA. Denn hier geht es um Geheimrezepte der Indianer, die ihre Zutaten zwar nicht preisgeben, sich aber immer wieder über Dankesbriefe aus aller Welt freuen dürfen.

Warum der teure Import aus den USA? Und was macht diese Mischungen so erfolgreich? Die Antwort ist weniger spektakulär, als man vielleicht denken mag. In den USA gibt es nämlich immer noch vom Menschen und von Umwelteinflüssen fast unberührte Gebiete, in denen gewisse einheimische Pflanzen gedeihen können. Pflanzen, die hier zu Lande nicht wachsen, die aber für die jeweilige Mischung notwendig sind. Sie werden meist in kleinen Gärten von Indianern gezüchtet oder aber, ganz altmodisch, in der Wildnis gesammelt.

Zu diesen erfolgreichen Mischungen gehört zweifellos auch die Kombination *Silver and Gold,* erhältlich sowohl als Staub (Pulver) oder auch als Öl. Ich halte mich gerne an die Pulvervariante, denn man kann unbemerkt immer ein paar Körnchen von Hand zu Hand transportieren, beim Gruß oder beim Abschied. Hier kann es um die Begrüßung oder die Verabschiedung eines möglichen Geschäftspartners gehen, aber auch um die Begegnung mit einem Menschen, der einen Job sucht, und einem, der eine Arbeitsstelle zu vergeben hat. Die Anwendung von Silver and Gold (es gibt sie auch einzeln) kann in beiden Fällen mehr als hilfreich sein, also auf der Seite dessen, der etwas zu vergeben hat, ebenso wie auf der Seite desjenigen, der etwas sucht ...

Es ist auch ohne Weiteres möglich, etwas von diesem Pulver vor der Tür seines Ladengeschäfts zu verstreuen. Der Erfolg: Der Kontakt zwischen dem Pulver und dem Fuß des Passanten bewirkt, dass er innehält, die Schaufensterauslage betrachtet und den Laden betritt. Nachzuprüfen im direkten Versuch.

Wir tun gut daran, solche Kräuter, Pulver, Öle und Essenzen ausschließlich bei vertrauenswürdigen Hexen und

Magiern zu kaufen. Große Kaufhausketten mit Esoterikabteilungen haben im allgemeinen Wettbewerb meistens nur möglichst billige und wirkungslose Imitate im Angebot. Oder Bestände, die überaltert sind, die nichts Frisches mehr haben, also auch keine Wirkung und keinen Erfolg.

Genau auf diesen Aspekt sollten Sie auch achten, wenn Sie sich einen *Talisman* basteln, der Erfolg und Geld anziehen soll. Die Zutaten müssen so frisch wie möglich sein, damit die Kräfte der Natur freien Lauf haben. Bei diesem Glücksbeutelchen in Sachen Geld geht es um Ingwer, Orris, die High-John-Wurzel und drei (!) schwarze Bohnen aus Lateinamerika.

Lassen Sie sich diese drei lateinamerikanischen Bohnen unbedingt so frisch wie möglich präsentieren. Wenn es sein muss, besuchen Sie eine örtliche Salsa-Disco und fragen Sie deren Besucher, wer bald wieder ein Paket aus Kuba, Peru, Venezuela oder anderen lateinamerikanischen Ländern erwarten darf. Bitten Sie um die Mitsendung dieser drei Bohnen. Keiner wird sie auslachen; jeder kennt das Ritual und den Talisman.

Der Talisman besteht aus einem kleinen Beutel, in dem all diese Zutaten vertreten sind, aber bitte so frisch wie möglich. Sie weihen diesen Talisman an einem Jupiter-Tag, also an einem möglichst günstigen Donnerstag, mit Beschwörungen ein, sagen ihm, dass Sie von ihm Geld und Wohlstand erwarten. Sie bitten ihn außerdem, dass er die Kräfte von Merkur und Mars akzeptieren und relativieren möge, damit Jupiter freie Hand hat.

Beträufeln Sie diesen Talisman mit Money-Drawing-Öl, nur wenige Tropfen, und legen Sie ihn unter Ihr Kopfkissen. Dort muss er 3 Wochen lang, genauer gesagt: 3 Donnerstage lang bleiben, bis er als Amulett um Ihren Hals getragen werden darf.

Sowohl als Saft wie auch als Sud sehr wirksam im Zusammenhang mit Geldzauber ist die so genannte *Bayberry* (Beerentraube), die Sie sich ebenfalls am besten in Ihrem Hexenladen oder Esoterikgeschäft besorgen. Diese Pflanze ist vielseitig einsetzbar, kann also sowohl getrocknet als Räucherung wie auch aufgekocht als Öl verwendet werden.

Es gibt sie darüber hinaus in eine Kerze eingearbeitet, wo sie besonders wirksam ist. Denn mit dieser Kerze kann man auch ein kleines Geldritual durchführen: Schreiben Sie auf ein Stück Pergament die Summe, die Sie dringend benötigen, und legen Sie dieses Pergament unter die Kerze. Entzünden Sie die Kerze, wobei Sie ein kurzes Gebet sprechen, lassen Sie sie dann an einem geschützten und feuersichereren Ort so lange brennen, bis sie von selbst ausgeht. Die Kerzenreste vergraben Sie im Freien in der Nähe einer Linde. Oder Sie übergeben Sie einem fließenden Gewässer. Je öfter und je länger sie vor der brennenden Kerze sitzen und an Ihr Anliegen denken, umso wirkungsvoller kann das Ritual helfen.

Was seltsam ist bei Bayberry, ob Sie es nun als Öl zur Einreibung oder als Wirkstoff in einer Ritualkerze einsetzen: Es zeigt am allererstenen bei Männern Wirkung, warum auch immer. Wahrscheinlich, weil diese Pflanze erst in der Verbindung mit der maskulinen Kraft voll aktiv werden kann. Dennoch dürfen natürlich auch Frauen mit ihr magische Handlungen vornehmen. Sie müssen nur etwas mehr Geduld aufbringen.

Ausführlicher als dieses kleine Kerzenritual mit der Bayberry-Kerze ist das *Wohlstandsritual*, das besonders in Verbindung mit Salbungen und Ölbädern wirkt. Es darf nur an einem Donnerstag bei Sonnenaufgang und bei zunehmendem Mond unternommen werden. Man nimmt 3 Blätter von einem beliebigen Baum, vergräbt sie zusammen mit 2 Muskatnüssen, die man vorher mit *Money-Drawing-Öl* beträufelt hat. Ein paar Tropfen genügen. Man vergräbt die Nüsse und die Blätter genau unter dem Baum, von dem die Blätter stammen, und spricht dabei ein Gebet. Da das Ritual dem Gott Odin gewidmet ist, heißt es auch »Ritual für Odin und die Meister«. Beten Sie mit Ihren eigenen Worten, und zwar drei Mal hintereinander denselben Text. Konzentrieren Sie sich dabei ganz auf Ihr Anliegen.

So weit meine ersten Hexeninformationen im Zusammenhang mit dem »Geldzauber«. Wer mein Buch *Rezepte aus der Hexenküche* (Goldmann-Verlag) kennt, dem wird gerade einiges bekannt vorgekommen sein, weil ich in jenem Buch ebenfalls kurz auf die Probleme mit dem Geld eingegangen bin. Auch hier sollen diese Ausführungen erst mal genügen; sie geben einen Einblick in die Möglichkeiten magischen Handelns. Wie man aber im speziellen Einzelfall vorgehen muss, wann bestimmte Amulette und Talismane fällig werden und wann sogar Rituale ihre Bedeutung bekommen, das alles soll in den nächsten Kapiteln besprochen werden.

Vorher aber noch etwas Grundsätzliches zu meiner Vorgehensweise in der Begegnung mit der schwarzmagischen Kraft Geld. Je gründlicher und sorgfältiger wir uns diesbezüglich um das fundamentale Wissen bemühen, umso kleiner ist die Gefahr, dass wir bei der Begegnung mit der schwarzmagischen Kraft Geld Schaden erfahren. Oder auch anderen unabsichtlich Schaden zufügen.

Schwarze Macht Geld:
Warum wir weiß bleiben müssen

Nun kann man der Ansicht sein, dass auf einen groben Klotz ein grober Keil gehört, dass man, will man die schwarzmagische Kraft Geld in den Griff bekommen, nicht davor zurückschrecken darf, auch schwarzmagische Mittel einzusetzen. Ich darf Ihnen aus tiefster Überzeugung sagen, dass dieser Schluss nicht nur falsch, sondern auch gefährlich ist. Halten Sie sich bildlich gesprochen lieber an die feinen Dosierungen der Naturmedizin bzw. der Homöopathie, die auch durchaus dann ihre Wirkungen entfalten, wenn man mit minimalen Mengen arbeitet. Je feiner und sensibler die Dosierung ausgewogen wird, umso größer ist die Chance auf Heilung, auch bei ernstesten Krankheiten.

Der grobe Keil auf dem groben Klotz jedoch hinterlässt rechts und links oft Spuren der Verwüstung. Denken Sie nur an die Radikalkuren der Chemotherapie oder andere Mittel, die oft notwendig sind, vielfach aber auch mehr zerstören als heilen.

Die Logik, dass man der schwarzmagischen Kraft Geld nur mit gleich gearteten Mitteln Paroli bieten kann, bricht sehr schnell in sich zusammen. Und das aus den verschiedensten Gründen. Der erste Grund ist derjenige, dass die Beschäftigung mit schwarzer Magie an sich schon gefährlich ist. Sie färbt im wahrsten Sinne des Wortes ab und verändert unsere Persönlichkeit. Und zwar zum Negativen hin.

Außerdem – man muss es noch einmal sagen – kommt jede Energie, die wir wie auch immer einsetzen, konsequent früher oder später zu ihrem Absender zurück, also zu uns selbst. Auch scheinbare Anfangserfolge mit schwarzmagischen Praktiken dürfen nicht darüber hinwegtäuschen, dass sich irgendwann der Kreis schließen muss und die Natur uns den Energiefluss wieder zurückschickt. Wenn wir einen schwarzen Fluss in Bewegung gesetzt haben, so bekommen wir halt auch einen schwarzen wieder. Das ist wie bei einem Bumerang. Und es trifft immer zu.

Noch ein Aspekt, den wir nicht vernachlässigen dürfen: Wer bei schwarzmagischen Handlungen einen Fehler macht, löst damit etwas Unkontrollierbares aus. Es können Wirkungen entstehen, die sich im gegenseitigen Wechselspiel potenzieren und ein Vielfaches von dem auslösen, was wir eigentlich beabsichtigt hatten. Sie selbst, Ihre Umwelt und Menschen, von denen Sie nicht mal wissen, dass es sie gibt, können Schaden nehmen. Einen unkontrollierbar großen Schaden, vergleichbar mit dem einer Lawine. Und eines Tages, das ist garantiert, wird diese Lawine auf Sie selbst zurollen.

Bei der so genannten weißen Magie hingegen entstehen solche Kräfte nicht. Das Schlimmste, was Ihnen passieren kann, ist, dass das Öl oder das Ritual Ihrer Wahl nicht sofort die gewünschte Wirkung zeigt. Sie müssen also ein- oder mehrmals zu einer Wiederholung ansetzen, bis das gewünschte Resultat eintritt. Bei jedem neuen Versuch, auch dem nicht erfolgreichen, investieren Sie neue positive Energie, die Sie ins Universum schicken und die eines Tages zu Ihnen zurückkommt. Was Ihnen ja nur recht sein kann.

Es geht bei dem Verzicht auf schwarzmagische Kräfte also wie gesagt nicht nur um moralische und ethische Fragen, sondern auch, ganz egoistisch, um den Selbstschutz. Die Macht und die Kraft Geld ist auf der schwarzen Seite so druckvoll, dass der Einzelne außerdem nicht die geringste Chance hätte, hier Gleiches mit Gleichem zu bekämpfen. Begeben Sie sich also nicht in einen Kampf, den Sie nur verlieren können.

2
• • • •
Erfolg und Geld
für Berufsanfänger

Berufseinsteiger gehen oft mit ganz großen Visionen und mit noch größeren Träumen ans Werk. Unabhängig von der Ausbildung, die sie gerade genossen haben, sei es nun eine Lehre oder ein Volontariat, verfallen sie oft dem Trugschluss, dass ihnen nun die ganze Berufswelt zu Füßen liegt. Niemanden gebe es mehr auf dem ganzen Globus, so scheinen sie zu meinen, der nicht auf Anhieb davon überzeugt sein wird, dass hier ein Genie auf dem Weg nach ganz oben ist.

Vergessen sind auf einmal all die mühsamen und oft genug vergeblichen Versuche, eine Lehr- oder Ausbildungsstelle zu finden. Und genauso schnell vergessen ist auch der Frust, der mit all diesen Ablehnungen einherging. Fühlte man sich gestern noch wie der Versager vom Dienst, so hat sich quasi über Nacht alles geändert. Auch wenn die Beziehungen von Papa und seinen Freunden nachhelfen mussten – man wurde akzeptiert, in die große Familie der Geldverdiener aufgenommen. Ein Akt, der einem Ritterschlag gleichkommt. Und die Vier in Mathe im Abschlusszeugnis ist vergessen.

Wohl dem, der überhaupt eine Lehr- oder Ausbildungsstelle gefunden hat! Das ist nämlich in den heutigen Zeiten nicht mehr selbstverständlich. Viele junge Leute verlieren nach dem x-ten vergeblichen Vorstellungsgespräch den Mut, lassen sich hängen oder stellen jede Menge Unsinn an. Neonazis, gewaltbereite Säufercliquen und Drogendealer rekrutieren ihren Nachwuchs und ihre Klientel aus ebendiesem Personenkreis.

Unter denen, die aus welchen Gründen auch immer, außen vor bleiben, gibt es dann viele, die sich ihre Selbstbestätigung nun aus fragwürdigen Quellen holen: Sie müssen Mutproben innerhalb ihrer Clique absolvieren, beweisen, dass sie auch nach zwanzig Bieren noch stehen können, demonstrieren, dass sie vor nichts und niemandem Angst haben. Aus dem vergleichsweise kleinen Ladendiebstahl wird dann bald ein Handtaschenraub und aus dem starken Spruch mir nichts, dir nichts eine handfeste Schlägerei mit ernsthafter Körperverletzung. Der soziale Abstieg scheint programmiert zu sein. Doch das ist ein Thema, das ein weiteres Buch füllen würde ...

All die Neueinsteiger hingegen, die Angenommenen, gehen mit ganz großen Hoffnungen in ihren neuen Lebensabschnitt. Die meisten jedenfalls.

Viele lernen hier jedoch auch zum ersten Mal, dass nun »der Ernst des Lebens« für sie beginnt. Die Unbeschwertheit der frühen Jahre ist dahin: Auf einmal wollen die Eltern einen Anteil vom ohnehin dürftigen Lehr- oder Ausbildungsgeld. Waren Essen und Wohnen bisher nicht selbstverständlich und umsonst? Warum darf ich die paar Kröten, die ich nun endlich verdiene, nicht in die Disco oder in die Boutique tragen, so wie ich mir das vorgestellt habe?

Die Jugendlichen reagieren sehr unterschiedlich darauf. Diejenigen auf der einen Seite des Spektrums denkbarer Verhaltensweisen schmeißen nun »genervt« wieder alles hin, sind vielleicht sogar froh darüber, dass sie einen »Grund« finden, die »uncoole« Belastung von 8 Stunden Arbeit am Tag wieder loszuwerden. Auf der anderen Seite gibt es wiederum Jugendliche, die jetzt einen doppelten Ehrgeiz entwickeln, und der Firma, dem Elternhaus und vor allem sich selbst endlich zeigen wollen, dass sie auf eigenen Füßen stehen können. Oder zumindest den Anlauf dazu zustande bringen – was nicht immer so reibungslos abläuft, wie sich das der entschlossene Berufsanfänger so wünscht ...

Gerade angefangen, und alles geht schief

Die Stolpersteine, die auf einen Berufsanfänger warten, sind nämlich mehr als vielfältig und manchmal auch tückisch. Wobei ich ganz klar festhalten muss, dass die meisten Stolpersteine in unserem Inneren zu finden sind.

Natürlich gibt es Situationen, in denen einwandfrei die äußeren Umstände nicht stimmen: Der Chef oder der Ausbilder sprechen dem Alkohol zu, sind launisch, können mit dem Neueinsteiger, der von oben »verordnet« wurde, auf Grund persönlicher Differenzen oder Empfindlichkeiten (oft genügt schon die Frisur des Neuen) nichts anfangen ... Aber diese Situationen sind weitaus seltener, als Ausbildungsabbrecher behaupten.

Vielmehr geht es um ganz andere Schwierigkeiten: Der »Hoppla-jetzt-komm-ich-Typ« zum Beispiel scheitert schon sehr schnell an seinem Ideenreichtum und an seinem Übermut. Er ist neu, hat aber tausend neue Ideen auf Lager, die er lauthals propagiert. Dass er damit all jene kritisiert und sogar verletzt, die das Bisherige aufgebaut haben, bemerkt er nicht. So kann ein schlechtes Betriebsklima entstehen, was sich auch dann zeigt, wenn es um ganz andere Punkte geht. Denn der Kritisierte kann es vielleicht sogar nicht mal realisieren, was ihm an dem Neuzugang nicht passt, aber sehr wohl in seinem Inneren fühlen, dass da jetzt jemand gekommen ist, der ihm – zumindest in einem Punkt – in die Parade fahren will. So muss er es zumindest empfinden. Und dagegen wird sich der Alteingesessene wehren, bewusst oder unbewusst.

Der Heuchler dagegen, der »Kriecher« und »Schleimer«, der alles toll findet und auch keine Gelegenheit auslässt, dies vor allem seinen Vorgesetzten mitzuteilen, zieht sich die Missgunst seiner Kollegen zu. Vielleicht hat er mit seinem Verhalten ja eine Zeit lang Erfolg, doch selbst der dümmste Vorgesetzte wird irgendwann mal merken, dass hier ein falsches Spiel läuft. Die Kollegen freuen sich auf diesen Tag. Und werden in der Zwischenzeit alles unternehmen, um dem »Schleimer« ein Bein zu stellen.

Damit muss auch der Ellbogenkämpfer rechnen. Er hat vielleicht den Superabschluss in der Tasche oder die besten Beziehungen, doch wenn er damit prahlt, steht er schnell auf der Abschussliste. Jeder seiner Kollegen wird es sich zur Ehre anrechnen, wenn er solch einem arroganten Kollegen Schwierigkeiten machen kann.

Auch der Duckmäuser, ängstlich und zurückhaltend, ist ein potenzielles Opfer. Wann immer etwas im Team schief gelaufen ist, wird man versuchen, die Schuld auf ihn abzuwälzen. Weil er sich nicht wehrt, und wehrt er sich doch, so läuft er Gefahr, zum Denunzianten zu werden. Schließlich muss ja der wahre Schuldige gefunden werden. Was nicht das Geringste daran ändert, dass er als »Petze« und unkollegial dasteht. Seine Karriere ist schon beendet, bevor sie überhaupt angefangen hat. Dann gibt's da noch die Stimmungskanone: Immer einen flotten Spruch auf den Lippen, immer lustig, immer knallig: Wie geht's denn heute? Ha, ha, gestern ging's noch, alles im grünen Bereich! Wer auf penetrante Art mit solchen Scherzen um die Gunst der Kollegen buhlt, macht sich auf Dauer ebenfalls unbeliebt.

Dennoch, und das wundert mich immer wieder, gibt es nicht nur Berufsanfänger, die mit solchen Maschen arbeiten. Viele Menschen nehmen derartige Rollen ihr ganzes Berufsleben lang ein. Und merken dabei nicht mal, wie peinlich sie wirken, wie sehr sie Karikaturen gleichen.

Die typischen Anfängerfehler – und es gibt noch viel mehr, als ich gerade skizziert habe – basieren auf einem großen Missverständnis: Wer sagt uns denn, dass wir uns verstellen müssen? Gibt es ein Gesetz, das uns vorschreibt, 40 Stunden in der Woche als Schauspieler zu leben?

Nebenbei bemerkt, ist es schon genug, dass wir uns gewissen Kleiderordnungen unterwerfen. Ein Bankangestellter in Bermudashorts wirkt unseriös, ein Automechaniker im Smoking ebenso wenig glaubhaft. Das sind kulturelle Spielregeln, die sich bei uns eingebürgert haben und die gerade jetzt strenger denn je beachtet werden. Man fragt sich manchmal: Ist das nicht alles Unsinn? Kann ein Versicherungsvertreter in T-Shirt und Sandalen nicht genauso viel wissen und genauso gut beraten wie einer im Anzug? Trotzdem: Es funktioniert nicht. Wir sind festgefahren. Und das schon in Äußerlichkeiten. Ein Arzt braucht einen weißen Kittel, ein Mechaniker einen Overall, ein Banker einen Anzug, und ein Journalist kommt am besten mit Jeans und modernem Jackett daher, sonst hat er ein Vertrauensdefizit aufzuarbeiten.

Aber fragen wir uns selbst einmal ehrlich: Hätten Sie Vertrauen zu einem Chirurgen, der Sie in einer Rocker-Lederjacke begrüßte und Sie lässig und cool auf Ihre morgige Operation vorbereitete ...?

Beispiele aus meiner Praxis

Anfängerfehler sind Stolpersteine, die sich immer wieder in den beruflichen Weg stellen werden, wenn man sie nicht korrigiert. Der Kampf ums Geld verlangt wie gesagt eine gewisse Anpassungsfähigkeit, und sei es auch nur in der Auswahl der täglichen Kleidung. Aber es gibt keinen Grund, darüber hinaus etwas zu leisten, was mit einem persönlichen Verrat am eigenen Ego zu tun hat. Man wird einem von Natur aus schüchternen Menschen auf Dauer nie und nimmer den Draufgänger oder gar »Ellbogenkämpfer« abnehmen, und genauso wenig kommt ein selbstbewusster Mensch in der Rolle des angepassten, devoten Duckmäusers oder des Kriechers und Schleimers zurecht.

Berufsanfänger gehen fast immer davon aus, dass sie irgendetwas »darstellen« müssen, also eine Rolle repräsentieren sollten. Sie definieren diese Rolle aus einer Mischung zwischen Persönlichkeit und der bestehenden Situation. Der Druck, man müsse sich verstellen, kommt jedoch nur scheinbar von außen, er kommt vielmehr aus dem tiefsten Inneren der Betreffenden.

Die Anpassung an die Kleiderordnung hingegen ist – wie ich meine – akzeptabel. Dennoch: Wenn ich jetzt ein paar willkürlich aus meiner täglichen Beratungspraxis herausgegriffene Beispiele zitiere, fällt auf, dass gerade der Punkt Kleidung immer wieder zum Stolperstein wird.

So bei *Anton D.* (26) aus Freising. Der junge Mann hatte gerade sein Touristikstudium überaus erfolgreich abgeschlossen, hielt ein Superzeugnis in der Hand und wurde auf Anhieb, es war seine allererste Bewerbung, bei einem großen örtlichen Reisebüro in leitender Position eingestellt. Was ihm allerdings zu Kopfe stieg: Von wegen vier Millionen Arbeitslose in Deutschland, schaut mich an, ich habe es auf Anhieb geschafft, eine gut dotierte Stelle zu bekommen. Herr D. schaute auf all jene herunter, die weniger Glück hatten als er. Schließlich fühlte er sich nicht als Glückspilz, sondern als der lebende Beweis dafür, dass Leistung stets anerkannt wird.

Schnell bemächtigte sich des frisch gebackenen Abteilungsleiters eine gewisse Arroganz, und er durchbrach auch die ungeschriebene, aber dennoch maßgebliche Kleiderordnung: Er kam lässig in Jeans und bunten Sweatshirts daher, was ihm jedoch nicht nur die Kollegen übel nahmen, sondern auch die Kunden. Doch niemand sagte ihm, um was es eigentlich geht, immer mussten andere und oft fadenscheinige Begründungen herhalten, wenn man ihn benachteiligte. Schließlich sollte er in den Norden versetzt werden. Ein Angebot, das er nicht wahrnehmen wollte, hatte er doch gerade eine Familie im heimischen Freising gegründet und ein Reihenhaus angezahlt. – Heute ist er arbeitslos, kommt zweimal im Monat in meine Beratung und will immer noch nicht akzeptieren, dass die Schuld bei ihm liegt. Da kann ich auf ihn einreden, wie ich will: Er bewegt sich geistig keinen Millimeter weit.

Dagegen ist *Andrea L.* (25) aus Ottobrunn bei München einsichtiger. In der lokal mehr als anerkannten Immobilienfirma ihres Vaters konnte sie nach ihrem abgebrochenen BWL-Studium sofort einsteigen. Papa war großzügig und stattete das liebe Töchterlein gleich mit zahlreichen Privilegien aus. Zu viele Privilegien, wie ich meine. Denn Andrea ging davon aus, dass ihr in der Firma des Vaters so gut wie nichts passieren könne, und zeigte sich mehr als arrogant. Was zur Folge hatte, dass sie von sämtlichen Mitarbeitern gemieden und von jeglichem Informationsfluss abgeschnitten wurde. Zu einem offenen Aufstand gegen sie kam es zwar nie; aber es war mehr als oft kurz davor. Nun ist sie unglücklich, fühlt sich missverstanden und verlangt von mir Rituale, mit denen sie ihre ach so bösen Mitarbeiter gefügig machen kann. Ein Wunsch, den ich natürlich nur ablehnen kann. Ich glaube, die Gute hat noch viel zu verstehen und viel zu lernen.

So sehe ich das auch bei *Alexander L.* (44) aus Harlaching. Alex war in den Computerboom-Jahren in diese Branche eingestiegen und hatte schon 1994 seine eigene Softwarefirma gegründet, gleich mit zwölf Angestellten, die allesamt Freunde aus seinem vorhergegangenen Berufsleben waren. Er fühlte sich auf der Gewinnerstraße wie kein Zweiter. Der Jahresumsatz der Firma bewegte sich in guten Zeiten in zweistelliger Millionenhöhe. Den Kontakt zu ihm bekam ich nicht über ihn selbst, sondern über einen dieser Freunde, die er anderswo abgeworben hatte: »Wir erkennen ihn kaum mehr wieder, seit er Chef ist, benimmt er sich wie ein Schwein!« Alex galt als notorischer Weiberheld, »verschliss« eine Sekretärin nach der anderen und brüstete sich damit auch noch am Stammtisch.

Mit seinen jeweiligen und kurzfristigen Eroberungen unternahm er kostspielige Reisen und nahm dazu Geld aus der Firmenkasse, das ihm nicht gehörte. Sechs seiner ehemaligen Freunde, die an ihn glauben, haben sich inzwischen von ihm abgewandt und suchen verzweifelt einen neuen Job. Eine der Sekretärinnen von Herrn L. hat nach der spontan abgebrochenen Liaison mit ihrem Chef einen Selbstmordversuch unternommen. Eine Schuld, mit der der Jungmanager nicht klarkommt, bis heute nicht. Der Geld- und Größenwahn hatte ihn gepackt; es wird lange dauern, ihn davon zu befreien. Von den Schuldgefühlen einmal ganz abgesehen.

Mit Schuldgefühlen hat auch *Karin W.* (24) aus München zu kämpfen. Sie hatte sich als Berufsanfängerin ziemlich viel vorgenommen. Die ausgelernte Einzelhandelsverkäuferin wollte so schnell wie möglich die Filiale einer großen Lebensmittelkette übernehmen, und zwar als Filialleiterin. Sie putzte sich raus, machte sich schick und »baggerte« ihren Chef an. Mit Erfolg. Aus dem Verhältnis wurde ein betriebsinterner Skandal. Karin behauptete, der Chef hätte sie missbraucht. Was zur Folge hatte, dass der Chef entlassen wurde. Doch für die Leitung der Filiale wurde jemand engagiert, der von auswärts kam. Karin hatte ihr Ziel nicht erreicht. Das anschließende Mobbing der Kollegen trieb sie schließlich in die Arbeitslosigkeit.

Warum ich Ihnen diese Beispiele erzähle? Weil die Begegnung mit der schwarzen Macht Geld mehr ist als ein Spiel. Geld, darüber müssen wir uns alle im Klaren sein, verführt die Menschen zu Handlungen, die nicht mehr nachvollziehbar sind.

Doch jeder Mensch hat eine zweite Chance.

Die zweite Chance

Voraussetzung für die Möglichkeit, im Berufsleben eine zweite Chance ergreifen zu können, ist zunächst einmal die Einsicht. Die Erkenntnis, dass es auf dem eingeschlagenen Weg nicht weitergeht, dass der erste Anlauf gescheitert ist. Allzu oft versucht der Gescheiterte nämlich, die Verantwortung für seinen Schiffbruch auf Dritte abzuwälzen, um eine Beschädigung des eigenen Egos zu vermeiden. Was durchaus verständlich ist, aber für den Neuanfang nicht sehr effektiv. Denn dann macht man ja eventuell den gleichen Fehler noch einmal.

Doch ob man nun als Aufschneider, als »Schleimer«, als Zauderer oder als Ellbogenkämpfer versagt hat: Natürlich ist die Analyse wichtig, aber sie sollte auf keinen Fall in eine Selbstzerfleischung ausarten. Da ist halt nun mal was schief gelaufen – also Ärmel hochkrempeln, die Scherben zusammenkehren und sich neu orientieren.

Also erst mal Einsicht und Erkenntnis: ich bin beruflich gescheitert, vermutlich aus dem und dem Grund. Aber ich bin lernfähig und widerstandsfähig, deshalb ergreife ich meine zweite Chance. Und wenn es sein muss, auch eine dritte und eine vierte.

Nun sollte man klären, ob die Möglichkeit zum Neuanfang in dem Betrieb besteht, in dem man Fehler gemacht hat. Gibt es die Chance, Scharten auszuwetzen, ohne dass Spuren zurückbleiben? Kann ich mich bei diesem oder jenem Kollegen entschuldigen? Oder ist schon so viel Porzellan zerschlagen worden, dass es wohl besser ist, wenn ich das Weite suche?

Übergroßer Ehrgeiz, Kriechertum, Ellenbogenmentalität – nehme ich diese Einstellungen und Verhaltensweisen mit in meinen neuen Lebensabschnitt oder kann ich sie abstreifen?

Hier kann ein guter Freund oder Kollege helfen, der einem schonungslos die Meinung sagt. Denn oft ist man sich ja gar nicht bewusst, wie man auf seine Umwelt wirkt. Gut zuhören ersetzt hilflose gute Vorsätze; und wer Ohren hat zu hören, der höre.

Man muss die Begegnung mit dem Phänomen Geld immer wieder unter eine für sich gültige Überschrift stellen.

Diese Überschrift könnte lauten: ja, die Welt »ist schlecht«, alle rennen nur dem Geld hinterher, viele verändern sich, werden zu Ellbogenkämpfern, zu Schleimern und Kriechern, zu Intriganten vielleicht sogar, aber das kann mich noch lange nicht dazu verführen, ebenso zu werden. Ich bleibe mir treu.

Wir wissen aus vielen Beispielen, das Menschen, die authentisch sind, also sie selbst und immer wahrhaftig, auch im Berufsleben die erfolgreichsten werden. Sie kennen die Tücken und Fallen, aber sie tappen nicht blind hinein. Sie sind auch nicht starrköpfig und unbelehrbar, aber sie haben ihren eigenen Kopf. Und vor allem ihre eigenen Ziele. Ziele, die über die Vorstellung »Möglichst viel Geld verdienen und dann mit fünfundvierzig aufhören« weit hinausgehen. Ihnen geht es um die Sache. Und deswegen haben sie auch Erfolg.

Darum lässt es sich nicht vermeiden, vor dem Ergreifen einer neuen Chance auch mal darüber nachzudenken, ob man in dem Beruf, in dem man gerade – aus welchen Gründen auch immer – gescheitert ist, überhaupt zu Hause sein kann. Ob es wirklich der Beruf ist, in dem man außer Geld auch noch so etwas wie Erfüllung finden kann.

Sie neutralisieren die schlechten Einflüsse der schwarzmagischen Kraft Geld nämlich am ehesten und wirksamsten, wenn Sie sie nicht mehr zum Zentrum Ihres Strebens machen. Wenn Sie gut in Ihrem Beruf sind, wenn Sie sich voll auf die Sache konzentrieren und nicht überwiegend auf die Gehaltserhöhung, den Firmenwagen und Ihren Status, so stellt sich all dies in der Regel von selbst ein. Früher oder später wird der authentisch tätige Mensch bemerken, dass seine *Leistung* anerkannt wird und nicht die Tiefe der Verbeugung vor seinem Vorgesetzten, oder der Grad seiner Hemdsärmeligkeit.

Und schon hat das Phänomen Geld einen großen Teil seiner Gefahr verloren. Ein wild kläffender Köter, den man einfach nicht beachtet, kann nur noch halb so viel Schaden anrichten. Wenn man ihm aber ängstlich gegenüber steht, vor Angst schlotternd, dann kann er zu einem nicht zu unterschätzenden Problem werden. Vergleichbar ist es mit dem Geld.

Wenn Sie mit diesem Grundgedanken Ihre zweite Chance wahrnehmen, haben Sie die besseren Voraussetzungen. Kümmern Sie sich nicht mehr überwiegend um Nebensächlichkeiten oder Begleiterscheinungen Ihrer Tätigkeit, sondern seien Sie einfach Sie selbst. Und konzentrieren Sie sich stattdessen vor allem auf Ihren Beruf, auf das, was eigentlich ja auch ein Stück »Berufung« sein sollte.

Glücklich kann sich in aller Regel derjenige schätzen, der sein Hobby zum Beruf machen konnte. Denn jede berufliche Herausforderung wird ihn nicht mehr anstrengen, sondern beflügeln. Und sie wird ihm vor allen Dingen Spaß bereiten. Hat mir meine Arbeit wirklich Spaß gemacht? Auch diese Frage sollten sich alle stellen, die einen zweiten Anlauf nehmen. Eigentlich müsste man ja schon bei der Berufsberatung und bei der Festlegung des Ausbildungsweges diesen Aspekt berücksichtigen. Und zwar auf alle Fälle mehr, als es heute üblicherweise getan wird.

Die zweite Chance darf auf keinen Fall hektisch wahrgenommen werden. Raus aus der einen Firma, rein in die andere. Und das ohne Fehlersuche und ohne Gewissenserforschung. So was kann nur schief gehen. Genau so, als wenn man von einer Liebesbeziehung sofort in eine x-beliebige nächste huscht, aus lauter Angst vor dem Alleinsein.

In beruflichen Dingen, das gebe ich gern zu, ist es allerdings in einem entscheidenden Punkt anders als in Sachen Liebe: Die Miete, der Strom, das Essen müssen bezahlt werden, also muss so schnell wie möglich eine neue Arbeit gefunden werden. Was alles andere als leicht ist. Trotzdem darf man sich nicht von der Hektik verführen lassen. Denn Hektik und innerer Druck sind Faktoren, die bei einem Einstellungsgespräch sofort erkennbar werden, da kann man sich noch so bemühen, sie zu verbergen. Und sie riechen wie Angstschweiß angesichts eines bösen Hundes. Also Vorsicht: nie den Angstschweiß erkennen lassen, ihn von vornherein unterbinden. Sonst beißt der böse Köter zu.

Die zweite Chance kann aber auch ganz anders aussehen, sie muss nicht unbedingt mit einer Wiederholung der bekannten Mechanismen beginnen. Sie kann zum Beispiel ins Ausland führen oder in die Selbständigkeit. Auch diese Punkte müssen betrachtet und hinterfragt werden, bevor man wieder losrennt.

Was auch immer bei Ihren Überlegungen herausgekommen ist, für welchen Weg Sie sich auch entschieden haben, jeder Neuanfang birgt ungeahnte Möglichkeiten in sich, und die sollten Sie nutzen. Sie stehen vor einer weißen Leinwand und können den nächsten Berufsabschnitt ganz allein und eigenverantwortlich bestimmen. Fangen Sie mit Rot an oder mit Blau, mit Grün oder Gelb? Nehmen Sie einen dicken oder einen dünnen Pinsel? Jede Minute, die Sie zuvor nachgedacht haben, bringt Ihnen im Verlauf Ihres neuen Weges messbaren Nutzen.

Anfangen im Berufsleben, *neu* anfangen im Berufsleben, das sind beides Situationen, in denen Ihnen die Magie der Hexen behilflich sein kann.

Hexenrezepte für Berufsanfänger und Menschen, die ihre zweite Chance nutzen

Die folgenden Tipps, Rezepte und Rituale sind nützlich für alle, die wirklich Geld brauchen. Derjenige, der schon genug Geld hat und aus Gier noch reicher werden will, wird in diesem Kapitel nicht fündig. Natürlich kann er sich das alles durchlesen und auch probieren; es wird ihm nichts schaden. Aber bei ihm bleibt der gewünschte Erfolg aus. Die Kräfte des Universums sorgen hier auf wunderbare Weise für einen gerechten Ablauf, indem sie dem Gierhals nicht noch was nachwerfen.

Wer aber wirklich Geld benötigt, wer aus monetären Gründen in eine Notsituation geraten ist, der ist hier richtig. Alle meine Tipps, vom einfachen Talisman bis hin zum ausladenden Ritual, haben nichts anderes im Sinn, als Ihre Seele zu »coachen«, auf Erfolg zu trainieren. Ich habe das schon so oft geschrieben, und ich werde es wohl in jedem meiner kommenden Bücher auch in Zukunft wieder tun. Alle Kraft kann letztlich wirklich nur aus Ihnen selbst kommen. Sie können theoretisch also auch an die Geldvermehrungskraft einer Modelleisenbahn glauben. Wenn Sie es intensiv genug betreiben, diesen Glauben zum Mantra zu machen, so wird Ihnen die Spielzeugeisenbahn sicher bis zu einem gewissen Grad helfen ...

Bei Hexenrezepten kommt aber außer der eigenen Kraftanstrengung noch die Kraft der Natur dazu. Naturkräfte wurden schon vor Jahrtausenden erkannt und immer wieder mit magischen Absichten beschworen. Bei vielen dieser Kräfte wissen wir gar nicht, warum und wie sie funktionieren – wir kennen nur die Erfolgsbilanzen. Und die machen mir Mut, Ihnen meine Rezepte weiterzugeben.

Von Öl-, Kräuter- und Räuchermischungen habe ich schon oft gesprochen, auch in diesem Buch. Wer vorsichtig anfangen will, kann sich solche Mischungen in einem seriösen Esoterik- oder auch Hexenladen besorgen, sich damit verwöhnen, auf die Haut auftragen, sie ins Badewasser tun, in der Wohnung verteilen oder auch bewusst vor der Meditation, dem Gebet – auf jeden Fall vor Momenten der Konzentration und Ruhe – auftragen und einatmen. Sie heißen zum Beispiel *High John, Success* oder *Sandlewood.* Lassen Sie sich auf jeden Fall beim Kauf beraten und gehen Sie auf keinen Fall zu einem Billiganbieter, wo oft nur wirkungslose und auf Chemiebasis fabrizierte Imitate zu bekommen sind. Diese sind wirkungslos.

Oder fangen Sie noch eine Nummer kleiner an: Die *Haut und die Schale einer Orange oder Apfelsine,* so frisch wie möglich gekauft, am besten in einem Bioladen, verbreiten in Ihrer Wohnung nicht nur einen überaus angenehmen Duft, sondern sie sorgen auch dafür, dass gewisse Rezeptoren Ihres Hirnes frei werden. Empfangspunkte, die vielleicht blockiert sind, wenn's um Erfolg in Sachen Geldverdienen oder Berufsleben geht. Mit dem Duft der Orange werden solche Blockaden aufgelöst. Es macht daher durchaus Sinn, diesen Duft noch zu verstärken. Haben Sie schon mal die Haut oder die Schale einer Orange kurzfristig auf die heiße Herdplatte gelegt? Oder in einer kleinen Schale längerfristig auf den Heizkörper platziert? Das riecht ebenfalls nicht nur sehr gut, sondern hilft Ihnen auch bei Ihrem Geldproblem. Sie können auch die Schale wie eine Seife in Ihren Händen kneten, ganz bewusst in der Absicht, den Orangenduft wie ein Parfüm zu verwenden. Dass Sie dabei zur Sommerzeit ein bisschen nach Weihnachten duften, darf Sie nicht stören. Geld stinkt nicht – es riecht nach Orange!

Und es riecht auch nach *High John,* einer magischen Mischung, die es sowohl als Öl wie auch als Räucherung und Kräutermischung gibt. Machen Sie sich einen Tee, eine schöne Salbung oder ein Bad daraus – oder am besten eine wunderbar duftende Räucherung, mit der Sie alle Winkel Ihrer Wohnung dezent ausfüllen. High John vertreibt alle negativen Kräfte aus Ihrem Umfeld. Dieser Aspekt der Eliminierung des Negativen an sich ist besonders für Berufsanfänger wichtig. Und noch mehr für Menschen, die kurz davor stehen, ihre zweite oder dritte Chance im Berufsleben zu ergreifen. Ein neuer Lebensabschnitt fängt an – verabschieden wir uns also von allem Negativen, was uns bisher belastet, behindert und vielleicht sogar zum Scheitern gebracht hat. Oft genügt solch eine Räucherung schon, um einen erfolgreichen Neustart zu garantieren.

Ein typisches Beispiel von Naturkraft erleben wir auch in der Begegnung mit der kleinen Wurzel *Helping Hand.* Diese Wurzel sieht tatsächlich aus wie eine Minihand, sie kommt aus den USA und wird dort von den Indianern als Glücksbringer verwendet. Mag sein, dass es zuerst die Form war, die verblüffte und über den Aberglauben und durch Selbstsuggestion zum Erfolg führte. Inzwischen wissen wir, dass der direkte Hautkontakt zu dieser Wurzel tatsächlich hilft. Und zwar immer dann, wenn es um beruflichen oder finanziellen Erfolg geht. Es macht also durchaus Sinn, diese kleine Wurzel bis kurz vor dem Bewerbungsgespräch oder bis kurz vor der Diskussion, die alle beruflichen Probleme lösen soll, in der Hand zu halten, den Hautkontakt durch Drücken und Reiben zu intensivieren, sie danach noch am Körper, vielleicht in der Hosentasche, zu tragen. Sie ist mehr als ein Talisman, mehr als ein Amulett. Sie überträgt hilfreiche Kräfte. Kräfte der Natur, die leider bis heute immer noch unzureichend erforscht sind, die aber zum festen Repertoire jeder seriösen Hexe und jedes ernst zu nehmenden Magiers gehören.

Berufsanfänger und besonders all jene, die das zweite oder dritte Mal anfangen, die eine neue Arbeitsstelle suchen, neigen ja zur Hektik und zum übereifrigen Agieren. Kein Wunder, die Jobs sind heiß umkämpft, und nach der zehnten Absage auf eine Bewerbung steigt die Nervosität. Dennoch ist Nervosität genau das, was auf dem Arbeitsmarkt überhaupt nicht gefragt ist, was sogar abstößt. Ihr Gesprächspartner beim Einstellungsgespräch ist trainiert. Er wird Ihre Nervosität riechen, und das im wahrsten Sinne des Wortes. Berufsanfänger und Zweit- oder Dritteinsteiger, ganz einfach auch Stellenwechsler, tun meiner Meinung also mehr als gut daran, erst mal wieder »runterzukommen«, die Hektik abzulegen. *Rituelle Bäder* helfen dabei ungemein. Ein Ritualbad hat nicht das Geringste mit Körperpflege zu tun – Ihren Dreck waschen Sie sich bitte vorher ab. Und zwar *nur* vorher, nie und nimmer während des Rituals und nie und nimmer danach. Seife hat in einem rituellen Bad nicht das Geringste verloren, also weg damit. Sie schadet.

Zurück zum Ritual: Kochen Sie sich ein paar Orangenschalen aus, fügen Sie den Sud dem Badewasser zu, geben Sie außerdem 3 bis 7 Tropfen, je nach Schwere der Situation, von folgenden Ölmischungen in die Wanne: High John, Lucky Job, Magnet und Prosperity, in ganz dringenden Fällen auch Power. Dabei ist weniger oft mehr. Die Dosis kann langsam gesteigert werden, aber Sie sollten nie der Meinung sein, dass man mit einer doppelten Dosis auch einen doppelten Effekt erzielen kann. Der Körper nimmt immer nur eine gewisse Menge an Einflüssen auf, das ist wie bei den Vitaminen. Bei einem Überangebot macht er dicht, nimmt nichts mehr auf; es wäre Verschwendung. Fangen

Sie also je Ölmischung mit 3 Tropfen pro Bad an, steigern Sie langsam auf 7. Das war's aber auch schon. Solche magischen Ölmischungen sind ganz schön teuer: noch ein Grund, sparsam damit umzugehen. Und schließlich wollen Sie ja nicht mit wild kombinierten Geruchswolken überzeugen, sondern mit Ihrer Persönlichkeit.

Bei rituellen Bädern zählt vor allem das Umfeld. Das Badezimmer muss geputzt sein, mit Kerzen geschmückt, am besten mit Orangenduftkerzen aus echtem Orangenöl. Musik soll erklingen, schöne Entspannungsmusik, am besten instrumental, ohne Texte. Damit Ihr Geist Freiraum für eigene Texte und Gedanken hat. Was wünsche ich mir von meinem neuen Job? Was erhoffe ich mir von meinem morgigen Einstellungsgespräch? Was soll die Konfliktbereinigung in meinem bisherigen Job bringen? Machen Sie sich eine Vision vom bevorstehenden Treffen, leben Sie diese Vision Punkt für Punkt durch. Erleben Sie in Ihrer Vision, wie Sie Erfolg haben werden. Solch ein Ritualbad darf bis zu einer Stunde dauern. Danach sind Sie aufgeweicht, und das Wasser ist schweinekalt. Heißes Wasser nachlassen gilt nicht – Sie verändern nämlich damit die Kombinationen und Wirkkräfte der Öle. Also jetzt raus aus der Wanne und von dem Problem loslassen. Einfach loslassen, es nicht mehr fühlen. Was anderes tun. Was Leckeres essen oder trinken, schöne Musik hören, ein gutes Buch lesen. Die Spannung vor dem morgigen Gespräch *ent*spannen.

Berufsanfänger, Zweit-, Dritt- oder Fünfteinsteiger ... tragen oft einen ganz speziellen Wunsch mit sich herum, einen Wunsch, der vom beruflichen Erfolg nicht zu trennen ist, der so wichtig ist wie nichts anderes. Kann sein, dass der Chef eigentlich nur »nett« sein muss. Kann aber auch sein, dass es darum geht, endlich das Problem in den Griff zu bekommen, das schon immer irgendwie – aber noch nie richtig ausdiskutiert – im Raum stand. In so einem Fall muss man sich schon selbst die Mühe machen, um auf die richtige Spur zu kommen. Das wird Ihnen kein Kraut, kein Öl und auch keine Räucherung abnehmen. Beim fünften Ritualbad in völliger Entspannung kommen Sie sicher darauf. Die Kraft der Natur bringt Sie auf die richtige Spur.

Wenn Sie den Wunsch konkretisieren konnten, wenn Sie also ganz genau wissen, was Sie wollen, was Sie wünschen, was Sie unbedingt brauchen, um beruflichen und finanziellen Erfolg zu erlangen, dann wagen Sie sich doch, sofern Sie esoterisch offen sind, an ein *Kerzenritual*. Das hat aber nur Sinn, wenn Sie wirklich ganz genau wissen, was Ihnen zum Glück noch fehlt, wenn Sie Ihren Wunsch also ganz genau definieren können. Sie besorgen sich eine lilafarbene Kerze, reiben sie mit High John und Orangenöl ein, um ihre Wirkung zu verstärken. Sie reiben von der Mitte der Kerze aus nach oben und dann nach unten. Niemals anders. Unter diese Kerze legen Sie ein Blatt Stickpergament. Sie können Ihren Wunsch darauf verewigen. Fassen Sie sich kurz – Sticken ist eine Heidenarbeit. So ein Wunsch kann folgendermaßen aussehen: »Neuer Chef«, »Mehr Gehalt«, »Neuer Job« oder einfach und griffig auch nur »Geld«. Dieses Pergament kommt nun unter die Kerze und bleibt auch dort, bis sie abgebrannt ist. In die Flamme der Kerze geben Sie hin und wieder ein bisschen High-John-Mischung, am besten als Öl. Oder Success-Öl, ebenfalls eine sehr erfolgreiche Mischung. Wann immer die Kerze brennt, bleiben Sie dabei und konzentrieren sich auf Ihr Problem. Nichts darf Sie dabei ablenken, nicht mal Musik. Erst wenn die Wachsreste im Freien unter einem Baum vergraben sind, ist Ihr Wunsch von den Göttern des Kosmos erhört worden.

Aber wer sind diese Götter des Kosmos? Wir Hexen gehen von folgendem Wissen aus: Venus herrscht über das

Geld, Saturn über das Geschäftswesen schlechthin, und Jupiter kann vorhandenen Reichtum festigen und vermehren. Für uns lohnt es sich also, und ich habe es schon ein paar Mal in Notsituationen für mich selbst in Angriff genommen, einen *Geldaltar* aufzubauen. Einen Geldaltar, um ebendiese Gottheiten zu beschwören, Venus, Jupiter und Saturn. Wir kennen alle diese drei Gottheiten auch unter anderen Zuständigkeitsbereichen, aber das ist jetzt nicht von Belang. Wer ihnen vertrauen will, baut ihnen einen Altar, einen Geldaltar. Einen kleinen Tisch oder eine Tischfläche, bedeckt mit einem Tuch. Die Farbe: Grün, Gelb, Kupfern oder Gold. Auf diesem Tisch oder dieser Tischfläche steht eine große Wasserschale, darin Kupfer- oder Silbermünzen (nur ein paar, die Währung ist egal), einige Halbedelsteine wie Amethyst, Quarz, Topas, Lapislazuli, auch echte Edelsteine, wenn vorhanden, wie einen Diamant. Es kommt wirklich nicht auf den kommerziellen Wert dieser Steine oder auf ihre Größe an, sondern lediglich auf ihre Naturkraft und auch auf die Kraft, die wir mit diesen Steinen verbinden. Im Wasser wird die Kraft der Metalle und Mineralien für uns Menschen leichter zugänglich. Wir schmücken den Altar mit Blumen, die stark duften, mit Ringelblumen, Nelken, Orchideen. Hauptsache, sie sind gelb. Diese Blumen dienen als Dekoration des Altars, aber auch als Duftquelle. Wer ihren Duft längere Zeit über den Dekorationswert hinaus erhalten will, legt sie ebenfalls in die Wasserschale.

Nun entsteht durch Duft und äußeren Anblick eine mentale Kraft, eine Konzentrationsbasis. Eine Kraft, die nicht zu leugnen ist. Das Gleiche gilt auch für die so genannte biologische Kraft, die wir nun folgendermaßen in dieser Wasserschale sammeln: 3 Muskatnüsse, 2 Stangen Zimt, 1 Hand voll der Mischung Allspice und ein paar Sandelholzspäne. Die Mineralienkraft kann in Verbindung mit der Pflanzenkraft dafür sorgen, Geldprobleme zu lösen. Voraussetzung ist, dass man vor diesem kleinen Geldaltar jeden Donnerstag mindestens eine halbe Stunde meditiert oder betet.

Mein persönliches traditionell-übernommenes Hexengebet heißt: »Ich wende mich jetzt an die Universalgötter des Reichtums, an Venus, Saturn und Jupiter. Ich bitte Euch, dafür zu sorgen, dass das Geld, das in der Luft schwebt, auch bei mir ankommt. Es gibt Sachen, die ich dringend brauche. Und die ich nur mit Geld erreichen kann.«

Wer die astrologischen Götter aufgrund seiner kulturellen Herkunft noch nicht erkannt hat, der kann vor diesem Naturkraftaltar auch andere Götter anrufen, aus welcher Religion auch immer er kommen mag. Auch Heilige aus dem Religionskreis der Christenkultur, der uns Hexen schon so viele Probleme und unermessliches Leid zugefügt hat. Es spricht also nicht das Geringste dagegen, bei Berufs- oder Geldproblemen den heiligen Andreas oder den heiligen Leonhard vor diesem Altar anzurufen. Am besten wäre es, man kennt einen Heiligen (bzw. dessen Namen), der einem in einer ähnlichen Situation schon einmal persönlich geholfen hat. Egal, ob er nun Buddha, Jesus, Krishna, Mohammed oder Jupiter heißt. Wir Hexen sind beileibe alles andere als Fanatiker oder Fundamentalisten. Wer heilt, hat Recht, das wissen wir ganz genau.

Nehmen Sie also meine Tipps und Rituale als unverbindliche Empfehlungen; und verstehen Sie sie auf keinen Fall als Dogmen. Es gibt viele Wege zum Glück; und jeder dieser Wege hat seine Daseinsberechtigung. Mein Hexenweg ist sicherlich nicht für jeden Einzelnen die angestrebte Lösung. Doch wir Hexen wissen ganz genau, welche Kraft aus dem Zusammenspiel zwischen Naturkräften und kosmischen Gewalten entstehen kann, wie wir mit Naturstoffen, Ritualen und andererseits mit widrigen Umständen umgehen können. Kraft, die auch im Zusammenspiel mit einem Menschen hilfreich sein kann, der uns vom System des Geldes als Vorgesetzter präsentiert wird, als Chef.

3

• • • •

Der Chef erkennt
meinen Erfolg nicht an

Der Mensch, der als erstes Bindeglied zwischen uns und der »Macht des Geldes« fungiert, ist unser Vorgesetzter, der Chef. Er ist unser erster Ansprechpartner, wenn es Probleme im Beruf gibt; er vergibt die Aufträge und teilt die Aufgaben ein. Er ist weiterhin dafür zuständig, wenn es darum geht, den Urlaubszeitraum zu planen, eine Beförderung oder eine Gehaltserhöhung auszusprechen oder zumindest zu befürworten. Ohne den Chef geht gar nichts.

Natürlich gibt es, gerade bei Berufsanfängern, immer wieder sehr selbstsichere Zeitgenossen, die der Meinung sind, dass sie diese Autorität umgehen, provozieren oder gar stürzen können. »Ist mir doch egal, wer unter mir Chef ist«, lautet ein salopper Ausspruch. Oder: »Bald habe ich ja sowieso seinen Job, dann sage ich ihm, was er arbeiten muss.« Was diese Haltung letztlich bewegt, liegt insgesamt mehr im negativen Bereich. Auch wenn man nicht mit solchen schlauen Sprüchen um sich wirft, die Haltung wird dennoch erkennbar. Und zwar in jeder Kleinigkeit des Alltags.

Es gibt aber auch das Gegenteil: Leute, die sich bemühen, es dem Chef so recht wie nur irgend möglich zu machen. Sie bewegen sich an der Grenze zum Schleimen, können auf Dauer auf ihrem eigenen Schleim nur ausrutschen und stürzen. Kein Mensch wird langfristig solche Speichellecker akzeptieren; nur die allerdümmsten und eitelsten Menschen der Spezies Chef freuen sich über einen derartigen Typen in ihrem Team. Davon dürfen Sie ausgehen.

Nun versuchen Sie also, sich auf Ihre Arbeit zu konzentrieren, die Ihnen anvertrauten Aufgaben zügig und gewissenhaft zu erledigen. Sie bemerken, dass Sie alle Aufgaben stets bewältigen können, dass Sie mit dem Ergebnis zufrieden sind. Und der Chef müsste es eigentlich auch sein. Aber Sie erhalten keine oder nur wenig Resonanz.

Nun gut, Sie sind ja kein kleines Kind mehr, das nach jedem Kunststück oder für jedes Gemälde auf dem Zeichenblock ein dickes Lob von Mami oder Papi braucht, aber ein bisschen Anerkennung, so meinen Sie, steht Ihnen doch zu. Oder etwa nicht? Doch von Ihrem Chef kommt nichts, rein gar nichts. Sie wissen nicht, woran Sie sind. Und das macht Sie erstens ziemlich unsicher, zweitens auch ein bisschen wütend. Versteht er denn nicht, dass Sie gerade wieder mal etwas auf die Beine gestellt haben, was über das Maß der Selbstverständlichkeit hinausgeht? Oder *will* er einfach nicht verstehen? Sie hängen im luftleeren Raum und ärgern sich darüber.

Gerade Berufsanfänger haben mit solchen Situationen schwer zu kämpfen. In der Schule gab es für jede Leistung fast sofort eine Resonanz, und zwar in Form einer Zensur, einer Benotung. Nun fällt die Messlatte weg. Sie werden unsicher, wissen bald nicht mehr, ob Sie alles richtig machen oder nicht.

Auch Kollegen, die schon länger eine bestimmte Stelle innehaben, können sich über die Nichtanerkennung Ihrer Leistungen immer noch ärgern. Besonders dann, wenn andere Kollegen sehr wohl beachtet und gelobt werden, bei Beförderungen vielleicht sogar vorgezogen werden, und das, obwohl man sich ganz sicher ist, dass man eigentlich viel besser ist als der gerade Beförderte. Neid und im schlimmsten Fall sogar Hassgefühle bauen sich auf.

Doch bevor es so weit kommt, sollte man sich hinsetzen und Ursachenforschung betreiben. Das heißt, dass man alle Möglichkeiten, die zu dieser unbefriedigenden Situation geführt haben, in aller Ruhe und so objektiv wie möglich abklopfen muss.

Woran es liegen könnte

Die allererste Möglichkeit, warum Sie von Ihrem Chef keine Anerkennung erhalten, klingt überhaupt nicht gut und tut vielleicht bei der näheren Untersuchung vielleicht sogar weh: *Ihre Leistung ist selbstverständlich,* zumindest in dieser Firma. Was Sie als besondere Heldentat begreifen, wird einfach vorausgesetzt, gehört zum Alltag wie das Wetter. Kann das sein? Haben Sie Vergleichsmöglichkeiten mit den Leistungen Ihrer Kollegen? Prüfen Sie diese These ganz objektiv und ohne Emotionen. Sollten Sie sie dann unterstreichen müssen, als Realität empfinden, so heißt das für Sie, dass Sie noch besser werden müssen. Sprich: sich mehr mit den Anforderungen der Firma beschäftigen, noch mehr aufpassen, vielleicht sogar ein bisschen nachlesen und -lernen. Etwas anderes bleibt Ihnen kaum übrig. Sie müssen erkennen, dass ein harter Wind weht. Und nur die Besten werden diesem Wind trotzen.

Aber auch ein anderer Punkt kommt in Betracht: *Ihre Leistung ist längst nicht so gut, wie Sie glauben.* Bei der Untersuchung dieser These brauchen Sie die Hilfe eines erfahrenen Kollegen bzw. einer Kollegin, die Sie als Freund/in bezeichnen können. Nur er/sie kann Ihnen weiterhelfen, denn Sie selbst haben ja kaum Vergleichsmöglichkeiten. Setzen Sie sich in Ruhe zusammen und erzählen Sie ihm oder ihr von Ihrem Problem und fragen Sie nach seiner oder ihrer ungeschminkten Einschätzung. Wieder sollten Sie einfach nur zuhören, nicht diskutieren und jammern, auf keinen Fall einen Streit anfangen.

Wenn Sie noch neu in der Firma sind und so einen Kollegen nicht haben, dann müssen Sie sich auf Ihre Beobachtungsgabe verlassen. Schauen Sie genau hin, was die anderen leisten. Und suchen Sie dann den Vergleich mit der eigenen Leistung. Jetzt ist Ihre absolute Objektivität gefragt. Nicht leicht, ich weiß.

Ebenfalls auf die Hilfe von Kollegen sind Sie angewiesen, wenn folgender Punkt untersucht werden soll: *Sie präsentieren Ihre Leistung schlecht oder unsympathisch.* Der Chef empfindet Sie überhaupt nicht unbedingt als sympathisch, Sie machen irgendwas falsch im zwischenmenschlichen Bereich. Sind Sie ein Streber? Sind Sie arrogant? Oder ein Schmeichler und Duckmäuser? Das ist eine der unangenehmsten Untersuchungen in diesem Spiel, das Ergebnis kann nämlich Ihrem Narzissmus zuwiderlaufen, Ihr Ego verletzen. Trotzdem kommen Sie um eine ehrliche Antwort nicht herum, wenn Sie an der wahrhaftigen Fehlerquelle interessiert sind.

Ich kann hier beileibe nicht alle Punkte aufzählen, die zu diesem Thema in Frage kommen. Es gibt etliche mehr – und vor allem gibt es auch Kombinationen zwischen den einzelnen Problemfeldern. Jeder Fall ist individuell gelagert; um eine gründliche Gewissenserforschung kommen Sie also nicht herum.

Was halten Sie von einem entspannenden Ritualbad, bevor Sie mit dieser Gewissenserforschung beginnen? 3 bis 7 Tropfen sedierende Kräuterölmischung, vielleicht Salbei und Baldrian? Sie werden sehen, in so einem Setting denkt es sich viel leichter! Und vor allem: Der entsetzliche Druck, der auf Ihnen lastet, kann sich endlich auflösen.

Beispiele aus meiner Praxis

Wenn ich an Menschen denke, die sich für unerkannte Genies halten und deren Vorgesetzter das seltsamerweise ganz anders sieht, fällt mir als allererstes *Martin D.* (27) aus München ein. Ein Einserschüler, ein Superstudent, ein Überflieger. Einer, der's wissen will. Und Informatiker noch dazu. Herr D. schrieb die schönsten Programme für seine Computerfirma, machte viele neue Vorschläge, war stets adrett und modisch gekleidet. Doch er brachte es in seiner ersten Firma zu rein gar nichts. Zu glatt war sein Auftreten, zu streberhaft seine ganze Art, zu herablassend sein Verhältnis zu den Kollegen. Sein Chef, der übrigens nicht an der Einstellung beteiligt war, also sein Abteilungsleiter, hatte alle Not, ihn ins Team einzugliedern. Es gelang ihm nur mit mäßigem Erfolg. Herr D. war der Stachel im Fleisch seiner Abteilung, obwohl man ihm eigentlich nichts Negatives nachsagen konnte. Doch sein ganzer Habitus war einfach vorgespielt und unsympathisch, von Grund auf unehrlich. Was alle spürten, nur Martin D. nicht. Er wechselte schließlich die Firma, ließ »all die Ignoranten, die mich nicht verdient haben«, zurück – und er hat in seiner neuen Firma genau die gleichen Probleme.

Andrea V. (34) aus Fürstenfeldbruck bei München war Friseuse. Nun ist ihr Heimatort nicht gerade eine Weltstadt;

und das dortige Publikum freut sich mehr über eine gut gemachte Dauerwelle als über eine Avantgardefrisur. Frau V.
aber war ehrgeizig, besuchte viele Fortbildungskurse, sah
sich zu Höherem berufen. Und zauberte den örtlichen Damen oft die verwegensten Frisurkreationen, die sie gerade
im Wochenendkurs frisch erlernt hatte. Manche der Damen
mussten zwar regelrecht überredet werden, sich auf so etwas einzulassen, aber oft genug hat es geklappt. Bis die
frisch gestylten Ladys zu Hause waren und sich von ihrem
Mann nicht nur den Vogel zeigen lassen mussten, sondern
auch noch verletzende Vorhaltungen um die Ohren geschmis-
sen bekamen: »Du bist doch kein Popstar. Und für so eine
Frisur muss man mindestens zehn Jahre jünger sein.« Was
natürlich der frisch frisierten Heldin mit dem Mut fürs Neue
besonders wehtat. Frau V. bekam Ärger mit der Chefin, die
Kunden beschwerten sich, blieben schließlich aus. Andrea
V. hat ihrer »bornierten und kleinbürgerlichen« Heimstadt
inzwischen den Rücken gekehrt, schult um auf Designerin
in Sachen Mode. Sie ist sich sicher, dass sie damit eines Tages ganz groß rauskommen wird. Ich nicht.

Auch *Gerhard G.* (39), seines Zeichens Verkäufer in einem
Herrenbekleidungsgeschäft in Augsburg, hatte genau aus
demselben Grund Ärger mit seinem Chef wie Andrea V.,
er wollte ebenfalls ohne Absprache und ohne Rücksicht
auf die Firmenpolitik Neuerungen einführen, um so etwas
Ähnliches wie Selbstverwirklichung zu erleben. Die über-
gewichtigen Schwaben, die Herr G. schließlich zum Kauf
eines modischen und manchmal auch mehr als schrillen
Fummels überredet hatte, waren sich aber auf dem Heim-
weg schon nicht mehr ihrer Sache sicher und fühlten sich
verladen. Ich möchte wetten, in Augsburger Schränken modern jede Menge modische Klamotten vor sich hin, ohne je-

mals getragen worden zu sein, außer bei der Anprobe im Kaufhaus. Dass aus solch einer Situation natürlich Konflikte mit dem Vorgesetzten erwachsen – schließlich kennt man sich in Augsburg und schwätzt über vieles –, liegt auf der Hand. Gerhard G. wurde freundlich und »im gegenseitigen Einvernehmen« wieder auf den Weg in die Arbeitslosigkeit geschickt. Er versteht die Welt nicht mehr. Hatte er es doch so gut gemeint.

Bei *Kerstin B.* (49), Bauzeichnerin in einem Architekturbüro im Norden Münchens, lag der Fall ganz anders. Sie wollte weder eine kleine Revolution anzetteln noch ein bisschen Farbe ins Leben bringen, sie war einfach immer nur nett, zuverlässig und zuvorkommend. Und wenn ihr Chef ins Zimmer kam, überschlug sie sich gerade vor Höflichkeit und Diensteifer. Das hatte sie so gelernt; das hielt sie so für richtig. Dass da ein ganz junger und salopper Haufen zugange war, der Konventionen sprengen wollte und auf keinen Fall an alten Zöpfen weiterstricken, hatte sie nie kapiert. Ihre altmodische Art wurde ihr zum Verhängnis, und bei der erstbesten Gelegenheit (Begründung: »Arbeitsmangel«) war sie die Erste, die gehen musste. Ihr Chef, 15 Jahre jünger als sie, hielt es mit der guten Kerstin einfach nicht mehr aus. Sie schwamm halt auf einer ganz anderen Wellenlänge. Kerstin sucht den Fehler immer noch bei den anderen, bei ihrer Firma, da kann ich noch so viel auf sie einreden. Dass sie den Anschluss an die moderne Zeit verpasst hat, will ihr nicht einleuchten. Sie wird es in Zukunft schwer haben. Leider. Denn sie ist eine sehr sympathische Person.

Und schon sind wir bei einer neuen Definition des Begriffes »Erfolg«. Kerstin hatte ihrer Meinung nach Erfolg, genau so wie die anderen Fälle, die ich in diesem Kapitel vorgestellt habe. Der eine hat sich selbst verwirklicht mit neuen Frisuren, der andere hat Pep ins Spiel gebracht mit modischen Kleidungsstücken, der Nächste dies und der Übernächste das. Jeder hat Erfolg gehabt, mit dem, das er sich vorgenommen hatte. Und dennoch hat es nicht genügt, um auf diesem unserem Arbeitsmarkt zu bestehen. Gibt es wirklich zwei verschiedene Arten von Erfolg? Aber ja!

Objektiver und subjektiver Erfolg

Gleich zu Beginn dieses Abschnitts steht ein Lehrsatz, den sich jeder, der in einer Firma arbeitet, hinter die Ohren schreiben muss: Erfolgreich ist immer nur das, was sich in Geldwert messen lässt. Der neue Schwung, die neue Idee – alles schön und gut. Wenn sich daraus kein Plus im Umsatz ableiten lässt, war alles umsonst. Ja, mehr noch: Wer eine Neuerung eingeführt hatte, die kein Umsatzplus oder gar einen Umsatzrückgang gebracht hat, ist schädlich für die Firma. So einfach ist das.

Dabei spielt dann der subjektiv empfundene Erfolg überhaupt keine Rolle mehr. Ganz egal, wie viele Referenzen von zufriedenen Kunden Sie gesammelt haben, ganz egal, ob Sie sich selbst wohl gefühlt haben in der Arbeit, und auch ganz egal, wie oft Sie Anerkennung von Kollegen oder auch vom Chef erfahren konnten. Wer seinen Erfolg nicht in Zahlen messbar machen kann, hat verloren.

Und dann gibt es da auch noch die vielen kleinen und scheinbaren Erfolge, die wir so empfinden wollen, die aber gar keine sind: Der Chef hat gelächelt, die Kollegen haben mir wohlwollend auf die Schulter geklopft, man wurde von einem wichtigen Kollegen zum Essen eingeladen. Es gibt zwei Gruppen von Leuten, die aus jedem freundlichen Wind sofort einen persönlichen Erfolg ableiten, weil sie so danach gieren. Das sind erstens die Angestellten einer Firma; und zweitens sind das die Patienten in einem Krankenhaus. Als Patient will man nur die positiven Nachrichten hören. Selbst wenn eine gutmeinende Reinigungskraft ein freundliches »Du werden bald entlassen, alles gut!« radebrecht, nimmt mancher Patient dies gern als kompetente Auskunft. Der Sturm, der diesen freundlichen Wind um ein Tausendfaches übertrifft, lässt meist nicht lange auf sich warten.

Wir wollen einfach glauben; und das Prinzip Hoffnung ist eines der ältesten der Menschheit. Aber solche Hoffnungen können ganz schön trügerisch sein. Wichtig ist es deshalb, die Trennlinie zwischen subjektiv empfundenem und tatsächlichem Erfolg mehr als deutlich auszumachen und zu kennzeichnen. Um diese Aufgabe kommen Sie nie und nimmer drum herum.

Die Schwellenangst

Der direkteste und ehrlichste Weg in einer solchen Situation ist natürlich, den Eins-zu-eins-Kontakt mit dem Chef zu suchen. Hier können all die Fragen geklärt werden, die anstehen: Warum bekomme ich keine Anerkennung für meine Leistung? Was mache ich falsch? Ist meine Leistung ungenügend? Bin ich Ihnen oder meinen Kollegen nicht geheuer oder gar unsympathisch? Wie kann ich das ändern? Oder ist sowieso schon Hopfen und Malz verloren? Können und wollen Sie mir einen ehrlichen Rat geben?

Mit so einem Gespräch lässt sich, sofern es gut läuft, alles klären und für die Zukunft verbessern. Es kann aber auch sein, dass gerade bei so einem Gespräch noch größere Gräben aufgerissen werden, als sie ohnehin schon da sind. Und zwar immer dann, wenn Sie versuchen, zu taktieren und zu manipulieren, sich beliebt zu machen oder andere anzuklagen: Das ist ein ganz wichtiger Punkt: Verlieren Sie nie ein schlechtes Wort über Kollegen! Es könnte nämlich genau der Lieblingsmitarbeiter Ihres Chefs sein, Sie wissen es bloß noch nicht.

Und schon sind wir auf dem Feld des Taktierens, des Auslotens und Jonglierens. Einem Bereich, auf den ich Sie eigentlich nicht hinführen will, denn er ist unehrlich. Da solche Mechanismen jedoch in uns verankert sind, erwähne ich sie.

Was aber immer bleiben wird, ist die Schwellenangst. Sie müssen die Schwelle zu Ihrem Chef überschreiten, zu einer Person, die Einfluss auf Ihr finanzielles Wohl und Wehe in Händen hat. In der Situation der Angst macht man Fehler. Entweder man ist zu forsch, man agiert zu viel oder lacht zu laut, fuchtelt zu viel mit den Händen herum, oder aber man zeigt sich zu unterwürfig und blickt in die Welt wie ein geprügelter Cockerspaniel. All das hat in so einem Gespräch keinen Platz, denn es stellt den angestrebten Erfolg mehr als infrage.

Natürlich bleibt das Problem, dass Sie eine Schwelle von unten nach oben überschreiten müssen. Wie macht man das? Gibt es ein Rezept dafür?

Das einzig wirksame Rezept, das ich dafür kenne: Bleiben Sie sich selbst treu, bleiben Sie authentisch. Je weniger Sie in die Showkiste greifen, umso besser kommen Sie an. Übrigens nicht nur im Gespräch mit einem Vorgesetzten, sondern überhaupt im Leben. Als Hexe darf ich Ihnen nun ein paar Tipps geben, die Ihnen dabei helfen, die Schwellenangst zu überwinden.

Hexenrezepte gegen die Schwellenangst

Von Schwellenangst sprechen wir nicht nur im Zusammenhang mit beruflichen Dingen. Denn dieses Phänomen tritt immer dann auf, wenn wir – halten wir uns an das Wort – eine Schwelle zu überwinden haben, und zwar eine von unten nach oben, und wenn diese Überwindung nicht selbstverständlich ist, sondern mit gemischten Gefühlen verbunden wird. Doch diese »gemischten Gefühle« sind gar nicht so gemischt, wie wir meinen, sie gehören alle in dieselbe Familie: Scheu, Lampenfieber, Furcht vor Versagen, also Angst. Und das in jeder möglichen Graduierung, mal mehr, mal weniger. Meistens aber mehr.

Schwellenangst tritt auf vor Prüfungen, vor wichtigen Aussprachen, vor Bewerbungsgesprächen, vor Situationen, die unser Leben zum Besseren hin verändern sollen, in denen es aber ganz allein auf uns und unser Verhalten in diesen Situationen ankommt. Wie oft hören wir Schüler und Studenten klagen: »Ich habe doch eigentlich alles gewusst, aber in der Prüfung war alles wie weggeblasen!« Oder ein Kollege erzählte: »Ich wusste bis vor einer Stunde zuvor noch ganz genau, wohin ich das Gespräch mit dem Chef lenken wollte, doch dann war ich auf einmal in seinem Büro, und ich stotterte nur blöd herum.« Ich möchte wetten, Sie haben solche oder ähnliche Situationen auch schon mal durchlebt und durchlitten.

Ein gut gemeinter Hinweis wie »Das wirst du schon schaffen« oder »Stell dich doch nicht so an, andere haben das auch schon überlebt« hilft da herzlich wenig. Im Gegenteil. Dadurch entsteht nur eine Kluft zwischen denen, die's schon geschafft haben, und Ihnen, dem armen Tropf, der vor solchen Situationen regelmäßig tausend Tode erlebt. Manche Prüflinge »retten« sich vermeintlich in eine schnell ge- und erfundene Krankheit; manche Kollegen weichen in eine vorgespiegelte Harmonie aus, lassen es mit einem freundlichen »Ach, so wichtig war es auch wieder nicht« bewenden und versäumen so eine existenzielle und berufliche Verbesserung. Und das aus lauter Schwellenangst. Schade drum.

Die ersten Tipps, die ich Ihnen im Zusammenhang mit der Überwindung der Schwellenangst anbieten kann, haben noch gar nichts mit Hexenweisheiten zu tun, sondern mit dem ganz normalen Menschenverstand: Machen Sie sich nicht allzu viele Gedanken über all das, was schief gehen könnte, sondern freuen Sie sich lieber im Vornherein über Ihren Erfolg. Je mehr Gedanken Sie sich über Misserfolge machen, umso mehr wird das Wesen des Misserfolges von Ihrer Persönlichkeit Besitz ergreifen. Freilich dürfen Sie die möglichen Risikofaktoren auf keinen Fall übersehen; und genau so selbstverständlich müsste es sein, dass sie diese Gefahren auch nicht sorglos vom Tisch wischen dürfen. Sie erfordern Beachtung, denn sie existieren nun mal. Aber Sie dürfen sich nicht von ihnen verrückt machen lassen. Auf das richtige Mittelmaß kommt es an, die realistische Gewichtung.

Um diese realistische Gewichtung und auch eine gewisse Gelassenheit zu erreichen, hilft Ihnen *Protection-Öl*, eine Mischung, die, wie der Name schon sagt, Sie beschützt. Sie erhalten diese Ölmischung in jedem seriösen Esoterikladen. 3 bis 4 Tropfen hinter dem Ohr, als Parfüm, strahlen Selbstsicherheit aus. Bis zu 7 Tropfen im Badewasser können regelrecht entspannend und erholend wirken. Sie wissen, dass Sie Hexenöle nur in ganz geringen Dosierungen anwenden dürfen, denn sonst kann Ihr Körper den Wirkstoff nicht mehr aufnehmen; bei einem Überangebot macht er dicht.

Das Gleiche gilt für *Lotusöl.* Lotus können Sie auch als Räucherung bekommen, was in der Verbindung mit *Lotusöl* nicht nur Hemmungen beseitigen kann, sondern Sie auch in einen gut gelaunten Zustand versetzt. Kein Zustand, in dem Sie Partystimmung verbreiten, sondern einer, in dem Sie gelassen und froh zu Werke gehen können. Lotus wurde laut Homer schon immer zu diesem Zwecke eingesetzt; Odysseus und seine Krieger sollen sich zeitweise sogar davon ernährt haben.

Probieren Sie es auch mal mit der Mischung *Longlife,* mit der sich auch Räucherungen und sogar kleine Rituale durchführen lassen. Ein paar weiße Kerzen genügen, in der Mitte eine, die orangefarben ist, dazu ein kleines Gebet oder eine kleine Meditation, bei der Sie voll bei der Sache sind und sich auf die bevorstehende Schwelle konzentrieren, die Sie in Kürze überwinden werden.

Oder Sie leisten sich einen kleinen Talisman aus *Loaden Stone Powder.* Dieses Pulver, stets am Körper getragen, besiegt jede Schwellenangst, und zwar schon nach einer Woche Anwendung. Machen Sie sich ein kleines Beutelchen, in dem dieses Pulver aufbewahrt wird, und tragen Sie es stets am Körper, am besten in der Nähe des Herzens.

Wenn es bei Ihrer Schwellenangst darum geht, dass Sie einen Konflikt bereinigen wollen, vielleicht eine Schwierigkeit mit Kollegen oder mit dem Chef, dann dürfen Sie sich getrost auf *Van-Van-Floor-Wash-Öl* verlassen, wovon Sie 15 Tropfen ins Putzwasser für Ihre Wohnung geben, am besten immer freitags oder sonntags, auf jeden Fall aber stets am selben Wochentag. Diese Ölmischung im Putzwasser vertreibt böse Geister, die Streit suchen, kann also sehr behilflich sein. Sie wollen ja keinen Streit, zumindest keinen negativen, sondern eine positive Auseinandersetzung mit einem positiven Ergebnis.

Unterstützen Sie diese Aktion mit einer kleinen Räucherung der Mischung *John the Conqueror*. The Conqueror, der »Eroberer«, verbreitet in Ihrer Wohnung einen Duft, der Ihre Selbstsicherheit stärkt. Achten Sie wie bei allen Räucherungen darauf, dass sie wirklich jeden Winkel Ihrer Wohnung erreicht.

Wenn Sie ein Mensch sind, der nur schwer zur Ruhe findet und dem ein paar Momente der Ruhe und Meditation mehr als gut tun, dann gönnen Sie sich ein *Glücksbad,* am besten am Vorabend des Tages, an dem Sie die Schwelle überwinden und damit auch die Schwellenangst. In eine Schüssel geben Sie 4 Liter Wasser, 140 Millimeter Kuhmilch, ein bisschen Muskat, Anis, Rosenöl, Oris-Powder, ganz normalen Tee und frischen Basilikum. Lassen Sie Ihr persönliches Duftempfinden entscheiden, wie viel Sie von jedem Stoff dazugeben – die Mischung muss auf jeden Fall Ihrer Nase und damit auch Ihrer Seele schmeicheln. Diese Mischung kommt nun ins Badewasser, in dem Sie eine Zeit lang meditieren, bis es kalt wird. Achten Sie darauf, dass Sie auch Ihren Kopf untertauchen. Noch ein Hinweis: In unseren Breiten spielt es zwar kaum eine Rolle, aber dennoch muss man wissen, dass das Wasser auf keinen Fall salzhaltig sein darf. Salz neutralisiert die Wirkstoffe der anderen Zutaten.

Wer schon länger Probleme mit der Schwellenangst hat, wer schon länger immer wieder an solchen Schwellensituationen scheitert, der sollte sich ernsthaft überlegen, sich einen *Moldavit* zuzulegen. Der Moldavit ist ein dunkelgrüner und durchschimmernder Edelstein; er wird der Gruppe der Tektiden zugeordnet. Beim Moldavit handelt es sich um den einzigen anerkannten Edelstein aus dem Weltraum. Wissenschaftler schätzen, dass er ungefähr vor 14 Millionen Jahren auf die Erde herniederprasselte, auf dem Gebiet des heutigen Niederbayern einschlug und seine Splitter bis in die heutige Tschechei verbreitete. Er ist sehr selten. Im Jahr 1987 wurde die weltweit insgesamt gesammelte Menge auf nur eine Tonne geschätzt. Und deshalb ist er auch nicht gerade billig. Aber auf die Menge kommt es auch nicht an. Kleine Stücke gibt es schon zwischen 25 und 30 Euro. Wer in der Tschechei Urlaub macht und dort einen Hexenladen oder eine Esoterik-Messe besucht, bekommt diesen Edelstein auch billiger.

Was bewirkt dieser Stein? Rein äußerlich werden Sie, wenn Sie ihn tragen, ein Kribbeln feststellen, manchmal auch regelrechte Wärmestöße, richtige Wallungen ab und zu. Der Moldavit ist auf jeden Fall ein sehr starker Energieträger. Man lädt ihn bei Sonnen- oder Vollmondlicht im Freien auf; und man trägt ihn als Amulett in der Nähe des Herzens, um den Hals, oder man legt ihn sich zeitweise auf das dritte Auge in der Mitte der Stirn. Wer das einmal in seinem Leben gemacht hat, dem brauche ich die Wirkung nie mehr zu erklären: Blockaden werden geöffnet, innere Hemmschwellen überwunden, man wird offen für das Wesentliche, für das Leben an sich. Und auch für die Prüfungen und Schwellen, die das Leben manchmal mit sich bringt.

Es kann durchaus sein, dass diese Öffnung eine Überraschung für Sie parat hat, eine Überraschung, mit der Sie bislang noch nicht gerechnet hatten.

Was tun, wenn es nicht am Chef liegt, sondern an mir?

Zurück zur Ausgangsposition: Sie wollen in einem Gespräch mit Ihrem Chef klären, warum er Ihre Leistung nicht anerkennt. Sie fühlen sich verunsichert und auch benachteiligt, missverstanden und in Ihrer Position und auch in Ihrer Arbeitsleistung abgewertet.

Da haben Sie um einen Aussprachetermin gebeten, sich mit Argumenten und vielleicht sogar mit Rezepten aus der Hexenküche gewappnet – und nun erklärt Ihnen der Chef in diesem entscheidenden Gespräch ganz genau, Detail für Detail, was ihm an Ihnen oder an Ihrer Arbeit nicht passt.

Jetzt sind Sie natürlich erst mal baff, total überrumpelt. So hatten Sie das Problem bisher noch nie gesehen. Es mag an Ihrer Art des zwischenmenschlichen Umgangs oder an Ihrer Leistung liegen, das ist in diesem Moment ganz egal, aber Sie sind überrascht, und zwar sehr unangenehm. Alle Ihre schönen Argumente, die Sie vorbereitet hatten, die Sie sich hundert Mal im Geiste vorgesagt hatten, sind auf einmal nichts mehr wert. Am liebsten würden Sie im Boden versinken. Weil Sie sich schämen.

Falsch! Überprüfen Sie lieber ganz genau, was der Chef sagt, schreiben Sie so viel wie möglich mit. Fragen Sie nach, wenn etwas unklar ist. Und fragen Sie auch ein zweites Mal nach, wenn die Antwort ausweichend oder unbefriedigend ist. Sie dürfen in so einer Situation auf keinen Fall das Gefühl haben, nun besonders forsch oder besonders schlagfertig wirken zu müssen. Geben Sie lieber Ihre Überraschung offen zu. »So habe ich das bisher noch nie gesehen, tut mir Leid, aber erklären Sie mir bitte noch mal Punkt 3.« So was in der Art.

Erst auf dieser Basis wird es möglich, ein konstruktives Gespräch mit einem konstruktiven Lösungsvorschlag für die bestehenden Probleme zu führen. Trotz bringt Sie nicht weiter. Auch dann nicht, wenn Sie das Gefühl haben, dass von der anderen Seite ungerechtfertigte Vorwürfe vorgebracht werden.

Jeder Streit, ob beim Autofahren, in einer Beziehung oder Ehe, im zwischenmenschlichen Alltag oder auch im Berufsleben, kann immer etwas Fruchtbares sein, es kann immer etwas Gutes dabei herauskommen. Dabei gilt folgende Regel: Zuhören, und zwar *genau* zuhören, ist immer wichtiger, als noch so schlagfertig zu antworten. Vertagen Sie Ihre Antwort, wenn Sie mit Schwellenangst zu kämpfen haben: »Ist es in Ordnung, wenn ich eine Nacht über unser heutiges Gespräch schlafe und wenn wir uns morgen oder übermorgen wieder zusammensetzen?« Niemand wird Ihnen diese Bitte abschlagen, nicht mal der eitelste Chef. So eine Haltung ist immer noch um ein Vielfaches besser als eine dumme Trotzreaktion wie »Dann suchen Sie sich doch einen anderen« oder Ähnliches. »Den Kram von heute auf morgen hinschmeißen«, das mag zwar im Moment, in dem man diesen Ausspruch tätigt, sehr befreiend sein, kann aber die unangenehmsten Konsequenzen nach sich ziehen. Auf beiden Seiten.

Und wenn Sie nach allem Nachdenken feststellen mussten, dass etwas dran ist an den Vorwürfen gegen Sie, dass der Chef, zumindest teilweise, wirklich Recht hat?

Dann haben Sie gefälligst die Größe und geben das beim nächsten Gespräch zu: »Tut mir Leid, das hatte ich bisher anders verstanden, aber jetzt weiß ich, um was es geht.«

Oder aber Sie erkennen, dass Sie in dieser Firma keine Chance hatten, geschweige denn in Zukunft haben werden, also ziehen Sie die Konsequenzen. In der heutigen Zeit der

Rezession wägen Sie aber bitte den Nutzen zwischen Stolz und finanzieller Notwendigkeit vorher genau ab. Was im Normalfall heißen soll: erst dann kündigen, wenn man was Neues in konkreter Aussicht hat.

Darf ich den Chef magisch manipulieren?

Klare Frage, klare Antwort: Nein! Jede Manipulation hat etwas mit dem Wunsch nach Macht zu tun, wird also automatisch grau- bis schwarzmagisch. Was »gut« und was »schlecht« ist, entscheidet nicht nur die jeweilige Epoche, die jeweilige Religion oder Kultur unterschiedlich, sondern stets und vor allem auch der persönliche Standpunkt. Kein Mensch, auch Sie und ich nicht, darf sich zum Richter über Gut und Böse erheben. Manipulation muss daher unbedingt unter der Überschrift »Machtanspruch« gesehen werden. Und der Wunsch nach Macht erfordert schwarzmagische Mittel. Ist daher für mich als überzeugte weiße Hexe indiskutabel.

Dennoch gibt es etliche weiße magische Möglichkeiten, die zwischenmenschliche Beziehungen im Allgemeinen verbessern können. Und dabei geht es nicht nur um das Verhältnis zu Vorgesetzten, sondern auch zu Kollegen und Freunden. Meine Tipps umfassen also den gesamten zwischenmenschlichen Bereich.

Damit wir nicht in die Finsternis der schwarzen Magie eintauchen, behandeln wir uns in erster Linie selbst, also nicht den Chef oder die Chefin. So etwas wäre ja auch in der praktischen Anwendung und Durchführung so gut wie gar nicht möglich. Höchstens in der Form, dass Sie dem Vorgesetzten etwas unterjubeln, ihm also im Büro irgendetwas zurücklassen, was auf ihn wirken könnte. Aber wie gesagt, das sind Bereiche, die ich strikt ablehne. Auf diesem Gebiet ist schon viel Schädliches passiert, sowohl für den aktiven als auch den passiven Partner, die dann beide unversehens zum Opfer von bösen Kräften wurden, dass ich gar nicht mehr darüber diskutieren möchte.

Wenn Sie sich also selbst behandeln, so kann diese Behandlung nur den einen Zweck haben, für den Chef sympathischer und interessanter zu werden. So etwas werden Sie nie mit Anbiederei und derlei erreichen können, sondern nur, ich erwähnte es schon, mit absoluter Authentizität: Bleiben Sie echt, bleiben Sie sich selbst treu, verbiegen Sie sich nicht.

Ein paar Kleinigkeiten aus der Hexenküche sind dennoch hilfreich. Diese »Kleinigkeiten« helfen bei der Überwindung der Kontaktschwelle. Wir wissen bei der Kontaktschwelle nie genau, wie hoch sie ist und wie sie überwunden werden kann. Weil wir sie nicht kennen. Sie liegt nämlich im Unterbewusstsein.

Jeder Mensch kennt das: Da kommt eine Person in den Raum, und man ist sofort fasziniert von ihr. Leute auf Partnersuche sprechen in solchen Momenten von der »Liebe auf den ersten Blick«, und Menschen, die beruflich miteinander zu tun haben, sagen dann vielleicht so etwas Einfältiges wie: »Ich habe sofort gespürt, dass wir auf einer Wellenlänge sind.« Was natürlich Unsinn ist. Denn ein Phänomen wie die gemeinsame Wellenlänge lässt sich nicht in Sekundenschnelle definieren, dazu braucht es oft ein ganzes Leben.

Aber sei's drum. Die Stufe ist erst mal erklommen, die Kontaktschwelle überwunden.

Dabei ist es ganz einfach zu erklären, wie so etwas passiert: Der neu in der Szene aufgetauchte Mitarbeiter, Kollege, Bekannte oder auch Chef hat etwas zu bieten, und zwar wirklich auf den ersten Blick, was eine angenehme Grundstimmung erzeugt. Das kann der Name sein (ein guter Freund von früher hieß auch so), die Frisur (eine nette Kollegin von früher trug die Haartracht ähnlich), die Kleidung (»Ach ja, so ist mein Bruder früher auch immer rumgelaufen«) oder die Körpersprache, die Art, sich zu bewegen und zu gestikulieren. Auch das, gerade das, kann angenehme oder auch unangenehme Erinnerungen an andere Personen oder Erlebnisse herbeiführen. Das alles passiert blitzschnell; da leisten unsere Gehirnzellen und unsere Erinnerungen wahrlichst Eilpostarbeit.

Man nennt so etwas »der erste Eindruck«. Und weil dieser erste Eindruck so fest sitzt – er sitzt übrigens umso fester, je älter wir werden, durch jede zusätzliche Begegnung wird das einmal programmierte System nämlich verstärkt und manifestiert –, sagt man auch landläufig: »Der erste Eindruck stimmt.« Was natürlich nur in den seltensten Fällen der Wahrheit entspricht, sondern nur demonstriert, wie unbeweglich wir werden, wenn es darum geht, den ersten Eindruck revidieren zu wollen oder zu sollen.

Was bei der Bildung des so genannten ersten Eindrucks aber die entscheidende Rolle spielt, können selbst die schlausten Wissenschaftler nur stotternd und ausweichend erklären, wenn überhaupt. Es ist nämlich der Geruch. Und der Geruchssinn baut sofort eine direkte Verbindung zu unserer Seele auf.

Eigentlich ist das ein Wunder, denn kein anderer Sinn wird so geschunden und in die Irre geleitet wie dieser. Umweltgifte, chemische Körperpflegemittel, Billigparfüms und vieles mehr prügeln auf ihn ein – und er funktioniert dennoch. Zumindest im zwischenmenschlichen Bereich. Aussprüche wie »Den kann ich nicht riechen« belegen diese Zusammenhänge eindrucksvoll.

Daher macht es durchaus Sinn, gerade in diesem Punkt einzuhaken und weiß-magisch aktiv zu werden. Also riechen Sie gefälligst gut. Eins, zwei, drei, los! Duften Sie!

Ja, wenn das so einfach wäre. Sie riechen nach Schwellenangst, nach Versagensträumen, nach Feigheit vor dem Problem. Und so wollen Sie Ihrem Chef begegnen?

Nein, bitte keine Parfümwolke einer Designermarke, wirklich nicht! So etwas wirkt oft affektiert und aufgesetzt, so etwas muss eher abstoßen als gewinnend wirken. Jedes Parfüm, das man als solches erreicht und vielleicht als solches sogar erkennt, hat allein schon aus diesem Grunde versagt. Jede Dosierung muss so gering sein, dass man sie oberflächlich gar nicht mehr wahrnehmen kann. Sie ist dennoch da – und sie hat dennoch ihre Wirkung. Und sie bildet in der Verbindung mit Ihrem eigenen Körperduft etwas völlig Neues.

Lassen Sie also alle Parfüms weg, verwenden Sie zur Körperpflege nur neutrale Seifen und Deos ohne jeden Duftzusatz. Und nun greifen Sie in die Hexenkiste zu Ölmischungen wie *Harmony*, *Job*, *Power* oder auch *Success*. 5 Tropfen auf den Handflächen verreiben, ganz intensiv dabei an die Person denken, die Sie beeindrucken wollen, und das war's auch schon. Vor schwierigen Gesprächen vielleicht noch je 3 Tropfen hinter jedes Ohr, aber auf keinen Fall mehr.

Auch hier geht es wieder um Mischungen aus Indianerkräutern, die über Generationen hinweg entwickelt und erprobt worden sind.

Die »Testphase« konnte natürlich nie unter so genannten »klinischen Bedingungen« erfolgen, basiert also ausschließlich auf Überlieferung und Erfahrung im Alltag. Was sie für mich besonders wertvoll macht. Denn wie wir wissen, ist nicht alles, was es zwischen Himmel und Erde gibt, wissenschaftlich begreif- oder gar messbar. Und das ist gut so.

Bei Konflikten mit Ihrem Chef verwenden Sie vor dem entscheidenden Gespräch – bitte nicht lachen – statt der oben benannten Ölmischungen regelrechtes *Liebesöl*. Keine Angst, Sie sollen den Chef oder die Chefin nicht in sich verliebt machen, Sie sollen bitte auch nicht auf irgendeine Art signalisieren, dass Sie sexuelles Interesse an ihm oder ihr haben, Sie sollen ihn nur unterbewusst in eine »liebliche« Stimmung versetzen. Ich weiß, das ist ganz nah dran an der grauen Magie, eigentlich schon viel zu nah, aber so weit dürfen wir weißen Hexen mit gutem Gewissen gehen. Es kann nämlich kein Schaden entstehen. Das Schlimmste, was passieren kann, ist, dass der Chef das Gespräch abbricht, um seine Frau oder seine Freundin – oder alle beide – anzurufen. Und das Schlimmste, was ihm, dem Chef, passieren kann, ist ein verlorener Arbeitstag. Weil er Besseres zu tun hat. Worum ihn jeder beneiden wird.

Wenn Sie einen männlichen Chef haben, so achten Sie bitte darauf, dass das von Ihnen ausgewählte Liebesöl einen großen Anteil von *Vanille* enthält. Männer sind verrückt nach Vanille. Genau so wie Frauen nach *Rosen*. Wenn Sie im Umgang mit Ölen noch nicht so eine große Erfahrung erlangen konnten, wie Sie eigentlich möchten, so lassen Sie sich unbedingt fachkundig beraten.

Zurück von der Beinahe-Manipulation, die übrigens sowohl dem Chef als auch dem Untergebenen widerfahren wird, zur ureigensten Selbstformung. Machen Sie sich ein bisschen selbstbewusster und bestimmter, formen Sie Ihre eigene Persönlichkeit. Ein *Achat*, stets am Körper getragen, gibt schon nach ein paar Tagen Kräfte ab, die Ihnen sofort auf die Sprünge helfen. Die Größe des Steins spielt dabei keine Rolle. Er wird die in ihm über Jahrtausende zusammengepresste Energie im direkten Hautkontakt früher oder später an Sie abgeben.

Jetzt sind wir wieder bei dem entscheidenden Punkt, der die Schatzkiste der Hexen verlässt und an Ihre Vernunft appelliert: Liebesöl statt ehrlicher Aussprache funktioniert nicht. Genauso wenig wie Power-Öl statt Offenheit und Harmony-Öl statt auf den anderen zuzugehen. Wenn Sie glauben, dass Sie mit ein paar Ölfläschchen oder mit einem Edelstein um den Hals die anstehenden Schwierigkeiten oder vielleicht auch Ihren Chef austricksen und über den Tisch ziehen können, dann sind Sie auf dem Holzweg.

Sie haben nicht das geringste Recht, sich irgendwo und irgendwie zu drücken. Hier ein bisschen Öl kaufen, dort ein bisschen Amulette einsetzen, und schon ist alles erledigt. So läuft der Hase nicht! Sowohl die Arbeitswelt als auch der zwischenmenschliche Alltag fordern ihren Tribut. Sie wollen mitspielen. Also zahlen Sie diesen Tribut. Und suchen Sie nach dem sinnvollen Zusammenspiel zwischen realen Bedingungen und Kräften aus der Natur. Die Götter der Natur, das weiß ich, können Sie fast immer beschützen. Aber nie und nimmer vor Ihrer eigenen Feigheit oder gar Faulheit. Werden Sie also aktiv, wenn mit Ihrer Arbeitsstelle irgendetwas nicht stimmt, und handeln Sie, wenn es darum geht, mit Ihren Kollegen oder mit Ihrem Chef klarzukommen. Dem Mutigen gehört das Glück.

4

• • • •

Mein Leben
in der Selbständigkeit

Besonderer Mut gehört dazu, sich von all diesen Zwängen in einer Firma zu befreien, seien es nun Probleme mit Kollegen oder dem Vorgesetzten oder auch Schwierigkeiten mit dem eigenen Selbstbewusstsein, das sich nur schwer oder gleich gar nicht in einem Team lokalisieren oder gar unterordnen lässt. Es sind die Freigeister, die die Geschichte der Welt bestimmen, allen Widerständen zum Trotz, und sie werden früher oder später Erfolg haben. Weil sie genial sind. Doch ist das wirklich so?

Wir lesen es in Büchern, wir sehen es in Filmen, und wir genießen die Träume, die sich in unserer Seele abspulen: Thomas Edison wurde verlacht; und er hat es trotzdem geschafft. Weil er genial war. Genauso wie Walt Disney. Marilyn Monroe, wie James Dean, wie Albert Einstein und The Beatles, eine Band, die von fast allen Schallplattenfirmen Englands als »unbegabt und viel zu laut« abgelehnt wurde, um dann später und allen Unkenrufen zum Trotz zur Weltspitze durchzustarten.

Wir genießen diese Geschichten, diese Filme und diese Bücher. Haben sie doch diesen David-gegen-Goliath-Effekt, dieses Vom-Tellerwäscher-zum-Millionär-Gefühl. Und weil wir sofort dieses ganz bestimmte und bislang unerkannte Genie in uns fühlen, das uns in diesen Schemata vorgezeichnet wurde. Was andere geschafft haben, das schaffen wir doch auch, oder?

Die logische Konsequenz: Der Weg in die Selbständigkeit, der Weg in die Freiheit.

Was die meisten bei derartigen Gedankengängen aber leider vergessen, ist, dass diese Freiheit eine Freiheit in der Wildnis ist, in der das Gesetz des Stärkeren gilt. Genie allein genügt nicht; und auch der feste Glaube daran mag nicht verhindern, dass so manches selbst ernannte Genie schon nach kurzer Zeit des Höhenfluges auf der Strecke bleibt, also Pleite geht.

Für das Leben in der Selbständigkeit ist vor allem erst mal das Überleben notwendig, und dieses hängt davon ab, wie gut man auf das Leben in der Wildnis vorbereitet ist. Das ist ein Punkt, den sich vor allem Menschen vor Augen führen sollten, die aus Frust über die bisherige Berufswelt als Arbeiter oder Angestellter oder über eine längere Phase der Arbeitslosigkeit entmutigt, nun das Heft selbst in die Hand nehmen wollen.

So eine Tatkraft und so ein Mut sind natürlich bemerkenswert. Lieber etwas versuchen, etwas Neues anfangen, als frustriert auf der Couch vor dem Fernseher liegen bleiben und davon träumen, dass endlich mal was von außen kommt. Denn es passiert grundsätzlich immer nur das, was man selbst in die Wege leitet. Der Glückspilz aus dem Buch oder aus dem Film ist der Ausnahmefall. Rechnen Sie also nicht damit, dass Sie unbedingt zu dieser besonderen Spezies gehören.

Große Pläne, große Träume, großes Selbstbewusstsein

Dennoch ist jeder Einzelne, der eine tolle Geschäftsidee hat, sei es nun die eigene Kneipe oder der eigene kleine Laden, vielleicht auch der Super-Versandhandel per Internet, erst einmal hoch motiviert. Noch höher ist der Grad der Motivation, wenn es bei diesen Ideen um ein Stück Selbstverwirklichung geht, um den Lebenstraum an sich, darum, endlich »das Hobby zum Beruf machen« zu wollen.

Hier passiert in der Seele des Agierenden etwas ganz Entscheidendes. Man steigt aus den bisher als unangenehm empfundenen Zwängen aus, befreit sich geradezu wie ein Schmetterling aus dem Kokon, spreizt die Flügel und will losstarten. Himmel, ich komme! Doch der Himmel wartet nicht auf Träumer, der Himmel breitet auch nicht seine Arme aus, um sie zu empfangen, den Himmel muss man sich hart verdienen. Und zwar in allen Bereichen, nicht nur in finanziellen.

Die großen Träume sind also beileibe kein Garant dafür, dass sich aus ihnen auch finanzielles Wohl entwickelt. Große Träume sind etwas Wunderbares; und wenn die Menschen nicht mehr träumen könnten, dann gäbe es keinen Grund mehr, eine Sekunde länger als irgend nötig auf dieser Erde zu verweilen. Aber in großen Träumen sind stets auch große Stolpersteine verwoben. Das Manko dabei: Man erkennt sie nicht, man kann sie nicht erkennen, man *will* sie gar nicht erkennen. Denn der Genuss des großen Traumes steht vor allen anderen Genüssen dieser Welt. Zumindest aus dem Blickwinkel des Träumers.

Je größer und je schöner der Traum, umso mehr Herzblut fließt in das neue Projekt ein. Herzblut ist sehr wichtig, in allen Bereichen des Lebens. Aber Herzblut ist auch eine Flüssigkeit, auf der man sehr leicht ausrutscht.

Natürlich will ich jetzt nicht als Bremser und Bedenkenträgerin der Nation auftreten. Jeder, der von sich, seinem Projekt, seinem Traum und seiner Idee überzeugt ist, sollte unbedingt versuchen, sich zu verwirklichen. Und auch die Probe aufs Exempel führen: Kann ich mit meiner Selbstverwirklichung finanziell überleben?

Diese Überlegungen gelten noch viel mehr für alle, die »nur« deshalb selbständig werden wollen, weil sie sich von Zwängen befreien möchten oder weil sie des Wartens auf ein neues Angebot aus der Welt des Geldes überdrüssig geworden sind. Gerade diese Menschen neigen oft dazu, ihr eigenes Können zu überschätzen und mit einem überdimensionalen Selbstbewusstsein voll auf die Nase zu fallen.

Das große Selbstbewusstsein ist sicher eine der Voraussetzungen für den Schritt in die Selbständigkeit. Aber man sollte darauf achten, dass das nicht auf purer Einbildung, sondern auf fest gemauerten Pfeilern steht. In den folgenden Kapiteln helfe ich Ihnen bei Ihren Maurerarbeiten.

Wie man sich mental auf die Selbständigkeit vorbereiten sollte

Eine mentale Vorbereitung auf die Selbständigkeit im Berufsleben muss immer auf einem »kühlen Kopf« basieren. Niemand darf sich von seinem frisch erwachten Selbstbewusstsein, seinem seelischen Feuer oder seinem lang genug erlittenen Frust dazu hinreißen lassen, auf einmal unüberlegt etwas Gravierendes zu tun, was in finanzielle Belange hineinreicht. Wer aus lauter Tatendrang sein sauer Erspartes in fragwürdige Projekte steckt, nur um endlich eine

Chance der Freiheit wittern zu dürfen, der verdient es nicht anders, als über den Tisch gezogen zu werden. Das klingt zwar hart, ist aber gerade heute gängige Realität.

Also weg vom mutigen, selbstbewussten oder fantastischen Traum – zumindest für einen Moment lang – und hin zum kühlen Kopf. Doch der ist zurzeit leider ganz weit weg. Viel zu sehr brennen die Feuer der neuen Idee, die Verlockungen eines neuen Lebens.

Mentale Vorbereitungen fordern daher eine gewisse Entspannung und ein gewisses Loslassen im Voraus. Wann immer man sich etwas ganz dringend und unbedingt wünscht, muss man innerhalb dieser Wunschphasen stets Ruhepunkte setzen. Momente, in denen man Abstand nimmt vom Gewünschten, Momente der Ruhe und Meditation.

Manchmal helfen schon ausgedehnte Spaziergänge, um diese Momente zu erreichen. Weg von der Hektik des Planens, Träumens und Projizierens – einfach mal ganz bewusst und selbstbewusst ausspannen.

Sie dürfen sich diese »Pausen« nicht als Zwang verordnen, sondern müssen sie als dringend nötigen Teil Ihrer Vorbereitungen empfinden. Gerade in der Planungsphase einer beruflichen Selbständigkeit ist Ihr Terminkalender überaus reichlich gefüllt. Achten Sie nun also darauf, dass Sie genau in denselben Terminkalender, in dem Sie alle Ihre Vorbereitungen notieren, genauso wichtige Vorhaben wie »Spazierengehen«, »Nachdenken«, »Entspannungsbad bei Kerzenschein«, »Meditieren«, »Beten« oder auch »Faulenzen« eintragen. Und vor allem achten Sie darauf, dass Sie gerade diese Eintragungen mit höchster Sorgfalt abarbeiten.

Versuchen Sie, alle diese Punkte, die ich gerade erwähnt habe, auf einen bestimmten Tag zu legen, am besten auf den Samstag oder den Sonntag. »Am siebten Tage sollst du ruhen«, heißt es in Anlehnung an die biblische Schöpfungsgeschichte, und das ist auch nach Hexenmeinung weit mehr als eine poetisch-jüdische Redensart. Der Sieben-Tage-Rhythmus hat mit den Kräften der Natur zu tun, genauso wie der Rhythmus der sieben Jahre. Nach sieben Tagen Aktionismus schreit unser körpereigenes System nach Ruhe; nach sieben Jahren der Beständigkeit ist jede einzelne Zelle unseres Körpers durch eine neue ersetzt worden; innere und äußere Veränderungen treten zwangsläufig ein. Ob man das sprichwörtliche »siebte Jahr« nun unbedingt als »verflixt« empfinden muss, steht auf einem anderen Blatt. Man kann jede Änderung, auch eine Änderung im Bereich Partnerschaft, durchaus positiv erleben. Nicht immer unbedingt in dem Moment, in dem man sie erfährt, aber spätestens im gewissenhaften Rückblick.

Wie auch immer: Halten Sie auf jeden Fall diesen Sieben-Tage-Rhythmus ein, und zwar konsequent bis zum Anschlag. Gerade dann, wenn Sie Ihren Schritt in eine berufliche Selbständigkeit vorbereiten. Am siebten Tag darf Sie niemand stören, der in Sachen Geld mit Ihnen kommunizieren will, nicht mal für fünf Minuten, fünf Sekunden, nicht mal für eine Zehntelsekunde in Ihrer Gedankenwelt. Der siebte Tag gehört Ihnen ganz allein. Ihnen, Ihrer Familie, Ihren Freunden und Ihrem Gott oder Ihren Göttern. Es gibt nichts auf dieser Welt, was nicht auch bis zum nächsten Tag warten könnte – gar nichts. Amen.

Wie man sich praktisch auf die Selbständigkeit vorbereiten sollte

Die gerade erwähnten mentalen Vorbereitungen für den Weg in die berufliche und finanzielle Selbständigkeit klingen leichter, als sie wirklich sind. Keine Hexenkunst, weder in Ritualen noch in psychologischer »Fingerfertigkeit«, aber dennoch schwerer durchzuführen, als es auf den ersten Blick scheint. Nehmen wir doch nur mal die Ruhe für den siebten Tag, okay, in unserer Zivilisation für den Sonntag.

Wer hält die Sonntagsruhe wirklich ein? Wer telefoniert nicht dennoch – »Ganz nebenbei, ich bin gleich fertig« – in beruflichen Dingen in der Welt herum? Wer checkt nicht auch am Sonntag seine E-Mails? Und wer – und das ist das Schlimmste – legt nicht halb private, halb berufliche Treffen auf das Wochenende? Grillen mit dem Chef und seiner unsympathischen Gattin im Garten des frisch angezahlten Reihenhauses? Oder mit flotten Geschäftspartnern, die einen von ebendiesem Chef erlösen könnten, und beim neuen, selbständigen Projekt helfen wollen? Oder zumindest so tun, als ob?

Machen wir uns nichts vor: Der siebte Tag, der Tag für innere Einkehr, ist schon seit langem mehr als in Gefahr. Auch ohne die neuen oder noch kommenden Bäckerei- und Ladenschlussgesetze. Unsere Kultur hat inzwischen noch weiter in Richtung Profit umgeschaltet. Time is money, Zeit ist Geld. Auch am Sonntag. Aber unsere Seele hat noch lange nicht umgeschaltet. Unser Biorhythmus funktioniert noch.

Solche Faktoren muss man auch dann sehen und erkennen, wenn man in die Selbständigkeit startet. Ein alter Kalauer lautet: »Selbständig sein heißt, alles selbst tun zu müssen. Und zwar ständig.« Wer sich auf diese Prämisse einlassen will, der soll's tun. Aber bitte nicht ohne das nötige Rüstzeug.

Man zieht nicht in die Wildnis ohne Trinkwasser, Zelt und Gewehr. Und man zieht nicht in die Welt der Unternehmer, ohne sich darüber informiert zu haben, wie diese Unternehmer arbeiten. Jeder Erfahrungsaustausch mit Freunden, die den Schritt in die Selbständigkeit bereits unternommen haben, ist absolute Pflicht! Kurse des Arbeitsamts, Vorlesungen der Volkshochschule – alles mitnehmen, was geht, unbedingt! Vor allem aber Schulungsseminare der jeweiligen Berufsgenossenschaften. Machen Sie sich fit, bevor Sie loslegen.

»Wissen ist Macht«, sagt der Volksmund. Wobei ich es hier nicht mit »Macht« im schwarzmagischen Sinn zu tun haben will, sondern mit »Macht« im Sinne von Kompetenz und Fähigkeit, Rüstzeug, Werkzeug. Mit dieser Art von Macht dürfen und müssen Sie stets hantieren, alles andere wäre mehr als leichtsinnig, gerade dann, wenn Sie auf dem Weg in die berufliche Selbständigkeit sind. Wer sich nicht rüstet, bleibt bei diesem Weg auf der Strecke.

Voodoo-Hexenrezepte aus New Orleans

Über die praktischen Vorbereitungen hinaus – und man darf diese Art von Vorbereitungen wirklich nicht unterschätzen, sie sind absolut unabdingbar – gibt es noch jede Menge spirituelle Unterstützung, die wir Hexen leisten können.

Für den Bereich der beruflichen Selbständigkeit habe ich ganz bewusst Tipps und weiße Hexenrezepte aus der Voodookunst in und um New Orleans ausgesucht. Der Grund liegt auf der Hand: Wir können und müssen davon ausgehen, dass gerade in so unwegsamen Gebieten wie in Sumpfgegenden kaum jemand Interesse haben kann, eine Großindustrie anzusiedeln. Die Unwegsamkeiten der Natur und die unberechenbaren Bewegungen in Sachen Völkerwanderung sind wenig verlockend, sich gerade in solchen Gebieten eine Basis zu bauen, für deren Verwirklichung man eine ständige und hoch qualifizierte Anzahl von Arbeitern und Angestellten braucht.

Also ist es kein Wunder, wenn hier, in der fast industrielosen Gegend, jeder auf sich selbst gestellt war und ist, wenn hier jeder auf seine eigene bescheidene oder auch weiter ausufernde Art sein Glück als Selbständiger versuchen will und muss. Der eine baut Gemüse an, der andere konstruiert Boote, macht vielleicht ein eigenes kleines Fährgeschäft auf. In den Gründertagen der USA war fast jeder auf die eine oder andere Art selbständig. Zwar nicht so, wie wir diesen Begriff heute verstehen, sondern eher als Klein- und Kleinstunternehmer, der gerade mal von der Hand in den Mund überleben kann.

Andererseits sind ausgerechnet naturbelassene und unwegsame Regionen mehr als prädestiniert dafür, die Fantasie zu beflügeln. Nicht umsonst entstehen gerade hier Religionen, Mythen, Sagen, Kulte und Künste. New Orleans gilt auch heute noch als Geburtsort des Jazz, als eine Metropole für alle, die sich im Blues, im Swing, mittlerweile auch in der Rockmusik zu Hause fühlen, die kreativ tätig werden im Bereich Musik. Ebenfalls kommen viele berühmte Maler aus der Gegend von New Orleans. Das Licht zwischen den dampfenden Sumpfpflanzen hat sie wohl gepackt und nicht mehr losgelassen.

Kein Wunder, dass gerade in einem solchen Ambiente

Mythen und Religionen entstehen. Wo immer die Menschen Zeit und die Gelegenheit haben, sich der Natur zu widmen, sei es nun notwendigerweise oder aus Interesse, zeigt sich ihre Verbindung zur Geisterwelt, zu einem unbestimmten Höheren.

Besonders unwegsame Gebiete waren stets die Heimat von Hasardeuren, von den ganz Wagemutigen. Manchmal hatten sie gute Gründe, so weit wie möglich zu reisen, waren es nun Konflikte mit dem Gesetz oder war es auch nur die Getriebenheit der Seele, die einfach schauen wollte, was hinter dem nächsten Hügel noch passiert. So wird verständlich, warum der »Wilde« Westen weiter westlich noch wilder wurde und warum in unwegsamen Sümpfen rund um den Mississippi oft die Freigeister unter den Freigeistern ihr Lager aufschlagen wollten. Entflohene Sklaven erhofften hier so etwas wie ein Stückchen Ruhe vor der immer währenden Flucht, Denker und Spinner fanden hier eine Heimat, in der sie sicher waren. Und in der sie weiterhin und vor allem unbehelligt denken und spinnen durften.

Einer dieser Denker und Spinner war »Dr. Cat« aus New Orleans, ein sagenumwobener Magier, der genau um die Wirkungen von Kräutern und Ölen Bescheid wusste, der sich mit Amuletten und Ritualen auskannte, der aber seiner Zeit viel zu weit voraus war.

Vor allem widersprach er mit seinem Denken und seinen Handlungen den streng christlichen Pilgervätern und -müttern, die außer der Bibel keine andere »Droge« akzeptieren wollten und konnten. Dr. Cat war ihnen ein Dorn im Auge. Und als er anfing, einen kleinen Versandhandel mit magischen Pflanzen und Ölen zu starten, wurde er als antichristlicher Akteur angeklagt und verfolgt, im Jahr 1914 nach Jahren der Flucht schließlich in Birmingham gefasst und eingesperrt. Er sah zum Zeitpunkt seiner Verhaftung aus wie um die 30, behauptete aber allen Ernstes, 127 Jahre alt zu sein. Er floh auf abenteuerliche Weise aus dem Gefängnis, um sein Leben danach ranken sich Fabeln und Sagen. Viele versuchen es; aber tatsächlich kann keiner behaupten, genau zu wissen, was aus diesem Dr. Cat geworden ist.

Was man aber weiß: Er war ein hoch qualifizierter Kenner der Naturkräfte und der Kunst der Magier und Hexen; außerdem kannte er die Nöte seiner Landsleute, die mehr oder weniger gezwungenermaßen »freiberuflich« durchkommen mussten. Für mich als Hexe hat er durch sein Lebenswerk, teils überliefert und teils geahnt, Qualifikationen genug, allen Freiberuflern von heute Empfehlungen geben zu können.

Hier also ein Rezept von Dr. Cat aus New Orleans; es handelt sich dabei um ein »Erfolgsbad«. Sie müssen also wieder mal ins Wasser, weil Wasser die Quelle allen Lebens ist.

Dr. Cat empfiehlt eine *Kräutermischung*, die Sie in feinen Dosierungen dem rituellen Bad beifügen mögen. Sie benötigen dazu je 1 Esslöffel *Hysop-, Jasmin-, Cocos-, Peppermint-* und *Lorbeerpulver*. Sowohl bei der Pfefferminze als auch beim Lorbeer können Sie durchaus auch Blätter verwenden, möglichst frische, also keine getrockneten aus dem Gewürzregal Ihres Supermarkts.

Natürlich wissen inzwischen alle Fortgeschrittenen und Insider, dass es diese Kräuterkombinationen auch unter dem Namen »Holy Herbes« fertig gemischt in jedem Hexen- oder Magierladen zu kaufen gibt. Ich bin dennoch stets dafür, dass selbst angemischte Kräuterkombinationen einen wesentlich höheren Wirkungsgrad haben, dass ihre Wirkung durch die Beigabe der geistigen Energie, die in der Beschaffung und Zubereitung entsteht, um ein Vielfaches potenziert wird. Das ist zwar ein Faktor, der sich nicht messen lässt, der aber dennoch entscheidend ist.

Diese »Dr.-Cat«-Kräutermischung wird in 1 Liter Wasser (Süßwasser!) aufgekocht und dann zum Ziehen ungefähr 1 Stunde lang stehen gelassen, danach in einer großen Kanne an einem kühlen und dunklen Ort sozusagen als Vorrat aufbewahrt. Als Vorrat für Situationen, in denen Sie magische Hilfe brauchen, in denen sich Ihr Leben als Selbständiger nicht so gestaltet, wie Sie es gerne hätten.

Im Bedarfsfall genügt dann 1 Teelöffel dieses Suds im Rahmen eines meditativen Bades; außerdem helfen zusätzlich ein paar Tropfen davon im Haus oder in der Wohnung verteilt, am besten in den Ecken.

Sie können dieses Hexen-, Voodoo- oder Sonst-was-Rezept, wie immer Sie es auch nennen mögen, gerne und gefahrlos auch in den Selbstversuch übertragen. Stellen Sie eine Kräutermischung zusammen, die Ihrem Gefühl und Ihrer Nase entspricht, mit der Sie rundum ein gutes Setting haben. Die Wirkungen der einzelnen Kräuter erklärt Ihnen jede ernst zu nehmende Hexe in ihrem Laden. Doch vergessen Sie nie: die entscheidende Instanz bei der letztendlichen Auswahl sind Sie allein. Sie, Ihre Sinne und Ihre Ambition bei der ganzen Unternehmung. Die Voodoo-Meister aus New Orleans haben es auch nie anders gemacht. Sie haben sich stets auf die innere Stimme verlassen. Und so soll es sein.

Natürlich weiß ich, dass es einigen Mut braucht, um so ein Unternehmen zu beginnen. Aber bedenken Sie stets: Im Rahmen der weißen Magie wird Ihnen nichts Böses widerfahren. Nie und nimmer. Also keine Angst.

Amulette für Selbständige

Über den Sinn und Unsinn von Amuletten und Talismanen hat sich ja wohl schon jeder von uns so seine Gedanken gemacht. Auch ich habe dieses Thema in meinen Büchern des Öfteren behandelt. Natürlich kann man es mit einem zynisch-überlegenen Lächeln der »Teddybär-Ebene« zuordnen: Der Teddybär im Auto bringt Glück, weil er von meinem Schatzi kommt und weil ich noch nie einen Unfall gehabt habe und weil ich einfach daran glauben will. Ja, stimmt schon irgendwie, aber dennoch nicht ganz.

Natürlich gibt es stets und immer wieder mal die Kraft des Geistes, die in einem Amulett oder in einem Talisman Fuß fassen konnte. Genauso oft gibt es sie aber auch nicht. Und dann hat der Teddybär versagt, der Böse.

Es gibt Symbole und Amulette, die helfen und beschützen können, das ist bewiesen. Zwar nicht wissenschaftlich in empirisch-exakten und durch soundso viele Versuche von Herrn Prof. Superdoktor irgendwie abgesegnet, aber sie helfen dennoch. Wir Hexen können zwischen unseren Kräutergläsern und heiligen Ölen immer nur wieder den Spott dieser »Experten« entgegennehmen, und wir werden wohl auch in absehbarer Zeit nicht die Chance bekommen, dass unser Wissensschatz endlich mal wissenschaftlich unter die Lupe genommen wird. Nun ja, wenn ich die Marschrichtung der heutigen Wissenschaft in Richtung Gentechnik und andere Perversionen beobachte, ist es vielleicht ganz gut so, wie es ist.

Ich bin es inzwischen leid, mich als Hexe immer wieder in dieser Richtung rechtfertigen zu müssen. Zumal ich aus meiner täglichen Praxis weiß, dass meine Empfehlungen funktionieren, zum Erfolg führen.

Also ganz kurz und prägnant zum Thema Amulette: Wer in einer Wohnung mit lauter Totenköpfen, Waffen, Jagdtrophäen wohnt, wer sich mit Todessymbolen behängt und umgibt, der hat große Schwierigkeiten im Leben. Das ist auch »wissenschaftlich« längst anerkannt. Wer dagegen das Glück am Körper trägt, Amulette und Talismane mit überlieferter Wirkung, hat mehr Spaß am Leben. Und auch mehr Erfolg als Selbständiger.

Gerade in diesem Fall bieten sich jede Menge Glücksbringer an. Ein Stück Papier genügt schon. Ein Stück Papier, auf den Sie den Namen der Voodoo-Göttin Ezili Freda

schreiben, dazu die Beschreibung Ihres Problems. Dieses Stück Papier kann ein wertvolles Amulett sein. Tragen Sie es, und zwar ständig.

Malen Sie das Symbol des alt überlieferten Pentagramms nach, sorgfältig und voll konzentriert. Sprechen Sie dazu folgende Formel: »Durch deine heilige Kraft erwarte ich deine Hilfe und Unterstützung in meinem Vorhaben.« Sie können durchaus auch beim Nachmalen des Pentagramms eigene Worte finden, was bestimmt noch sinnvoller ist, weil Sie im Moment der eigenen Formulierung ein Stück Selbst einbringen. Das Pentagramm sieht so aus:

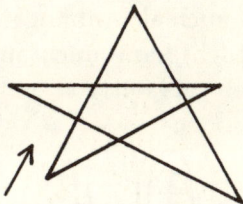

Tragen Sie Ihre Zeichnung des Pentagramms stets mit sich. Vielleicht in der Brieftasche oder im Geldbeutel. Keine schlechte Idee in diesem Zusammenhang, oder?

Beim Anwenden der Amulette müssen auch jene beachtet werden, die zeitlich begrenzt sind, die sich irgendwann mal wieder verflüchtigen, die sich in der Luft der Götter auflösen. Zum Beispiel kleine Symbole und Malereien auf die Hand, wie wir es von unseren arabischen Freunden gelernt haben.

Sie machen es zwar mit Henna; wir aber machen es mit einem schwarzen (!) Stift: Wir zeichnen uns eine Siegesrune auf die Handflächen. Nicht groß und auffällig (»Hey, was haben Sie denn da, Herr Kollege …?«), sondern ganz dezent und dennoch wirksam. Diese Rune wird bei jedem

Handschütteln ungeahnte Kräfte frei machen und übertragen. So eine Siegesrune sieht folgendermaßen aus.

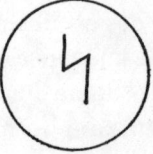

Das gleiche System des Handschüttelns gilt auch bei der altbekannten »Fortuna-Hand«, wobei es hier nicht nur um wirtschaftliches und geschäftliches Glück geht, sondern um gutes Gelingen allgemein. Was ja nie schaden kann. Dieses Symbol (es ist auch als Anhänger, Geschmeide oder Hausschmuck erhältlich) kann auch auf ganz schlichtem Papier gezeichnet mehr als wertvoll sein. So sieht es aus:

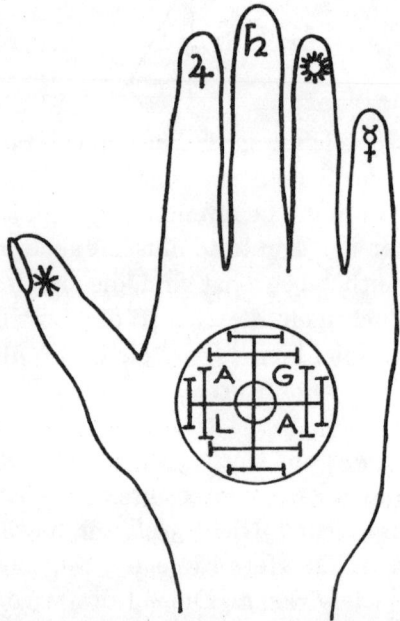

Beim Symbol der Pyramide geht es ebenfalls um den Körperkontakt, wenn man sich dieses Symbol auf die Hand gemalt hat, für den bewussten Handschlag, aber auch für die intensive Begrüßung, also um die Beschwörung von Einfluss und die Vermittlung von Kraft. Zeichnen Sie dieses Symbol mit roter Tinte auf Pergament, tröpfeln Sie 3 Tropfen (höchstens 3!) Success-Öl darauf, und legen Sie es in Ihren Geldbeutel oder in Ihre Kundenkasse. Wo es auf immer bleiben soll. Die Pyramide, die Kraft der ägyptischen Götter, zeichnen Sie bitte folgendermaßen nach:

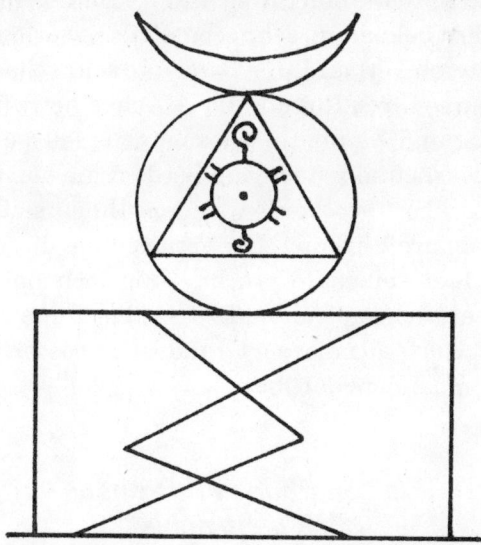

Die gleiche Vorgehensweise, sowohl in der Herstellung als auch in der Anwendung, gilt beim »Erfolgssiegel«. Hierbei handelt es sich um ein Siegel aus uralten Tagen, dessen Ursprung nicht mehr ganz klar ist, das aber immer dann eingesetzt wird, wenn es um Geldsegen und geschäftlichen Erfolg geht. Sie können dieses Siegel auch als Amulett am

Hals oder um den Bauch tragen; die beste Wirkung jedoch entfaltet es immer dann, wenn es im Geldbeutel oder in der Kundenkasse aufbewahrt wird, ähnlich wie die ägyptische Pyramide. Wenn Sie das Erfolgssiegel selbst anfertigen wollen, halten Sie sich bitte an nebenstehende Figur (rechts).

Diese Amulette helfen Ihnen in jeder Phase Ihrer beruflichen Selbständigkeit. Achten Sie darauf, dass Sie Ihr »kleines Geheimnis« nie und nimmer preisgeben. Sie wissen ja, dass in unserer rational betonten Geschäftswelt solche kleinen Helfer sehr schnell belächelt und verbal abgewertet werden. Sie gelten, wenn Sie sich zu solchen kleinen magischen Helfern bekennen, sehr schnell als unseriös. Was Ihnen im weiteren Verlauf Ihrer Geschäfte sehr schaden wird, zumindest was Ihren Ruf und Ihr Ansehen betrifft.

Talismane und Amulette, wir kommen gleich auch noch zu den Glücksbeuteln, dürfen außerdem nie von einer anderen Person berührt werden als von Ihnen selbst, sonst verlieren sie ihre Wirkung. Die Versuchung, diese Glücksbringer im Laufe eines Gesprächs (»Zeig doch mal ...«, »Gib doch mal her ...«) von jemand Drittem berühren zu lassen, ist zu groß. Auch aus diesem Grund ist es besser, Sie sprechen mit niemandem darüber.

Pleiten, Pech und Pannen: Alles geht schief

Es gibt Situationen im Leben als Selbständiger, da geht einfach alles schief. Sie haben sich faktisch bestens vorbereitet, Sie haben eine große Vision, Sie haben außerdem auf geistiger und spiritueller Ebene alles getan, um sich selbst zu briefen und zu coachen. Irgendein Mitarbeiter, auf den Sie fest gezählt haben, hat Sie jedoch unvermutet im Stich

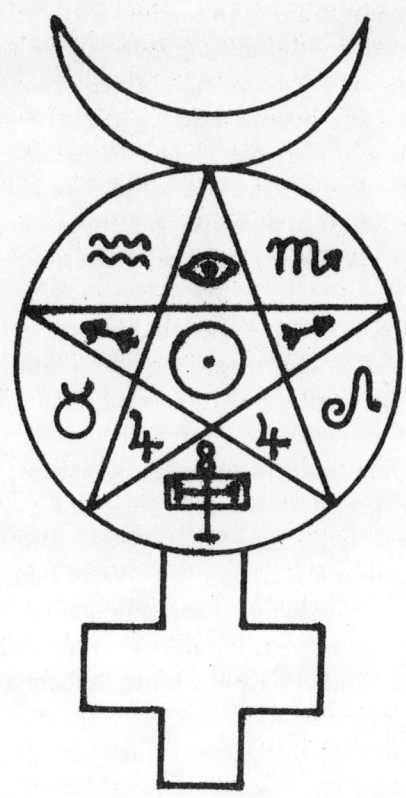

gelassen, ein Kredit ist ausgeblieben, obwohl er eigentlich schon zugesagt war. Oder aber während Sie schon auf dem Weg sind, tauchen Schwierigkeiten auf, mit denen Sie zuvor nie gerechnet hatten.

Aus der großen Vision sind kleinkarierte Vorschriften geworden, aus den bunten Träumen ein lästiges Hangeln von Monat zu Monat in Schwarzweiß. Die Arbeit macht keinen Spaß mehr; und immer öfter fragen Sie sich, ob es wirklich richtig war, sich in die Welt der Selbständigen vorzuwagen.

Das Schlimmste, was Sie in solchen Situationen tun können, ist, zu zaudern und am eigenen Können zu zweifeln. Natürlich müssen Sie überprüfen, und das so selbstkritisch wie möglich, ob Sie irgendwo und irgendwie Fehler gemacht haben. Aber Sie dürfen nie in blinde Selbstzerfleischung verfallen. Gedanken wie »Ist ja klar, dass ich es nicht geschafft habe, ich hab' ja noch nie was zustande gebracht …« oder so ähnlich dürfen Sie einfach nicht zulassen, sie sind reines Gift.

Das Geschäftsleben ist heute mehr denn je Schwankungen und Stürmen unterworfen, die kaum einer einzuschätzen vermag. Selbst riesige Konzerne haben größte Probleme mit Geschäftsprognosen für eine nähere oder weitere Zukunft. Was heute noch als Hit läuft, ist morgen vielleicht schon der ganz große Flop.

Warum das so ist? Immer mehr Geschäfte basieren auf interkontinentalen Fundamenten. Wenn heute in Australien – jetzt mal karitativ überzeichnet – die Kiwi-Ernte schlecht ist, können Sie morgen in Europa keine Bananen mehr absetzen. Weil alle Kiwi-Plantagenbesitzer Bananen-Aktien haben. Oder so ähnlich.

Sie wissen, was ich mit diesem stark überzeichneten Bild meine: In der heutigen Zeit der Globalisierung, in der alles miteinander verknüpft und verzahnt ist, genügt schon das Stottern eines einzelnen Getriebeteilchens, um das ganze System in eine Schieflage zu bringen. Selbstvorwürfe und Selbstzerfleischung im Falle des Holperns sind daher also nur in Einzelfällen nachvollziehbar. Zu mächtig ist das große Ganze, zu wuchtig aber auch, die Kraft eines einzelnen Staubkornes. Und schon stolpern Sie.

Hexenrezepte für anhaltenden Erfolg

Auch mit Rezepten aus der Hexenküche können Sie nicht gegen die Gezeiten der Weltwirtschaft antreten, das muss Ihnen klar sein. Sie können sich aber gegen all die kleinen Widrigkeiten wappnen, die sich Ihnen möglicherweise in den Weg stellen. Es handelt sich dabei stets um Widrigkeiten, die Ihnen mit Ihrem nächsten Geschäftspartner, innerhalb Ihres Unternehmens oder auch beim nächsten »wirtschaftlichen Wasserglas« drohen können, um Ihren eigenen kleinen Mikrokosmos – und vor allem auch um Widrigkeiten in Ihnen selbst: um Ängste und Selbstzweifel. Aber so etwas wie eine »Weltherrschaft«, mit der Sie mittels Zauberei die Wirtschaftslage, die Aktienkurse oder die Gesetzeslage verschiedener Nationen beeinflussen könnten, gibt es natürlich nicht. Und das ist auch gut so.

Doch im Kleinen können Sie wirken. Und wie wir alle wissen, ist der »kleine« Kosmos für einen selber oft viel spannender und wichtiger als der große.

Für anhaltendes Glück in Geschäftsdingen empfehle ich immer so genannte *Glücksbeutelchen* (»Lucky-Beutel«), deren Tradition ebenfalls wieder zu den Voodookünsten aus New Orleans führt, die es aber auch bei den Indianern gab und gibt. Eifrige Karl-May-Leser erinnern sich sicherlich noch an den »Medizinbeutel« der Indianer, wobei das Wort »Medizin« hier immer im Zusammenhang mit Zauberei steht.

Solche Lucky-Beutel gibt es natürlich fertig zu kaufen. Ich empfehle aber wie immer die »Selbstmachmethode«. Sie brauchen dazu ein kleines Stückchen grünen Stoff, vorzugsweise Seide oder Leinen, am besten aber Leinen, weil Leinen besser atmet. Daraus fertigen Sie sich einen kleinen Beutel, in den Sie Folgendes geben: 11 kleine Stückchen

Weihrauch, einen kleinen schwarzen Stein, eine Silbermünze (der Wert spielt keine Rolle), ein kleines Stück Stoff von Ihrem Strumpf oder Ihrer Socke, mehrere Grashalme und 7 Tropfen Lucky-Öl. Dieser kleine Beutel soll Ihnen nun Glück in geschäftlichen Dingen bringen.

Das tut er umso besser, je gründlicher Sie ihn einweihen, also programmieren. Halten Sie den fest zugebundenen Beutel dazu mehrere Stunden in Ihrer Hand. Bei Sonnenuntergang heben Sie ihn über Ihren Kopf und sprechen die Bitte an Ihren Gott oder an Ihre Götter aus, dass der Beutel Ihnen Glück bringen möge. Sie binden ihn nach diesem kleinen Gebetsritual um den Bauch; und wenn es die Weite Ihrer Kleidung zulässt, können Sie den Beutel auch in Höhe der Geschlechtsteile tragen, dann zeigt er besondere Wirkung.

Das hat jetzt nicht das Geringste mit Sexualmagie zu tun, sondern einzig und allein damit, dass an den Geschlechtsteilen die Haut besonders sensibel und aufnahmebereit ist. Die Wirkstoffe aus dem Beutel sollen nämlich über die Haut in Ihren Organismus gelangen.

Wie bei allen Amuletten, denn darum handelt es sich hier, darf keine andere Person Ihren Glücksbringer anfassen, sonst verliert er seine Wirkung.

Ein ausführlicheres Ritual zur Einweihung des Glücksbeutels sieht folgendermaßen aus: Sie drapieren den Beutel unter einer 7-Tage-Knotenkerze, geben täglich zusätzlich 3 Tropfen Lucky-Öl auf diesen Beutel und konzentrieren sich, während jeweils ein Knoten abbrennt, voll auf Ihren geschäftlichen Erfolg. Nach diesen 7 Tagen, die Kerze muss restlos abgebrannt sein, tragen Sie den Beutel als Glücksbringer um den Hals. So atmen Sie stets die Wirkstoffe ein.

Sie können die Wirkung dieses Kerzenrituals verstärken, indem Sie die Kerze zusätzlich mit Cedar-Öl einreiben, jeweils von der Mitte aus nach oben und nach unten. Und Sie können auch das Symbol des Krebses in die Kerze einritzen, damit steigern Sie ebenfalls die Wirkkraft. Es sieht aus wie eine liegende »69« also folgendermaßen:

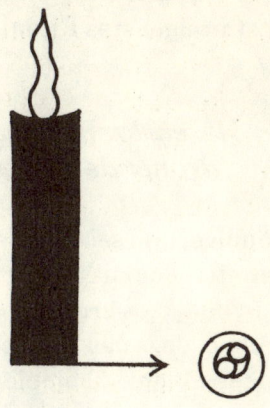

Eine weitere Möglichkeit der Verstärkung des Rituals liegt darin, dass Sie ein Stück Papier oder besser noch Pergament unter die Kerze legen, auf das Sie vorher ganz genau Ihre geschäftlichen Ziele geschrieben haben. Beginnen Sie außerdem Ihr 7-Tage-Ritual an einem Sonntag.

Und vereinfacht wird das Ganze, wenn Sie lediglich eine ganz normale weiße Kerze, mit Öl aufgeladen und all Ihren Projektionen und Wünschen, an einem Sonntag abbrennen, und zwar an einem Stück.

Sie sehen schon, es führen viele Wege zum Glück. Und es spricht auch nicht das Geringste dagegen, wenn Sie selbst kreativ werden und Ihr ureigenstes Ritual erfinden, das Sie auf Ihrem Weg als selbständige Geschäftsperson unterstützen soll. Sie wissen ja, dass manche Berufsgruppen direkt ihre eigenen kleinen Rituale hegen und pflegen, Schauspieler spucken sich mit einem »Toi, toi, toi« über die Schulter,

Bergleute bestehen auf einem herzhaften »Glück auf!« und körperlich Aktive auf einem ironisch gemeinten »Hals- und Beinbruch« – alles Reste von Ritualen und Formeln aus alter Zeit. Irgendwann und irgendwie hatten sie alle ihren Anfang; und es gibt keinen Grund, warum wir nicht heute ebenfalls unser ureigenstes Ritual etablieren sollten.

Hexenrezepte gegen akut drohende Situationen

Jeder Selbständige, und sei er im Prinzip noch so gut gerüstet und vorbereitet, kommt immer wieder unverschuldet in Situationen, in denen es brenzlig wird. Wir haben ja schon davon gesprochen, dass das Wirtschaftsleben ein eng ineinander greifender »Zahnradkomplex« ist und dass es für den Einzelnen so gut wie unmöglich ist, alle Risiken und Nebenwirkungen im Vorhinein auszuschalten. Dazu müsste man schon Hellseher sein.

Wenn also geschäftlich eine heikle Situation entstanden ist, und Sie haben alles unternommen, um vernunftmäßig damit klarzukommen, so können Sie diese Aktionen zusätzlich noch mit einem Glücksbringer für Notfälle, einem so genannten *Notbeutel*, unterstützen.

Er wird angefertigt wie alle anderen Beutelchen auch (siehe voriges Kapitel), nur der Inhalt setzt sich anders zusammen: Sie brauchen eine Goldmünze, etwas 5-Finger-Gras, eine Mandragoravo-Wurzel, ein paar Haare von sich selbst, Guaranasamen, ein Stück Pergament, auf das Sie Ihren Namen geschrieben haben, und einen menschlichen Zahn, notfalls tut's auch ein Zahn von einem Hund. Diesen Beutel besprechen Sie und tragen ihn anschließend um die Bauchleiste, bevorzugt in Höhe der Geschlechtsteile. Sie werden feststellen, dass sich Ihre geschäftlichen Schwierigkeiten Stück für Stück auflösen.

Das gleiche Resultat erreichen Sie mit einem *Notbad* nach dem Rezept von Papa Legba aus New Orleans. Ich empfehle gern und oft solche Bäder, denn sie schaffen allein schon durch die entspannende Situation im Bad ein gewisses Loslassen vom Problem, und das ist sehr wichtig.

Dieses Ritualbad sollten Sie an einem Sonntag bei Sonnenaufgang nehmen. Sie brauchen dazu dieses Mal ausnahmsweise Salzwasser, denn alles Negative soll ja eliminiert und aufgelöst werden. Salzwasser müssen Sie sich in unseren Breiten meist selbst »basteln«, also durch Zugabe von Meersalz in normales Süßwasser. Die Zutaten zu diesem Bad: 7 Weinblätter, 7 Schalotten, ein bisschen Rosenwasser, ein bisschen frische Petersilie und 7 silberne Münzen.

Wichtiger als die Zutaten ist wieder Ihre Konzentration, die Sie aufzubringen im Stande sind. Lassen Sie aber Ihre Konzentration nicht dahin gehend wirken, dass Sie sich ständig im Kreise drehen und Ihr Problem oder Ihre Notsituation von allen Seiten anschauen, um dann schließlich in Ausweglosigkeit und Selbstmitleid zu verfallen. Sondern projizieren Sie bewusst und mit aller Kraft einen Lösungsansatz, der Sie aus dem Dilemma führen kann. Stellen Sie sich sehr intensiv die Situation vor, in der Sie befreit aufatmen können und in der sich das Problem bereits verflüchtigt hat. Erst wenn Ihnen das gelungen ist, können Sie das Bad beenden. Und wenn es nicht geklappt hat, dann wiederholen Sie dieses Verfahren am nächsten Sonntag.

Um es noch einmal klar und deutlich zu sagen: All diese Glücksbringer, Kerzen, Rituale und Bäder werden aus einem schlecht vorbereiteten oder faulem Kaufmann nie und nimmer ein Geschäftsgenie machen. Niemand hat das Recht, die Kraft der Magie zu missbrauchen oder als Ausrede für das eigene Versagen zu strapazieren. Meine Rezepte sind daher lediglich als unterstützende Maßnahmen zu verstehen. Alles andere wäre auch unseriös und gefährlich.

Das Leben in der Selbständigkeit ist wahrlich nicht leicht. Vergessen Sie alle Romantik, die von den unrealistischen »Vom-Tellerwäscher-zum-Millionär«-Geschichten ausgeht, denn sie entbehren oft genug jeden Wahrheitsgehaltes.

Und für Tagträumer hat die Geschäftswelt keinen Platz.

5

••••

Mein Leben innerhalb
einer Firma

Wer sich für ein Berufsleben innerhalb einer bereits etablierten und offenbar gut funktionierenden Firma entschließt, hat zwar nur in den seltensten Fällen die Möglichkeit, seine Träume und Visionen zu verwirklichen, trägt aber andererseits nicht das wirtschaftliche Risiko. Das machen Geschäftsführer, Manager, Firmeninhaber. Sie als Angestellter oder Arbeiter sind dagegen weisungsgebunden, nehmen also Weisungen eines Vorgesetzten entgegen. Es liegt nicht an Ihnen, diese Arbeitsanweisungen zu bewerten oder gar zu hinterfragen. Sie sehen nämlich nur einen Teilbereich des großen Ganzen, nämlich Ihren persönlichen Arbeitsbereich.

Das kann für Menschen, die großen Wert auf Sicherheit und vielleicht auch Bequemlichkeit legen, eine sehr verlockende Perspektive sein. Für alle aber, die kreativ sind und sich ein Stück Selbstverwirklichung erhofft hatten, ist so eine Situation weniger attraktiv. Sie leiden oft unter ständigen Wiederholungen im Arbeitsablauf, geraten häufig genug in eine Art Tretmühle, fühlen sich wie der viel zitierte Hamster im Laufrad. Schnell wird die Arbeit zur Last; man lebt nur noch für den Feierabend, für das Wochenende und den Jahresurlaub. In diese knapp bemessene Freizeit will man all das hineinstecken, was man sonst im normalen Alltag so vermisst: Spaß, Vergnügen, Abwechslung, Abenteuer, Selbstverwirklichung.

So entsteht eine Art Doppelleben: Das Leben in Klammern innerhalb der Arbeitszeit und das »richtige« Leben außerhalb dieser Arbeitszeit. Wohl dem, der ein ausfüllendes Hobby hat, der sich mit diesem Hobby derart motivieren kann, dass genug Lebensfreude für beide Abschnitte dabei produziert werden kann.

Doch das ist nur in den seltensten Fällen so. Viel öfter sieht die Situation so aus, dass man nach der Arbeitszeit nur noch seine Ruhe haben will, sich vor den Fernseher schmeißt und das auch noch »Erholung« nennt. Auf diesem Terrain wachsen und gedeihen die schönsten Familienkonflikte. Denn ein echtes Familienleben ist unter diesen Voraussetzungen nur noch bedingt möglich, in manchen Fällen gar nicht mehr.

Es ist das Interesse des Arbeitnehmers, versorgt und risikofrei durchs Leben zu gehen. Auf der anderen Seite existiert aber auch das Interesse des Arbeitgebers. Und das sieht so aus, die Arbeitskraft des Arbeitnehmers so effizient wie nur möglich auszubeuten und diese »Beute« zum Wohl der Firma und auch zu eigenem Wohl einzusetzen. Das ist die Logik des kapitalistischen Systems; und niemand findet etwas Anstößiges daran. Weil diese Logik seit Generationen so ist, wie sie ist, und weil Gewohnheit abstumpft.

Und man kann ja auch durchaus der Ansicht sein, dass dieses System gerecht ist. Denn wer das Risiko trägt, soll auch reicher belohnt werden als jemand, der nur mitläuft. Seit Generationen kämpfen die Gewerkschaften dafür, dass dieses »Mitlaufen« nicht allzu sehr von Verschleiß und Ausbeutung begleitet wird, dass alles in einem gesunden und mehr oder minder gerechten Rahmen vonstatten geht. Über die Erfolge der Gewerkschaften lässt sich durchaus streiten. Auch unter Berücksichtigung dessen, dass seit Beginn der Industrialisierung doch schon einiges an Verbesserungen für die Arbeitnehmer erreicht wurde.

Trotzdem muss sich jeder, der sein Glück als Angestellter versucht, über Folgendes im Klaren sein: Der Chef, die Firma, das Unternehmen, will und muss Geld verdienen. Und der Angestellte soll dabei gefälligst helfen. Tut er das nicht mehr, ob nun aus gesundheitlichen oder aus anderen Gründen, so wird er zum »Minus-Posten« und wird aus rein betriebswirtschaftlichen Motiven so schnell wie möglich »entsorgt«. Heute heißt dieses Entsorgen oft elegant »freistellen«. Nicht feuern, nicht entlassen, nicht kündigen, sondern *freistellen*. Was für ein schönes Wort! Klingt es doch nach Freiheit. Im Klartext aber ist das häufig nur die Freiheit, sich in die Arbeitslosigkeit zu begeben, die Freiheit für den freien finanziellen Fall.

Ich erhebe hier nicht den Anspruch, Neuigkeiten zu erzählen. Das alles ist bekannt und salonfähig. Und es regt sich auch keiner mehr darüber auf. Man denkt: Es war schon immer so – und mich wird es ja nicht unbedingt treffen.

Arbeitnehmer in fester Anstellung handeln und denken wie Zweckoptimisten. Da können die Zeitungen noch so voll sein von Meldungen über Firmenpleiten und Massenentlassungen, sie selbst fühlen sich selten angesprochen. Ja, sagt man sich, soundso viele erwischt es, aber warum ausgerechnet mich? Vergleiche zu starken Rauchern drängen sich auf: Sie lesen jeden Tag über die Krebsgefahren, fühlen sich aber davon nicht berührt. Im Gegenteil. Jeder Raucher hat sofort das Beispiel eines Kettenrauchers im näheren Umkreis parat, der mit drei Packungen Zigaretten am Tag über 90 Jahre alt geworden ist, stets munter und fidel war bis zu seinem letzten Atemzug – und der anscheinend alle warnenden Statistiken Lügen straft.

Ähnlich sind die Arbeitnehmer. Entlassungen sind erst dann von Interesse und Relevanz, wenn sie im persönlichen Umkreis stattfinden. Und auch dann ist noch nicht aller Tage Abend – man bedauert zwar den armen Freund oder Nachbarn, aber richtig weh tut's erst dann, wenn man selbst betroffen ist, keine Sekunde früher.

Wie dem auch sei, wer keine Millionenerbschaft gemacht hat, muss sein Geld verdienen. Und wer das Risiko der Selbständigkeit nicht tragen kann oder will, muss sein Geld damit reinholen, dass er seine Körperkraft, seine Arbeitsleistung, sein Know-how und seine Erfahrung verkauft. So einfach ist das. So funktioniert der Dämon Geld!

Dass dabei die Reichen immer reicher werden und die Armen immer ärmer, liegt daran, dass der Dämon die Fähigkeit der Multiplikation mit sich selbst hat, im Verbund immer mächtiger und ausbeutungsfreudiger wird. Und wenn er dann groß und stark genug geworden ist, um für einen noch größeren Gelddämon in Sachen Konkurrenz gefährlich oder vielleicht sogar interessant zu werden, so wird er geschluckt, gefressen – oder aber vernichtet. Einen Dämon mit Skrupel gibt es nicht.

Das klingt, darüber bin ich mir im Klaren, alles nach schwärzester Schwarzmalerei. Manche mögen meinen, eigentlich könne man nur noch in kommunistische Staaten auswandern, in die paar, die es noch gibt, denn da sei jeder gleich, und jeder habe die gleichen Chancen. Wirklich? Die Erfahrung hat gezeigt, dass es auch hier trotz großer Ideale nicht funktioniert. Die Sau, die zum Trog kommt, die frisst auch. Will sagen: In dem Moment, in dem ein Politiker, auch in einem kommunistischen System, die Chance zur Selbstbereicherung und zur Machtausübung bekommt, vergisst

er all die großen Ideale, mit denen er möglicherweise ange-
treten war.

Wir dürfen uns über die steigende Zahl der »Sozialschma-
rotzer« nicht wundern. (Damit sind nicht unverschuldet in
Not geratene Menschen gemeint.) Sie sehen keinen Sinn
mehr in dem großen Tanz um das Geld, sie haben sich aus-
geklinkt, sie wollen nicht mehr, leben stattdessen auf Kosten der Allgemeinheit … Und wenn Tag für Tag neue Skan-
dale offenkundig werden, wie ein Politiker gerade wieder
mal in die eigene Tasche gewirtschaftet, sich großzügig am
Trog voll gefressen hat, dann schon gleich zweimal nicht. Es
macht anscheinend wirklich keinen Sinn mehr.

Trotzdem müssen wir essen und trinken, wohnen und uns
anziehen, heizen und duschen. Dazu brauchen wir Geld,
und das nicht zu knapp. Nennen Sie mir ein Aussteigermo-
dell, das geklappt hat und der Allgemeinheit gegenüber
vertretbar ist – und ich bin sofort dabei.

Oder aber wir vergessen jetzt endlich mal all die negativen Seiten des Kapitalismus und freuen uns an seinen
schönen. An neuen Autos, an schönen Wohnungen, an noch
schöneren Autos und an noch schöneren Wohnungen, Häu-
sern, Villen, Schlössern mit Parks …

Klingt zynisch? Soll es auch. Aber ohne die Hoffnung auf
diese schönen Güter kann der Kapitalismus nicht funktionieren. Der griechische Philosoph Diogenes ist die Ausnah-
me. Er hauste unter ärmlichsten Verhältnissen in einem
Fass. Als der König Alexander der Große kam, bereit, ihm
jeden Wunsch zu erfüllen, wünschte sich der große Denker
nur eins: »Bitte sei so nett und geh mir aus der Sonne!« Ich
wette, Sie und ich, wir wüssten ganz genau, was wir dem
König oder der guten Fee sagen würden, nicht wahr?

Doch zurück zur Realität. Notwendigkeiten und Werbung
wecken Wünsche, erfüllte Wünsche wecken weitere Wün-

sche, und für all diese Wünsche brauchen wir Geld. Um Geld zu bekommen, brauchen wir die Möglichkeit, es zu verdienen. In diesem Kapitel soll es darum gehen, das Geld in einer bereits bestehenden und erfolgreich arbeitenden Firma zu verdienen.

Den Aspekt, dass wir hier einen Teufelstanz tanzen, der dem Dämon gefällt, haben wir nun hinlänglich beleuchtet. Für viele Menschen gibt es keine andere Möglichkeit, eigentlich für die meisten nicht. Darum will ich auch nicht weiter unken. Stattdessen will ich versuchen, diesen Tanz in den folgenden Kapiteln für Sie so erträglich wie möglich zu machen.

Der Karriereplan

Wenn wir uns nun im Folgenden mit so einem wichtigen Punkt wie dem Karriereplan beschäftigen, gehe ich davon aus, dass Sie in der Firma Ihrer Wahl nicht nur einen Job machen wollen, sondern auch Perspektiven, und seien es auch nur persönliche, in dieses Arbeitsverhältnis mit einbringen möchten.

Ein Job, darunter verstehe ich hier eine Arbeit auf Zeit, bei der es einem letztlich egal ist, was man wie oft tut, Hauptsache, die Bezahlung stimmt. Nichts dagegen einzuwenden. Immer noch besser, als herumzugammeln und auf das Erscheinen des allmächtigen Königs oder der wohl gesinnten Wunschfee zu warten. Man kann auch Lottogewinn dazu sagen. Ist genau so unwahrscheinlich.

Eine »richtige« Anstellung mit richtigem Profil aber erfordert ein bisschen mehr als den Blick auf den Gehaltsscheck. Wer sich längerfristig an eine Firma binden möchte, der tut gut daran, sich einen regelrechten Karriereplan zu erarbeiten. Schließlich will man in seinem Tun einen ständigen Anreiz erkennen. Und dieser Anreiz kann nur dann greifen, wenn es innerhalb der Firma Aufstiegsmöglichkeiten gibt, also die Chance einer Karriere. Dabei müssen die einzelnen Schritte gar nicht so groß und gewaltig sein, auch die damit verbundenen Gehaltserhöhungen nicht, sie müssen nur gewährleisten, dass Sie nicht auf Ihrem Status quo versauern. Das ist oft Anreiz genug. Außerdem ein Garant für Erfolgserlebnisse und innere Zufriedenheit, was wieder dem privaten Umfeld zugute kommen kann.

Es macht also durchaus Sinn, sich über die Struktur der Firma zu informieren. Wie ist sie aufgebaut? Welche Abteilungen gibt es? Welche Hürden stehen vor dem Wechsel von einer Abteilung in die andere? Wie werden Beförderungen gehandhabt? Gibt es gewohnheitsmäßige Beförderungen oder muss man sie sich regelrecht erarbeiten?

Was auch noch dazukommt, wenn Sie schon eine Zeit lang dabei sind: Welcher Ihrer Vorgesetzten sitzt sicher auf seinem Stuhl, wessen Stuhl wackelt? An wen können Sie sich also halten und an wen nicht? Klingt nach Manipulation? Ja, das tut es. Aber beschweren Sie sich nicht. Sie wollten mit dem Dämon tanzen; es war Ihre freie Entscheidung.

Ein Karriereplan muss auch finanziellen Wünschen entsprechen. Die Frau will ein größeres Haus, die Kinder wollen studieren, ein neues Auto wird auch bald fällig – also wann und vor allem *bis* wann wollen Sie wie viel verdient haben, um all dies zu ermöglichen?

Ein Narr, wer sich auf finanzielle Abenteuer einlässt, gerade in diesen Zeiten! Es gibt nämlich unzählige Beispiele von Dramen, in denen das fast fertig abbezahlte Reihenhaus dann doch noch im letzten Moment nicht mehr finanziert werden konnte, wo es zur Zwangsversteigerung kam –

verbunden mit Depressionen und Ausweglosigkeit. Die Bank kriegt auf jeden Fall ihr Geld. Aber das war's dann auch. Also unbedingt beachten: Zum Karriereplan gehört vor allem ein Finanzplan, und zwar einer, der auf festen Füßen steht. Der von Konjunkturschwankungen unabhängig ist. Der über die Regelung der Kündigungsfrist hinausgehend Ihre Vertragsdauer mit der entsprechenden Firma als einen der wichtigsten Faktoren mit eingebaut hat. Falls diese Möglichkeit nicht besteht bzw. in Ihrer Branche unüblich ist, sollten Sie vor Abschluss eines langfristigen Finanzierungsplans sicherstellen, ob Sie im Bedarfsfall schnell eine andere Stelle in Ihrem Berufszweig finden können. Unbestimmte »Es-schaut-schon-ganz-gut-aus«-Gefühle, in der Hoffnung, der Vertrag wird verlängert, »... und schließlich verstehe ich mich mit meinem Chef ja ganz prima«, das alles genügt nicht. Da muss man leider ein ganz knallharter Realist sein, sonst droht die Bauchlandung.

Wir haben gelernt, auf Pump zu leben. Jeder von uns hat sofort seinen Kontoüberziehungsrahmen bewilligt bekommen; Kleinkredite werden einem geradezu nachgeschmissen. Und schließlich hat man ja einen festen Arbeitsplatz, nicht wahr? Da kann man schon mal über die Stränge schlagen, den Urlaub buchen, obwohl das Konto Ebbe anzeigt. Das ist auch ein wichtiger Faktor im Karriereplan. Denn als Faustformel gilt: Je größer die finanziellen Verpflichtungen, umso größer ist auch die Abhängigkeit gegenüber dem Arbeitgeber. Wer es sich trotz größter Ungerechtigkeiten und Frustrationen nicht mehr leisten kann, Lebewohl zu sagen, und sich eine neue Stelle zu suchen, der ist wahrlich ein armer Hund.

Machen Sie sich also unbedingt einen Plan, und zwar schriftlich. Einen mit beruflichen Perspektiven und einen mit finanziellen. Und halten Sie sich daran. Es kann nämlich sehr schnell alles anders ausschauen. Und jeder, der auf solche Situationen nicht vorbereitet ist, kann ganz böse auf die Nase fallen.

Was dabei alles schief gehen kann

Gehen wir mal davon aus, dass Sie sich bestens auf den Einstieg in eine Firma Ihrer Wahl vorbereitet haben. Sie haben genau geprüft, welche beruflichen und auch finanziellen Chancen Sie in diesem Unternehmen haben, Sie haben sich einen Finanz- und auch einen Karriereplan gemacht. Sie fühlen sich also fit; Ihnen kann nicht mehr viel passieren. Meinen Sie.

Aber es gibt immer noch jede Menge Stolpersteine, an die Sie noch nie gedacht haben. Eigentlich auch nie denken konnten, weil Sie den Betrieb bislang noch nicht von innen kannten. Jeder Betrieb ist ein Planet für sich; jeder Planet hat seine eigenen Bedingungen. Bedingungen, die über Sein oder Nichtsein entscheiden können.

Wie schaut es zum Beispiel aus mit der vertraglichen Beschreibung Ihres Arbeitsplatzes? Sind die Aufgaben genauso definiert, wie Sie es sich gewünscht haben, wie es Ihrer Ausbildung und/oder Ihrer Vorstellung entspricht? Oder haben Sie einen faulen Kompromiss gemacht, nur um die Stelle zu bekommen? Wissen Sie eigentlich, dass Sie in diesem Fall mit einer psychischen Zeitbombe leben? Irgendwann bricht der Frust durch, darauf können Sie sich verlassen! Also lieber ein bisschen länger verhandeln vor der entscheidenden Unterschrift. Niemand wird Ihnen das übel nehmen.

Was machen Sie, wenn Sie partout nicht mit dem Vorgesetzten oder mit den Kollegen klarkommen? Nicht in jedem

Fall genügt das, was ich im 3. Kapitel für den Umgang mit dem Chef empfohlen habe, manchmal ist einfach so eine große unüberwindliche zwischenmenschliche Abneigung da, die sich auch mit Hexenrezepten nicht mehr relativieren lässt, manchmal passt es einfach nicht. Und dann? Zu Kreuze kriechen, ein Schleimer werden? Überlegen Sie sich das gut, das kostet nicht nur Selbstgefühl und Stolz, sondern auch Chancen für die Zukunft! Schleimer stinken!

Wie reagieren Sie, wenn die Firma »Umstrukturierungen« vornimmt, also Abteilungen und Kompetenzbereiche durcheinander wirbelt? Können Sie reagieren oder werden Sie zum jammernden Trotzkopf? Die wirtschaftliche Lage ist alles andere als rosig, jeden Tag werden Umstrukturierungen innerhalb der Firmen, unabhängig von ihrer Größe, notwendig und auch knallhart durchgesetzt. Sind Sie flexibel genug?

Oder bestehen Sie auf dem Wortlaut Ihres Vertrages? Und tschüss! Spätestens bei der nächsten sich bietenden Gelegenheit.

Und was machen Sie, wenn Sie sich in einen Kollegen oder eine Kollegin verliebt haben, vielleicht sogar ein Verhältnis pflegen? Es dauert nicht lange, und schon weiß es der ganze Laden. Darauf können Sie Gift nehmen. Schließlich ist der Arbeitsplatz die wichtigste Partnerschaftsbörse überhaupt, das ist statistisch klar nachgewiesen. Außerdem die dauerhafteste Tratsch- und Lästerplattform. Dumm nur, wenn der neue Partner eigentlich schon jemand anderem zugedacht war, und sei es auch lediglich in dessen Fantasie. Dem Chef vielleicht? Dem wichtigen Kollegen? Viel Spaß! Sie können einpacken.

Und worauf wird es hinauflaufen, wenn in Ihrer Abteilung ein gravierender Fehler passiert? Der Neue ist schuld, ganz sicher. Das wird schon so hingedreht. Wissen Sie, wie man mit solch einer Situation umgeht? Werden Sie zum Denunzianten oder zum Prügelknaben, wo liegen Ihre Präferenzen?

Es gibt eine amerikanische Redensart, die für Karrieristen gilt: »Wer innerhalb einer Company arbeitet, arbeitet höchstens 40 Prozent. Die anderen 60 Prozent der Kraft werden dazu gebraucht, den eigenen Sessel zu bewahren und zu verteidigen.«

Sie haben sich entschlossen, dieses Spiel mitzuspielen. Und ich will es Ihnen nicht mies machen, zumal auch wir Hexen keine Alternativen dazu bieten können. Doch Sie müssen wissen, was alles passieren kann.

Aber das ist ja noch lange nicht das Schlimmste. Stellen Sie sich vor, Ihre Firma spürt die Rezessionskeule, muss sparen und Personal abbauen. Und Sie sind einer derjenigen, die großzügig »freigestellt« werden. Wie erklären Sie bei Ihrem nächsten Bewerbungsgespräch, dass Sie nicht wichtig genug waren, um Sie zu halten?

Da scheint ja noch der Kahlschlag besser zu sein: Firma pleite, ein paar Demonstrationen auf der Straße, danach suchen sich alle neue Stellen. Alle gleichzeitig. Und Sie sind einer von ihnen. Chance 1 zu 100.

All das kann passieren, muss aber nicht. Doch Sie sollten diese Möglichkeiten kennen. Und vor allem: sie nicht unterschätzen.

Allgemeine Tipps

Eine Firma, egal, wie groß oder wie klein sie nun ist, stellt so etwas wie einen eigenen kleinen Kosmos dar, das habe ich schon erwähnt. Wie jedes Zusammenwirken von Menschen, sei es nun in der Partnerschaft, in der Familie oder in der Freizeit, so will besonders das Zusammenleben und -wirken innerhalb einer Firma sehr sensibel und bewusst gestaltet werden. Warum? Weil über allem der Dämon Geld schwebt, der negative Gefühle wie Konkurrenzgefühle, Neid, Missgunst und anderes hervorruft.

Es wäre naiv, zu glauben, eine Firma, die man vielleicht mit Freunden gegründet hat oder in der auf den ersten Blick lauter freundliche Menschen aktiv sind, sei frei von solchen Einflüssen. Immer, wenn es um das Thema Geld geht, treten all diese negativen Gefühle von selbst auf. Sie ergeben sich einfach zwangsläufig, weil sie aus einem logischen Zusammenhang heraus entstehen.

Ein Vogelhäuschen mit Futter zieht nicht nur unsere gefiederten Freunde an, sondern auch jede Menge Nagetiere, vielleicht sogar Ratten. Das nur als – etwas drastischer, ich gebe es zu – Vergleich, der die Situation bebildern soll. Auch wenn sich alle Beteiligten vom Lehrling bis zum Chef um ein gutes Klima und um eine faire Zusammenarbeit bemühen, so werden dennoch negative Gefühle entwickelt. Es geht gar nicht anders. Weil nämlich jeder andere Voraussetzungen mitbringt, weil jeder eine andere Position bekleidet, weil jeder einen eigenen Verantwortungsbereich innehat. Und Unterschiede sind geradezu wie geschaffen dafür, Neid und Begehrlichkeiten aufkommen zu lassen. Die »dumme Kuh« interessiert sich immer am meisten für das Gras auf der anderen Seite des Zaunes.

»Wasch mir den Pelz und mach mich nicht nass«, funktioniert also nicht. Wir müssen diese negativen Faktoren kennen und mit ihnen umzugehen lernen, das gilt besonders für Berufsanfänger. Blinde Romantik, ausgelöst von höchster Motivation und dem besten Willen, hilft hier wirklich nicht weiter.

Ich sage ja nicht, dass Sie mit dem Eintritt in eine Firma

sofort die Boxhandschuhe aus dem Keller holen müssen, weil ab sofort nur noch mit harten Bandagen gekämpft wird. Denn erstens stimmt das nicht; und zweitens wollen wir ja alle, davon gehe ich aus, moralisch unbelastet bleiben.

Dennoch sind Vorbereitungen wichtig. Die sehen erst mal so aus, dass Sie viel zuhören und aufnehmen müssen, bevor Sie sich ins Rampenlicht wagen. Sie müssen aufmerksam alles in sich aufsaugen, was Ihnen dabei hilft, zu lernen, wie der Hase läuft.

Leider verwechseln viele Zeitgenossen diesen Tipp immer wieder mit einer Schleim- und Kriechanleitung, als gehe es nur darum, herauszufinden, wo und bei welcher Person tatsächliche Macht und wichtiger Einfluss liegen, um sich dann auf die Seite des Stärkeren stellen zu können. So ist das aber nicht gemeint.

Viel wichtiger ist nämlich erst mal der praktische Rahmen der Firma: Wie greifen die einzelnen Abteilungen ineinander? Wer wirkt wo und wie? Wie schaut es zwischenmenschlich in der eigenen Abteilung aus? Wo liegen auf den ersten Blick Defizite, wo kann man was verbessern?

All das können Sie sich denken – aber als Anfänger erst mal nicht aussprechen. Dieses »Recht« haben Sie sich nämlich erst nach einer gewissen Zeit »verdient«. Nicht nur, weil Sie »ältere Rechte« von Kollegen verletzen könnten, sondern ganz einfach deshalb, weil Sie Zeit brauchen, Ihren ersten Eindruck überprüfen und gegebenenfalls revidieren zu können. Ersparen Sie sich die Schmach der vorlauten Lächerlichkeit. Also mein Tipp für die erste Zeit: Augen und Ohren auf, Mund zu!

Versuchen Sie auch, rein äußerlich nicht unbedingt extravagant daherzukommen, wenn alle anderen leger und locker gekleidet sind. Eine aufgedonnerte Diva wird im Kreis anders gekleideter Kolleginnen mehr als argwöhnisch begutachtet – umgekehrt gilt das Gleiche. Also finden Sie ein angemessenes Outfit und orientieren Sie sich dabei an den ungeschriebenen Regeln Ihrer neuen beruflichen Heimat. Der Zeitpunkt für individuelle Akzente kommt schon noch.

Sehr entscheidend ist auch der Umgangston. In Medienunternehmen wie Zeitungsredaktionen und TV-Produktionsgesellschaften wird das lockere Du als Anrede schon fast vorausgesetzt, ebenso bei allen Unternehmen, die dem Neuen Markt angehören oder zuzurechnen wären, also Internet- und Kommunikationsfirmen aller Art. In handwerklichen Betrieben auf dem Land aber gilt immer noch das respektvolle »Sie«, das nur der Ältere lockern kann und darf. Halten Sie sich erst mal an dieses ungeschriebene Gesetz, später sehen wir weiter.

Dumme Verbrüderungen nach dem fünften Bier sind genauso fehl am Platz wie eine über Jahre künstlich aufrecht gehaltene Distanz. Schließlich verbringt man mit den Kollegen die meiste Zeit seines Lebens. Also Augen auf und aufpassen, wann es im bereits bestehenden Verbund angesagt ist, vertraulich zu werden oder auf Abstand zu gehen. Sie lernen durch bloßes Zuschauen.

Und schon sind wir bei der Firma als Anbandelbörse Nummer eins. Gerade Frauen müssen hier sehr vorsichtig sein. Der Gustav aus der Grafikabteilung, der jede Neue erst mal flach legt (entschuldigen Sie diesen saloppen Ton, aber so wird's nun mal gesagt), ist ein toller Hecht. Doch die Sekretärin Sabine, die sich erst in den Gustl verliebt hat und dann in ihren Chef, ist in Null Komma nichts die Betriebsschlampe. Also Vorsicht! Als Grundregel gilt: Im ersten Jahr, besser noch länger oder generell, sind intime Beziehungen mit Kollegen absolut tabu, auch wenn's im Einzelfall vielleicht schwer fällt.

Doch nun zum eigentlichen Punkt, zur Arbeit an sich. Sie kennen doch sicher das Sprichwort »Neue Besen kehren gut«. Das heißt nichts anderes, als dass neue Mitarbeiter durch Übermotivation – vielleicht erleben sie ja gerade ihre erste Anstellung oder waren längere Zeit arbeitslos und freuen sich nun voller Elan auf einen Neustart – sehr schnell unbeliebt werden, in die Streberecke gestellt werden. Passen Sie sich also gerade in der Anfangszeit in einer neuen Firma unbedingt an das Arbeitstempo an, das bereits vorherrscht. Übereifer ist aus zwei Gründen schädlich: Sie können diesen Übereifer nicht durchhalten, er verflacht von allein, und dann sehen Sie aus wie jemand, der sein Pulver schon verschossen hat. Zweitens zwingen Sie durch eine eventuelle Überleistung Ihre Kollegen zum Nachziehen. Was Sie bestimmt alles andere als beliebt machen wird. Also lieber auf die Bremse treten und Reserven horten. Es kommt der Tag, da können Sie diese Reserven dringend brauchen, ganz sicher. »Neue Besen kehren gut« heißt in der unausgesprochenen Übersetzung auch so etwas wie »Na ja, der wird schon wieder normal, nur keine Angst, der kann dieses Tempo nicht durchhalten. Und dann sind wir die Lachenden.«

Wenn Sie einen Karriereplan für Ihr Berufsleben innerhalb dieser Firma aufgestellt haben, so lassen Sie niemanden etwas davon wissen. Nichts wäre für Ihre Kollegen schöner als die Schadenfreude, wenn bei Ihnen dann etwas schief ginge. Außerdem kann ein Dritter, der möglicherweise ebenfalls Karriereabsichten hat, Ihnen nun in die Karten schauen und gegebenenfalls gegensteuern. Fordern Sie diese »bösen Kräfte« nicht heraus!

Und schließlich und endlich: Das Wichtigste ist Ihre Arbeit. Sie können noch so beliebt sein, noch so viel blenden und scherzen – wenn Sie die Ihnen gestellten Aufgaben nicht richtig erledigen, bekommen Sie früher oder später massiv Probleme. Das klingt selbstverständlich, wird aber im allgemeinen Drahtzieher- und Intrigendschungel oft genug vergessen. Selbst wenn der Vorgesetzte Ihr bester Freund ist – er wird Sie auf Dauer nicht schützen können, wenn Sie Mist bauen. Er muss nämlich seinerseits auf den eigenen Stuhl aufpassen. So einfach ist das.

Nun ja, diese Tipps klingen alle sehr bürgerlich und sehr angepasst, das wird mehr als deutlich. Eigentlich haben sie sogar den Geruch von Omas Weisheiten aus dem vorletzten Jahrhundert an sich. Immer schön aufpassen, immer schön aufpassen, immer schön arbeiten, dann wird's schon werden. Als freiheitsliebende Hexe muss ich ganz schön über meinen Schatten springen, um so etwas weitergeben zu können. Viel zu sehr lasten alte bürgerliche Konventionen und der damit zwangsläufig verbundene Mief über diesem Spiel.

Doch das Fatale dabei: Es gibt nichts anderes, was ich Ihnen empfehlen könnte. So läuft's, so und nicht anders. Traurig, aber wahr. Es ist ein Spiel mit vielen Unbekannten für den Arbeitnehmer. Und die Joker liegen fast alle beim Arbeitgeber. Das fängt schon bei der Bewerbung an.

Bewerbung und Bewerbungsgespräch

Wer sich um eine Stelle bewirbt, fühlt sich leider oft genug in der Position eines Bittstellers. Denn es steht stets ein genügend großes Reservoir an Arbeitslosen zur Verfügung. Ich brauche Ihnen die aktuellen Arbeitslosenzahlen nicht zu zitieren. Und wenn es nicht genug qualifizierte Arbeitssuchende gibt, dann rekrutiert man diese aus dem Ausland, um sie dann wieder, bei Änderung der Situation, zurückzuschicken. Danke schön und tschüss.

Als einzelner Arbeitssuchender können Sie hier gar nichts ausrichten. Sie können die Ungerechtigkeit dieser Welt bejammern, verzweifeln oder sonst was tun – das System wird sich nicht ändern.

Also müssen Sie sich qualifiziert bewerben. Nicht wild in der Gegend herumtelefonieren, sondern ganz gezielt auf Anzeigen – oder besser noch auf Hinweise aus dem Freundeskreis, bevor diese Anzeigen erscheinen.

Wie man eine ordentliche schriftliche Bewerbung abfasst, lernt inzwischen jeder Hauptschüler. Anständiger tabellarischer Lebenslauf, Qualifikationen (Ausbildung), Fremdsprachen, Führerschein, ein sympathisches Foto und so weiter, und so fort. Wenn Sie unsicher sind, lassen Sie sich von Ihrem Arbeitsamt beraten. Es gibt außerdem sehr schöne und gut gemachte Prospekte zu diesem Thema, natürlich auch zahlreiche Ratgeber-Bücher.

Ihre Bewerbung können Sie auch »deligieren«, also das Arbeitsamt, bei dem Sie als arbeitssuchend gemeldet sind, mit der Vermittlung einer Stelle beauftragen. Das macht nicht immer Sinn. Denn gerade bei erzkonservativen Unternehmen herrscht unsinnigerweise immer noch die falsche Meinung vor, dass vom Arbeitsamt nur der – wie es wenig sensibel bezeichnet wird – »Schrott« kommt, der übrig gebliebene Rest der Unvermittelbaren. Wie sich die Situation nach den im Frühjahr 2002 eingeführten »Vermittlungsschecks« des Arbeitsamts für private Arbeitsvermittler entwickelt, muss man erst noch abwarten. Gegen solche Vorurteile kommen Sie nur schwer an. Also ist Eigeninitiative gefragt.

Eigeninitiative, das heißt Folgendes: Stellenanzeigen studieren, darauf antworten, im Freundeskreis umhören, vermittelnde Freunde in Anspruch nehmen und Ähnliches mehr. Eigeninitiative ist auf jeden Fall aussichtsreicher, als sich auf die »Aktivitäten« des Arbeitsamts zu verlassen und dann als Nummer achthundertsoundso der unerledigten Fälle in die örtliche Statistik einzugehen.

Eine Bewerbung, rechnen Sie mit einer Trefferquote von 1 zu 50, kann durchaus auch ein Bewerbungsgespräch nach sich führen. Sie bekommen also eine Einladung, sich vorzustellen.

Nun müssen Sie überzeugen. Und zwar die- oder denjenigen, die/der an den Posten gesetzt worden ist, um neue Kräfte für die Firma einzustellen. Das können Sie nur, wenn Sie ehrlich, authentisch, qualifiziert, motiviert und außerdem der prüfenden Person auch noch sympathisch sind. Ganz schön viel auf einmal, nicht wahr? Eine gute Vorbereitung ist also unbedingt nötig. Denn der »Einstellungsmensch«, nennen wir ihn mal etwas flapsig so, ist bestens vorbereitet und geschult. Er kann es sich bei Gott nicht leisten, einen Versager zu rekrutieren, das würde seine eigene Position gefährden. Gut vorbereitet sein ist also halb gewonnen. Zumindest haben Sie bessere Chancen.

Um überhaupt zu einem Gespräch eingeladen zu werden, muss schon Ihre schriftliche Bewerbung überzeugt haben. Achten Sie also unbedingt auf die äußere Form, auf Rechtschreibung, auf saubere Kopien Ihrer Zeugnisse, auf ein wirklich gelungenes Foto. Holen Sie sich Rat von einem Freund, der auf diesem Weg schon mal erfolgreich war, und schauen Sie sich dessen Bewerbungsunterlagen genau an. Lassen Sie sich davon inspirieren und übernehmen Sie besonders gut gelungene Elemente, natürlich individuell abgeändert auf Ihren eigenen Fall bezogen.

Befreien Sie sich nun innerlich von der Rolle des Bittstellers. Bettler, Hausierer, Angsthasen – sie alle haben einen ganz besonderen Geruch. Und das ist ein Parfüm, das Sie sich nicht leisten können. Ihr geschultes Gegenüber wird darauf nämlich sehr schnell reagieren, und zwar ablehnend.

Viel besser ist es, sich über die Firma, bei der Sie sich vorstellen, umfassend zu informieren. Das können Sie bestimmt im Internet, denn fast jede Firma hat inzwischen ihre Home-Page, auf der sie sich darstellt. Mindestens aber hat sie Prospekte und Geschäftsprofile, die Sie unbedingt verinnerlichen sollten. Wer beim Bewerbungsgespräch mit dummen Fragen glänzt, kann sich den Weg zum Gesprächstermin eigentlich schon sparen. Formulieren Sie bereits im Geiste die Antwort auf folgende Frage: »Warum wollen Sie *ausgerechnet bei uns* arbeiten?« Hier sind Antworten wichtig, die zeigen, dass es nicht nur um irgendeinen neuen Job mit Gehalt geht, sondern die Motivation erkennen lassen. Etwa: »Ich will bei Ihnen arbeiten, weil ich hier folgende Möglichkeit für mich sehe, bei der ich mich voll einbringen kann, also ...« Und so weiter, und so fort.

Antworten wie »Ihr Laden liegt verkehrsgünstig für mich«, »Ich hab halt gemeint, versuch ich's mal bei Ihnen«, katapultieren Sie ins Aus. Solche Antworten können Sie sich zwar denken, aber Sie dürfen sie niemals aussprechen.

Machen Sie vor allem sich und Ihrem Gegenüber beim Bewerbungsgespräch nichts vor. Wer bemüht hochdeutsch redet, obwohl er normalerweise im Dialekt spricht, wirkt verkrampft. Und wer sich in seinen Kommunionsanzug zwängt, obwohl er normalerweise in legerer Kleidung zu Hause ist, wirkt unnatürlich und gekünstelt. Man sieht nämlich auf den ersten Blick, zu wem ein Designer-Nadelstreifen-Anzug gehört und zu wem nicht. Vergessen Sie nie: Ehrlichkeit ist Trumpf.

Das gilt auch bei der Frage nach dem Arbeitsplatzprofil. Können Sie das, können Sie jenes, haben Sie dieses schon gemacht? Wer hier angibt und lügt, fällt durch den Raster.

Wenn nicht beim Bewerbungsgespräch, dann sehr bald danach, vor Ablauf der Probezeit. Man darf nie angeben mit etwas, was man nicht kann, noch nie gemacht hat, nur um bei der Bewerbung vermeintlich zu punkten. Lügen haben kurze Beine. Ihre Antworten lauten also immer etwa so: »Das habe ich zwar noch nicht gemacht, aber ich glaube, wenn mir jemand hilft, dann lerne ich das sehr schnell. Klingt interessant.«

All diese Vorbereitungen bedürfen einer gewissen Ruhe. Man kann sie nicht erlernen wie eine Fremdsprache, geht es doch hier um eine innere Einstellung, um eine Lebenshaltung insgesamt.

Es wird Sie nicht gerade ermutigen, aber dennoch gezielt informieren, wenn ich Ihnen nun sage, dass Sie nur einer von vielen Aspiranten sind. Dieselbe Person, die Ihnen gerade freundlich und mit einem kollegialen »Sie hören von uns« die Hand zum Abschied geschüttelt hat, empfängt gleich danach den nächsten Kandidaten. Und dann den übernächsten. Um dann schließlich eine Wahl zu treffen, die sie selbst – und niemand anderen – gut ausschauen lässt. Helfen Sie dabei ein bisschen nach. Mit Hexenrezepten.

Mit Hexenrezepten diese Vorbereitungen richtig unterstützen

Schon wenn Sie dabei sind, Ihre schriftliche Bewerbung zu verfassen, können Sie magisch werden. Und das bereits, bevor Sie den ersten Buchstaben zu Papier gebracht haben.

Setzen Sie sich erst mal vollkommen ruhig und entspannt an Ihren Schreibtisch und entzünden Sie eine Kerze, am besten eine *7-African-Powers-Kerze,* die Ihnen die Kraft der afrikanischen Götter schicken kann. Und nun halten Sie einfach mal inne und denken Sie an gar nichts. Blicken Sie in die Kerzenflamme und freuen Sie sich des Lebens. Das ist für den Anfang alles. Erst dann, wenn Sie entspannt und ruhig sind, machen Sie sich an Ihren Bewerbungstext.

Doch bevor Sie nun das Formulieren beginnen, reiben Sie sich Ihre Schläfen und Ihre Hände mit ein paar Tropfen magischen Öls ein. Für diesen Fall eignen sich am besten die Mischungen *Buddha-Öl* oder auch *Queen of Tibet*, die beide auf Rezepten aus dem Himalaja basieren. Sie können auch, stark verdünnt natürlich, diese Ölmischungen über den ganzen Körper verteilen. Und berühren Sie dabei auch das Papier, auf das Sie schreiben. Aber machen Sie bitte keine Ölflecken, das sieht nicht nur ungepflegt aus, sondern wird den Empfänger auch in Erstaunen versetzen und bestimmt auch skeptisch machen. Also bitte nur eine Mini-Mini-Dosis einsetzen, sonst schaden Sie sich und Ihrem Vorhaben.

Und nun machen Sie sich ans Schreiben. Sie werden inspiriert sein und den Blick fürs Wesentliche bekommen. Diese Mischungen eignen sich nämlich bestens, Ihre Intuitionen und Vorahnungen verbessern zu helfen; Sie werden genau das zu Papier bringen, was der Empfänger erwartet.

Die Mischungen Buddha und Queen of Tibet eignen sich auch dazu, Kerzen aufzuladen, die Wohnung zu weihen und vieles mehr. Es gibt sie ebenfalls als Räucherung.

Wenn Sie gern mit Kerzen arbeiten, den Schein des Kerzenlichts als Unterstützung zur Sammlung Ihrer Gedanken erfahren, versuchen Sie es unbedingt einmal mit einer *Magentakerze*. Es gibt sie nicht überall, und wenn Sie doch welche finden, dann oft nur in Form der langen schlanken Kerzen für ein Tischgedeck. Kaufen Sie gleich mehrere auf Vorrat, denn diese Magentakerzen sind alles andere als handelsüblich, und es kann durchaus sein, dass es schwierig wird, Nachschub zu besorgen.

Was macht die Kraft dieser Kerze aus? Es ist ihre Farbe, die eigentlich gar keine ist. Dieses tiefe Dunkelrot ist also keine Farbe des Farbspektrums, sondern ein so genanntes täuschendes Pendel zwischen Infrarot und Ultraviolett mit einer sehr hohen Schwingungsfrequenz, daher sehr wirkungsaktiv und kraftvoll. Von alters her gilt Magenta als Zauberfarbe, weil sie alle Ebenen und noch dazu sehr schnell durchdringt und damit sehr bald zum gewünschten Erfolg führt. Und den können Sie ja gerade dann brauchen, wenn Sie Bewerbungen verfassen und losschicken oder sich auf ein Bewerbungsgespräch vorbereiten.

Die Kerze wird einfach in einem kleinen Meditationsritual abgebrannt, am besten in einem Stück. Sie konzentrieren sich währenddessen auf Ihr gewünschtes Ziel.

Ob nun ein Bewerbungsgespräch auf Sie zukommt, eine Aussprache oder eine Anfrage in Sachen Urlaub oder Gehaltserhöhung, Sie werden immer ein bisschen unter »gemischten« Gefühlen leiden. Denn schließlich geht es ja um etwas, was für Sie wichtig ist.

Ich rede jetzt nicht von der Schwellenangst, wie wir schon besprochen haben, sondern von einer gewissen Aufgeregtheit und Nervosität, die uns allen zu Eigen ist, wenn wir vor solchen Gesprächen stehen. Diese Aufgeregtheit ist eigentlich nur natürlich, denn schließlich und letztlich kann der Verlauf des Gesprächs Ihr Berufsleben nachhaltig beeinflussen.

Sie können sich mit einem *Glücksbad* auf solche Gespräche vorbereiten. Das Rezept für dieses Bad, das ich hier weitergebe, stammt von der Hexe Donna Rose aus New Orleans: Ins Badewasser kommt etwas Meersalz, dazu Blätter oder Rinde von der Esche, Basilikum, Kamille, Klee, Q-Öl, Lucky-Öl, Good-Luck-Öl, wobei Sie bei der Dosierung je nach Ihrem persönlichen Empfinden vorgehen. Bei den

Ölen allerdings beschränken Sie sich bitte auf höchstens 7 Tropfen.

Sie müssen zweimal baden, und zwar mittags um 12.00 Uhr und nachts um 24.00 Uhr. Dabei müssen Sie auch Ihren Kopf untertauchen. Bei Ihrem mitternächtlichen Bad steigen Sie für ein paar Minuten aus dem Wasser und suchen den Kontakt zum Mondlicht, also durch ein Fenster. Dieses Licht verstärkt die Wirkung der Essenzen und Öle. Nach dem Bad binden Sie sich ein grünes (!) Band um den großen Zeh, das dort verbleiben soll, bis Sie Ihre Gespräche geführt haben.

Dieses Bad nach Donna Rose ist besonders wirksam, wenn Sie es nicht nur am Vorabend wichtiger Gespräche ausüben, sondern schon 3 bis 7 Tage vorher, immer wieder, in der Wiederholung. Damit erzielen Sie das bestmögliche Ergebnis.

Ich bin mir darüber im Klaren, dass es organisatorisch gesehen schon ein bisschen viel Aufwand ist, zweimal täglich nach festgesetzten Zeiten in die Badewanne zu steigen – aber wer etwas erreichen möchte, der muss auch bereit sein, etwas dafür zu tun.

Mit Hexenrezepten das Arbeitsleben begleiten

Natürlich wissen Sie, dass Sie nicht nur bei Einstellungsgesprächen und anderen markanten Terminen Glück und Erfolg brauchen, sondern auch und ganz besonders im normalen Berufsalltag. Vergleichen Sie das Berufsleben mit einem Dauerlauf. Auf das Durchhalten kommt es also an, nicht auf den schnellen und rasanten Sprint, der nach kurzer Zeit wieder erlahmt.

Vorsichtig dosiertes *Success-Öl* an Ihren Händen, an den Schläfen, auf dem Schreibtisch, am Computer und auch auf all Ihren Unterlagen kann also durchaus hilfreich sein.

Ebenso wie ein *Glücksbringer*, den Sie stets bei sich tragen. Ich empfehle hier das »Siegel für Erfolg«, das Ihnen Stabilität und Durchhaltevermögen verleiht. Dieses Siegel müssen Sie selbst anfertigen, und zwar indem Sie die nebenstehende Figur auf ein Stück Pergament zeichnen:

Zum Aufzeichnen dieses Siegels verwenden Sie bitte einen völlig neuen Stift, den Sie nur zu diesem Zwecke anschaffen und auch forthin zu nichts anderem mehr einsetzen. Noch besser: Sie verwenden Taubenbluttinte (das ist eine Kräutermischung), die Sie mit einem Federhalter zum Eintunken auf das Pergament bringen. Dieses Pergament kommt nun in einen grünen Beutel, darauf 7 Tropfen Fast-Luck-Öl. Den Beutel vor eine grüne Kerze legen, und diese vollständig abbrennen. Damit ist der Glücksbringer mit dem Erfolgssiegel eingeweiht und wird Ihnen, wenn Sie ihn bei sich tragen, ständig Glück im Berufsleben bescheren. Achten Sie, wie bei allen anderen Amuletten auch, stets darauf, dass niemand außer Ihnen selbst Körperkontakt mit Ihrem Glücksbringer hat, geschweige denn mit dem Erfolgssiegel, das sich in ihm befindet. Sonst verliert er seine Wirkung.

Ich muss wieder darauf bestehen, dass Sie Ihr Siegel selbst herstellen und nicht fertig kaufen. Die Geisteskraft bei der Fertigung ist das A und O, das muss ich stets aufs Neue betonen.

Für einen dauerhaften Erfolg innerhalb einer Firma ist es unabdinglich, dass Sie immer wieder Zwischenbilanzpausen einlegen und sich der Gewissenserforschung widmen. Am besten, Sie richten sich einen Fixtermin für diese Pause ein, zum Beispiel jeden Sonntagvormittag.

Die Pause für die Zwischenbilanz hat all das, was Ihnen zur Erkennung der Situation hilft: eine Plus-minus-Liste (Was ist gut gelaufen, was nicht?), das Gespräch mit Kollegen (War alles in Ordnung?), das Gespräch innerhalb der Familie (Hat mich mein Beruf verändert?), und natürlich

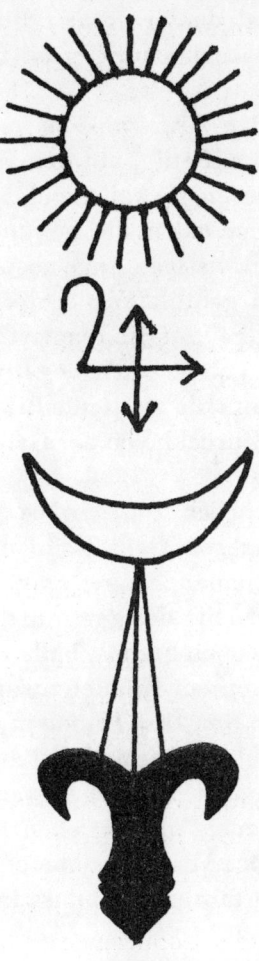

die eigene Einschätzung, die gründliche Erforschung des Gewissens. Was besonders dann hilfreich ist, wenn Sie sich jedes Mal ein kleines schriftliches Protokoll anfertigen, auf das Sie zu einem späteren Zeitpunkt zurückgreifen können. Sie ersehen aus so einem Protokoll, ob Sie sich nach vorne oder rückwärts bewegen oder ob Sie sich im Kreis drehen.

Ein kleines Ritual, das Sie immer direkt vor oder direkt nach der Gewissenserforschung einsetzen, hilft Ihnen dabei.

Sie entzünden eine *7-African-Powers-Kerze,* vor die Sie Ihren kleinen grünen Beutel mit dem Erfolgssiegel gelegt haben, und meditieren rückblickend, während die Kerze brennt. Sie versuchen dabei, die vergangene Woche wie einen Film vor Ihrem geistigen Auge abspielen zu lassen. Wo haben Sie sich gut gefühlt? Wo schlecht? Wie haben die Kollegen und der Chef auf Sie reagiert? War irgendwo ein Glücksgefühl oder gab es auch negative Empfindungen? Hier geht es nicht um die wertende Bilanz, sondern einzig und allein um das Zurückholen der Gefühle, um das Nochmal-Erleben.

Wenn Sie dabei ehrlich sind, wird es auch den einen oder anderen Misston in dieser Gefühlssinfonie geben. Denn niemand ist perfekt, niemand ist stets von Erfolg gekrönt.

Nun konzentrieren Sie sich ganz auf diese Misstöne. Und während die Kerze noch brennt, ballen Sie all diese Missstände bildlich zu einem Knäuel zusammen, bilden eine Faust. Sie waschen nun Ihre Hände in einer bereitgestellten Schüssel mit Salzwasser und waschen all die Misstöne von sich ab. Während dieses Vorgangs nehmen Sie sich fest vor, dass Sie etwas nicht mehr erleben oder zulassen möchten, dass dieses Stück Vergangenheit es nicht wert ist, eine Wiederholung zu erfahren. Und dass in der nächsten Woche alles besser wird.

Nachdem Ihre Hände getrocknet sind, reiben Sie sie mit einer geringen Dosis *Good-Luck-Öl* ein. Jetzt erst löschen Sie die Kerze (niemals ausblasen, immer die Flamme ersticken!) und nehmen Ihren Glücksbeutel mit dem Erfolgssiegel wieder an sich. Das Siegel ist neu aufgeladen und wird Ihnen Kraft geben.

Doch es kann der Braveste nicht in Frieden leben, wenn es dem bösen Nachbarn nicht gefällt: Mehr über Konkurrenten, Neider, Fallensteller und Mobber im nächsten Kapitel.

6
••••

Konkurrenten, Neider
und Fallensteller

Es gehört zum Wesen des Kampfs um das liebe Geld, dass dieser Kampf nicht einsam und allein ausgetragen werden kann, sondern stets im Verbund und in der direkten Konkurrenz mit anderen passiert. Denn alle brauchen und wollen Arbeit und Lohn: alle kämpfen also gleichzeitig. Das trifft auch für Selbständige in einem Einmannbetrieb zu. Denn es gibt viele Einmannbetriebe, die sich um Ansehen und Aufträge rangeln müssen, die also auch im direkten Konkurrenzverband mit anderen stehen.

Am deutlichsten wird die Konkurrenz sichtbar und spürbar im direkten Vergleich. Das heißt in der Welt der Selbständigen, dass es ähnlich aufgebaute Firmen in direkter Nähe zueinander gibt, die zumindest dasselbe anbieten. Zwei konkurrierende Bäckereien in einem kleinen Dorf sorgen für das Wohl der Kunden, denn sie werden sich stets bemühen, den Vergleich mit dem Konkurrenten auszuhalten und aus diesem Vergleich als Sieger hervorzugehen. Sonderangebote, freundlichere Behandlung, allgemein bessere Leistung und vieles mehr fließen in diesen Kampf mit ein – der Kunde freut sich. Hat er doch nun die Auswahl und fühlt sich noch dazu umworben.

151

»Konkurrenz belebt das Geschäft«, sagt der Volksmund; und an dieser Binsenweisheit ist zweifellos auch etwas dran. Ob diese Belebung allerdings auch immer eine angenehme Belebung oder gar eine Bereicherung ist, das sei dahin gestellt. Der Kunde profitiert; doch der Geschäftsinhaber spürt den Druck des Mitbewerbers.

Freilich kann man auch diesen Druck positiv deuten. Denn es ist ein Druck, der letztlich die Qualität des eigenen Produktes und den Service qualitativ anheben wird. Der Spruch von der »Belebung« des Geschäftes hat aus der Sicht des selbständigen Unternehmers daher sicher auch etwas Ironisches mit Galgenhumorelementen, strahlt auch ein bisschen »Machen wir das Beste aus der Situation« aus.

Denn selbstverständlich bevorzugt jeder Unternehmer, ob nun klein oder groß, die Monopolsituation, in der er nicht täglich dem Vergleich mit der Konkurrenz standhalten muss. Ein typisches Macho-Verhalten übrigens, das wohl ganz tief in der männlichen Seele zu sitzen scheint. Nicht wenige Männer haben Angst vor dem direkten Vergleich im Bett, wünschen sich daher eine Jungfrau für den Ehebund. Parallelen zur Geschäftswelt sind wahrlich kein Zufall.

Innerhalb einer Firma wird die Konkurrenzsituation noch deutlicher. Denn hier sieht man den direkten Konkurrenten fast jeden Tag. Sei es nun im selben Stockwerk oder im selben Büro, oder aber auch nur in der Kantine. Er ist da; und er will besser sein als Sie, will mehr Geld verdienen, mehr Ansehen und Macht einheimsen, spekuliert vielleicht sogar auf Ihren Posten. Seine ständige Präsenz macht Ihren Arbeitsalltag wirklich nicht unbedingt leichter.

Und wenn dieser Konkurrent vielleicht sogar negative Energien in sich trägt und keine Skrupel hat, Ihnen auch mit unlauteren Mitteln schaden zu wollen, wird er nicht nur zum Neider, sondern unter Umständen auch zum Fallensteller. Er wird Sie in Situationen bringen, in denen Sie sich unerwartet bewähren müssen oder in denen Sie einfach in fachlicher oder auch menschlicher Hinsicht ziemlich peinlich aus der Wäsche gucken werden. All das tut er, um Ihr Ansehen ins Wanken zu bringen. Vielleicht tut er es auch deshalb, um Sie ganz aus dem Feld zu räumen, weil er Interesse an Ihrem Arbeitsplatz hat.

Es gibt aber auch noch jede Menge anderer Konkurrenten, und zwar unsichtbare. Sie sind Ihnen unbekannt; und sie kennen Sie auch nicht. Aber sie sind da. Und zwar im »Heer der Arbeitslosen«. Wann immer Sie sich grobe Schnitzer erlauben oder anderweitig unangenehm aus dem Rahmen fallen, ist es für den Firmeninhaber ein Leichtes, Sie gegen jemand anderen auszutauschen. Gegen irgendjemanden, der nur auf seine Chance wartet.

Rechnen Sie in dieser Hinsicht nie mit dem Verantwortungsgefühl oder dem Skrupel eines Arbeitgebers Ihnen gegenüber. Es gehört zum »Spiel«, dass die Macht immer nur das tut, was ihr nutzt, sie also noch mächtiger macht. Kein Wunder, dass sich heutzutage kaum einer mehr traut, sich krank zu melden, wenn es ihm nicht gut geht. Die Angst um den Arbeitsplatz geht vor. Daher liegt es im Interesse der Arbeitgeber, dass das Heer der Arbeitslosen eine gewisse Größe hat. So lassen sich nicht nur die besten und motiviertesten Kräfte rekrutieren, sondern auch Löhne und Gehälter niedrig halten. Wir erleben bei jeder neuen Tarifrunde, dass die Unternehmer in großes Gejammer ausbrechen und ihre angeblich ach so desolate finanzielle Situation ins Spiel bringen. Und wenn das nichts nutzt, wenn die Gewerkschaften dennoch auf ihren Forderungen beharren, winkt man – mal direkt, mal indirekt – mit der Peitsche des Personalabbaus. Und schon herrscht wieder Disziplin.

Dass in dieser Lage Konkurrenten, Neider und Fallensteller wie Pilze aus dem Boden schießen, ist daher nur natürlich. Wo viel Sumpf ist, gedeihen Sumpfpflanzen besonders gut.

Wie ich sie erkenne, bevor sie Schaden anrichten

Egal, ob Sie selbständig tätig sind oder angestellt, es ist von besonderer Wichtigkeit, dass Sie Konkurrenten, Neider und Fallensteller möglichst früh erkennen. Und zwar so früh, dass sie Ihnen noch nicht geschadet haben.

Nun tragen diese unliebsamen Zeitgenossen ja kein Symbol auf der Stirn, das sie sofort kenntlich macht. Sie tragen auch keine spezielle Uniform und sprechen auch nicht einen besonderen Dialekt, der sie entlarven könnte. Wer sie dennoch erkennen will, muss sich also an anderen Punkten orientieren.

Unternehmer tun sich da relativ leicht. Jedes gleich geartete Unternehmen ist ein potenzieller Konkurrent. Die Macher und Mitarbeiter dieses Konkurrenzunternehmens sind also mit äußerster Vorsicht zu genießen. Nicht alles, was sie Ihnen sagen, muss auch der Wahrheit entsprechen.

Es wird immer moderner, sich möglichst tolerant und kollegial zu geben. Man geht zusammen auf ein Bier, lacht zusammen und erhält so ganz nebenbei im Laufe des Gesprächs wichtige Informationen. Informationen, die sich für den Informanten als Bumerang entwickeln lassen.

Dieses Verfahren ist auch und besonders innerhalb von Firmen gang und gäbe. Man geht zusammen in die Kantine, in die Kneipe, zum Tennisspielen – und will in Wahrheit den anderen nur aushorchen. Wann immer also innerhalb einer Firma jemand besonders freundlich um Sie bemüht ist, der Ihnen von der Position her gleichgestellt oder *fast* gleichgestellt ist, müssen Sie aufmerksam werden. Das ist traurig, aber wahr.

Noch aufmerksamer müssen Sie reagieren, wenn Ihnen ein Kollege Negatives über Dritte, über weitere Kollegen erzählt. Ein Mensch, der so etwas macht, wird 5 Minuten später auch über Sie lästern, zumindest verbal. Als Grundregel innerhalb einer Firma gilt: Wenn du nichts Gutes über einen Kollegen sagen kannst, dann sage lieber gar nichts. Auch dann nicht, wenn Sie direkt darauf angesprochen und um Ihre Meinung gefragt werden. Antworten wie »Dazu möchte ich nichts sagen« oder »Dazu kann ich nun wirklich nichts beitragen« sind inzwischen genau so salonfähig wie ein abrupter Themenwechsel innerhalb des Gesprächs mit dem Intriganten.

Noch schlimmer als der Intrigant ist der Fallensteller. Sie erkennen ihn daran, dass er Ihnen in aller Freundlichkeit einen ungewöhnlichen Schritt, eine ungewöhnliche Verfahrensweise bei einer bestimmten Aktion vorschlagen wird, für die Sie letztlich die Verantwortung tragen sollen. Er wird Ihnen die Aktion so schmackhaft wie möglich machen, wird Ihnen einen Profilgewinn in Aussicht stellen und vieles mehr. Doch meist schon bei der Frage »Ja, klingt spannend, aber warum machen Sie es dann nicht selbst?« kommt etwas Diffuses als Antwort, das sich nicht definieren lässt, ein Wortschwall von Konjunktiven und leeren Satzhülsen.

Das Schlimmste dabei ist: Das alles sind *Kann*-, aber deswegen noch lange keine *Muss*-Regeln, wenn es um die Erkennung von linken Fingern geht. Vielleicht will der Betreffende *wirklich* nur auf ein Bierchen mit Ihnen gehen. Und vielleicht hat er *wirklich* eine seriöse Aktion in petto, die nur Sie und niemand anders umsetzen kann. Sie wissen es nicht. Daher sind Sie ein weiteres Mal auf Ihre innere Stimme angewiesen. Entscheiden Sie aus dem Bauch heraus. Etwas anderes bleibt Ihnen nämlich nicht übrig.

Wie reagiere ich auf Neider und Fallensteller?

So können typische Aktionen von Konkurrenten, Neidern und auch Fallenstellern ausschauen, zumindest im Ansatz. Wirklich erkannt haben Sie diese unangenehmen Mitmenschen aber erst, wenn Ihnen durch deren Aktionen tatsächlich eine Beschädigung widerfahren ist. Eine Beschädigung Ihres Ansehens, Ihrer Position oder auch Ihrer Haltung als Kollege und vielleicht sogar »als Mensch«.

Was auch immer passiert ist, dieser letzte Punkt, dass Sie »als Mensch« beschädigt werden – dieser letzte Punkt sollte möglichst nicht eintreten.

Womit eigentlich auch schon die Frage in der Überschrift dieses Kapitels beantwortet ist. Was immer Ihnen durch den Neid oder die Kampfeswut eines unbedachten Kollegen oder Mitbewerbers widerfahren ist, Sie dürfen niemals Ihre Position verlassen und sich aus der Reserve locken lassen. Denn damit vergrößern Sie den bereits entstandenen Schaden noch mehr.

Das erste Gebot heißt also: Ruhig bleiben, die Schadenssituation analysieren, sich dabei vielleicht mit jemandem besprechen, auf keinen Fall sofort reagieren, mindestens 3 Nächte darüber schlafen.

Erst jetzt, nach diesen 3 Nächten, die Sie vielleicht mit einem Beruhigungsbad und einem kleinen Kerzenritual einleiten, begleitet von einer Salbung der Schläfen mit Success-Öl, überlegen Sie sich Gegenmaßnahmen.

Diese eventuellen Gegenmaßnahmen dürfen nie so aussehen, dass Sie beschließen, Gleiches mit Gleichem zu vergelten. Dumme Racheschwüre wie »Na warte, das zahle ich dir heim« sind albern und schädlich. Nicht nur, wenn sie ausgesprochen werden, sondern auch schon in der Denkphase. Also abhaken, einfach abhaken und vergessen.

Der Fallensteller und Intrigant ist mit einem deutlichen und unter vier Augen ausgesprochenen »Du hast mich als Kollege und Mensch sehr enttäuscht und verletzt« mehr bestraft als auf andere Art und Weise. Vielleicht kann bei Ihrem Gegenüber durch diese Aussage sogar ein Umdenkprozess eingeleitet werden, aber verlassen Sie sich nicht darauf.

Der entstandene Schaden muss repariert werden. Sie müssen also mit allen Kollegen und Mitmenschen, die mit Ihnen in die Falle getappt sind, das klärende Gespräch suchen. Dabei vermeiden Sie es bitte, zur Petze zu werden. Sie dürfen sich also keinesfalls darauf hinausreden, dass eigentlich ein anderer verantwortlich für das Dilemma ist. Schützen Sie Ihren Feind, jawohl. Das wird ihn beschämen. Und ihn vielleicht sogar, wenn er Format hat, unter Umständen sogar zum Freund machen.

Diese Grundregel gilt besonders auch im Gespräch mit einem Vorgesetzten, dem Sie vielleicht eine Erklärung schulden. Der König liebt den Verrat, aber er hasst den Verräter. Also sparen Sie sich das Abwälzen der Schwierigkeiten auf einen Dritten, auch wenn Sie noch so viel berechtigte Wut empfinden.

Nur wenn es gar nicht anders geht, erzählen Sie Ihrem Vorgesetzten den genauen Ablauf der Dinge. Betonen Sie dabei, dass der Kollege zwar diese und jene Rolle dabei gespielt haben mag, dass Sie aber dennoch die volle Verantwortung übernehmen. Schließlich haben Sie ja auch selbst-

und eigenverantwortlich gehandelt, es hat Sie niemand gezwungen.

Das Phänomen Mobbing

Seit längerem gibt es eine ganz seltsame und eine ganz gefährliche Spielart des Konkurrenzkampfes innerhalb von Firmen, die in meinen Augen schon kriminell ist, sie grenzt nämlich an Psychoterror und ist oft genug noch viel grausamer und vor allem wirksamer als dieser. »Mobbing« heißt, den aus welchen Gründen auch immer in die Schusslinie geratenen Kollegen auszugrenzen, und zwar in jeder Form. Es wird nicht mehr gegrüßt, es wird nicht mehr informiert, es wird nicht mehr beruflich kommuniziert, menschlich schon überhaupt nicht, und es wird alles getan, um den bewussten Kollegen zu vergraulen.

Das wirklich dramatische Moment beim Mobbing ist, dass das betroffene Opfer nicht nur von einer einzigen Person attackiert wird, sondern von einem ganzen Verbund so genannter Kollegen, die sich gegen einen Dritten verschworen haben. Im Verbund ist man immer stärker. Auch im Verbund der Gemeinheiten.

Und diese Gemeinheiten können wirklich tiefe Wunden zufügen. Kein Gruß, kein Austausch, keine Information, kein Gar nichts, nicht mal die Akzeptanz der Tatsache, dass der Betreffende überhaupt existiert. Das ist die eine Variante.

Die andere wird noch gemeiner, und zwar aktiv: ständiges Lästern, ständiges Nörgeln, ständiges Kritisieren wegen nichts und wieder nichts, ständiges Ausdrücken der Nichtachtung. Da kann das arme Opfer noch so sehr strampeln, sich noch so um Beliebtheit bemühen – nichts geht mehr.

Irgendwann und irgendwie hat ein für das Opfer unsichtbares Team beschlossen, dass hier jemand fehl am Platze ist und rausgeekelt werden muss. Der Betroffene fühlt sich gehetzt wie ein Stück Wild, kann nicht mehr schlafen, nicht mehr essen, kann auch nicht mehr richtig arbeiten, macht Fehler am Arbeitsplatz.

Ich habe etliche Mobbingopfer in meiner Beratungspraxis. Ein Großteil davon hat mit Depressionen zu kämpfen, ist kurz davor, freiwillig das Feld zu räumen und den nach langer Arbeitslosigkeit ergatterten Job wieder hinzuschmeißen, weil der Mobbing-Druck zu groß geworden ist. Andere nehmen die Sache so ernst und sind so verzweifelt, dass sie sogar an Selbstmord denken. Immer wieder lesen wir derartige Berichte. Mobbing-Opfer sind in Selbstmordgedanken gehetzte arme Seelen.

Wann immer ich individuell nachfrage, was die Ursache des Mobbing-Drucks sein könnte, ernte ich als Antwort stets nur ein Schulterzucken, oft genug unter Tränen. Das Opfer weiß nicht, warum es das Opfer ist. Es ist sich keiner Schuld bewusst. Und das macht die Angelegenheit doppelt dramatisch.

Das Phänomen Mobbing gehört, und damit muss ich mich als Hexe leider abfinden, in eine Zeit, in der meine Kunst nur am Rande greifen kann. Natürlich gibt es Beruhigungsbäder und Rituale, die das Selbstbewusstsein aufmöbeln können, jede Menge. Aber ich muss leider gestehen, dass ich damit in Mobbing-Fällen noch keine nennenswerten Erfolge verzeichnen kann.

Die Gründe liegen auf der Hand: Der oder die »Mobber« sind unbekannte Feinde, man kennt sie nicht, man kann sie nicht riechen, man kann sie daher nicht im Rahmen meiner Möglichkeiten gezielt bekämpfen, man kann nicht mal mit ihnen kommunizieren. Unheimliche Team-Kräfte werden wach. Und sie hängen allesamt mit dem Dämon Geld zusammen. Mit einer der mächtigsten Dämonen dieser Welt. Weil der Dämon Geld Händchen haltend mit dem Dämon der Macht spazieren geht.

Natürlich liegt jetzt die Versuchung nah, Böses mit Bösem zu vergelten. So und nicht anders ist nämlich die verdammte Logik unserer Konsumgesellschaft. Wie du mir, so ich dir. Ich werde gemobbt, als mobbe ich zurück. Ich werde in eine Falle gelockt, also locke ich in eine noch tiefere Falle zurück. Und ich werde verdammt nochmal verletzt – also verletze ich zurück. Klingt mehr als logisch, nicht wahr?

»Mama Sandra«, kommen dann also meine Freunde aus Afrika zu mir, »Mama Sandra, wir wissen genau, dass du die schwarze Magie kennst. Also schick meinen bösen Arbeitskollegen und meinem bösen Chef eine Krankheit, damit sie zum Nachdenken kommen.«

Meine deutschen Freunde und Kunden sind da ein bisschen subtiler. Sie wissen, dass ich eine *weiße* Hexe bin. Ganz hintenrum, wenn die eigentliche Beratung schon vorbei ist, kommen sie mir mit Fragen wie »Da kann man doch ein bisschen schwarzmagisch Einfluss nehmen, oder nicht?« und mit Andeutungen wie »Dem gehört doch mal richtig ein Hammer auf den Kopf gehauen oder so«. Sie erwarten dann meine Zustimmung, um sich besser fühlen zu können, um so etwas wie eine Allianz oder Verbindung zu empfinden. Doch die kann ich nicht bieten. Tut mir Leid, falsche Adresse.

Warum nicht? Weil ich es besser weiß.

Auch bei noch so bösen Konkurrenten:
Keine schwarze Magie!

Beim Thema »schwarze Magie« habe ich es immer mit altüberlieferten und albernen Vorstellungen zu tun, die mit dem Begriff »Hexe« Hand in Hand gehen. Natürlich gibt es die schwarze Magie, ich habe ausführlich in meinem Buch *Weiße Magie, Schwarze Magie, Satanismus* (Goldmann Verlag) darüber referiert. Ich habe in dem Buch auf die Möglichkeiten dieser schwarzen Magie hingewiesen, aber auch mehr und besonders darauf, dass ich nicht mehr bereit bin, mein diesbezügliches Wissen weiterzugeben.

Die schwarze Magie hat schon sehr viel Unglück über die Menschheit gebracht. Brauchen wir wirklich noch mehr Unheil, in dem Sie, lieber Leser oder liebe Leserin, sich auch noch an diesem Potenzial von Unglück beteiligen?

Und das würden Sie zweifellos tun, wenn Sie mit schwarzmagischen Mitteln gegen einen unliebsamen Kollegen oder einen bösen Chef vorgingen. Muss das sein?

Ich will nicht lügen. Es gibt tatsächlich Rezepte und Rituale, mit denen Sie jemandem Unheil bereiten können. Ich werde sie Ihnen dennoch nicht verraten.

Die Gründe liegen auf der Hand. Wer Böses aussendet, der wird wie gesagt auch Böses ernten. Und wer von dem Gefühl der Rache geleitet ist, wird mit der doppelt dosierten Negativmasse seine Antwort erfahren.

Wir dürfen auch nicht vergessen, dass schwarzmagische Rituale und Riten, wenn sie nicht punktgenau nach Anleitung ausgeführt werden, als Bumerang auf andere zurückkommen. Die Fehlerquote ist sehr hoch; gerade bei der Ausübung von schwarzmagischen Aktionen passieren die meisten Fehler. Einfach deshalb, weil die wütenden Elemente den Geist vernebeln, weil sie zum Schlendern und Schludern verleiten.

Es gibt also nicht den geringsten Grund, sich mit schwarzer Magie zu beschäftigen. Nicht nur, weil die Gefahrenquelle laut sprudelt, sondern auch aus egoistischen Gründen. Aus Gründen des Selbstschutzes.

Sie wissen vielleicht aus meinen früheren Büchern, dass ich ein Fan des Magiers Crowley bin. Ausgerechnet eines Magiers, der vor nichts und niemandem Angst hatte, der schwarz, grau und weiß experimentierte, wild durcheinander, der mit seinen schwarzen Experimenten die Welt geschockt hat. Sein Jugendwerk ist ein Skandal, darüber brauchen wir nicht zu diskutieren. Doch die Gesamtleistung seines Wirkens und besonders seine definitive Hinwendung zur weißen Magie haben uns gezeigt, dass man nicht gleich jeden kleinen Gegner mit Kanonen beschießen muss. Es geht auch einfacher. Und ohne moralische Bedenken. Gleich mehr.

Weiße Hexenrezepte gegen Konkurrenten

Natürlich bin ich mir im Klaren darüber, dass wir uns im Folgenden auf dünnem Eis bewegen. Denn wann immer man einen Versuch unternimmt, etwas *gegen* eine bestimmte Person aktiv werden zu lassen, geraten wir zwangsläufig in den Bereich der Manipulation und damit auch in den Bereich der schwarzen Magie. Wir wissen aber, dass wir uns aus verschiedensten Gründen nicht mit schwarzer Magie beschäftigen wollen, und achten also nun darauf, dass mit allen Unternehmungen, die wir tätigen, nichts Böses angerichtet werden kann.

Doch allein die Tatsache, dass wir manipulieren, bringt uns automatisch in Grenzbereiche, also zumindest auf das

Gebiet der so genannten grauen Magie. Aber das geschieht im Prinzip ja auch schon, wenn wir uns im Stadium der Verliebtheit einparfümieren, um jemanden zu betören. Wir dürfen die Grenzen der Definition also nicht zu eng ziehen; und wir müssen stets auf das Ziel achten. Denn einzig und allein das angestrebte Ziel ist von Bedeutung.

Es darf also nie unter dem Strich herauskommen, dass sich der Konkurrent, Neider oder Fallensteller auf einmal schlecht fühlt im körperlichen oder seelischen Sinn, dass er vielleicht sogar gezwungen wird, all das Negative, was er ausgesendet hat, selbst verarbeiten und erleiden zu müssen. Vielmehr sollte es im Sinne der weißen Magie stets unser Bestreben sein, alles Negative zu eliminieren und aufzulösen, im besten Fall sogar umzuwandeln in Positives.

Hier kann wieder die Voodookunst aus New Orleans helfen. Freilich gibt es gerade im Voodoo auch Bereiche, in denen es richtig zur Sache geht, in denen mit harten Bandagen gekämpft wird. Wir alle kennen die Geschichten von Nadeln und Püppchen; wir alle haben oft genug gelesen von Beispielen, in denen sich ein Voodoo-Opfer so elend gefühlt hat, dass es keinen anderen Ausweg mehr gefunden hat, als von der Bildfläche zu verschwinden, im schlimmsten Fall für immer und ewig.

Auch wenn Sie noch so wütend sind – denken Sie nicht mal im Traum an solche Möglichkeiten. Die Gründe habe ich hinreichend erläutert.

Deshalb passieren hier alle »Manipulationen«, oder sagen wir besser Beeinflussungen, auf indirektem Weg, damit ja nichts schief gehen kann.

Kennen Sie schon das Prinzip *Wunschbuch*? Ein Wunschbuch ist erst mal nichts anderes als ein Buch, in das man kurz und knapp seine Wünsche einträgt. Ähnlich wie beim Tagebuch profitieren wir auch hier von dem Effekt, dass wir zunächst einmal innerlich in der Lage sind, den Wunsch oder das Anliegen seelisch loszulassen. Wir tragen es in das Wunschbuch ein und haben damit einen Abstand zwischen uns und dem Problem oder dem Wunsch geschaffen. In unserem konkreten Fall könnte der Wunsch also folgendermaßen aussehen: »Ich möchte, dass die Probleme mit meinem Kollegen/mit meinem Chef friedlich und zu aller Zufriedenheit bereinigt werden.«

Es gibt ein sehr schön aufgemachtes *Wunscherfüllungsbuch* vom Ewert-Verlag (D-49762 Lathen, ISBN 3-89478-900-X). Die Autorencrew besteht aus einem Freundeskreis, der sich nur mit Vornamen vorstellt (Herbert, Sonja, Georg und andere), aber das tut nichts zur Sache. Es ist ein klassisches Wunschbuch, in das man einträgt, was man sich vom Schicksal erhofft.

Natürlich kommt es auch hier wieder darauf an, wie sehr man bei der Sache ist, wie man das ganze Unterfangen angeht. Im Vorbeigehen einfach mal »Lottogewinn, Traumfrau, Gesundheit, Porsche« oder ähnlich unrealistischen Unsinn reinkritzeln, das geht nicht und wird auch nie funktionieren. Nehmen Sie sich pro Tag nie mehr als einen Wunsch vor, den Sie dann in einem kleinen Ritual, unterstützt vom Abbrennen einer Kerze oder einer kleinen Räucherung, eintragen. Und lassen Sie, nachdem Sie sich beim Niederschreiben voll konzentriert haben, dem Schicksal seinen Lauf und versuchen Sie, nicht mehr an Ihren Wunsch zu denken. Zumindest zeitweise nicht.

Ein realistischer Wunsch wie »Ich möchte, dass mein beruflicher Widersacher einsieht, dass er mir Unrecht tut, und ich möchte, dass er aufhört, schlecht über mich zu reden« ist innerhalb der Umschlagdeckel eines solchen Buches gut aufgehoben. Diese Ungewissheit gibt Ihnen eine bestimmte Ausstrahlung, die sich bald auf andere übertragen wird. Auch auf Personen, die Ihnen zunächst nicht wohl gesinnt sind.

Die Verfasser des oben erwähnten *Wunscherfüllungsbuchs* haben anscheinend beste Erfahrungen mit diesem Prinzip gemacht, denn sie schreiben: »Du brauchst nicht glauben. Vielleicht sagst du dir, dass dies alles nur funktionieren wird, wenn du daran glaubst. Vergiss es. Ob du daran glaubst oder nicht, ist ohne Bedeutung. Es wird trotzdem geschehen. Deine Wünsche werden in Erfüllung gehen.« So viel Selbstsicherheit beeindruckt.

Ähnlich wie mit dem Wunschbuch funktioniert das System *Sorgenpüppchen*, nur dass es hier nicht um positiv ausformulierte Wünsche geht, sondern um real vorhandene Sorgen, die ausformuliert werden müssen, also zum Beispiel um Sorgen am Arbeitsplatz mit dem Kollegen XY oder mit dem Chef. Sorgenpüppchen gibt es meist in einer kleinen Schachtel zu je 6 Stück. Wenn Sie ein bestimmtes Problem haben, öffnen Sie diese Schachtel und suchen Sie ganz spontan eines dieser Püppchen heraus, das Sie nun zu Ihrem Ansprechpartner machen für dieses spezielle Problem. Erzählen Sie frei von der Leber weg, laden Sie alle Sorgen ab. Und formulieren Sie zum Schluss einen positiven und auch positiv ausformulierten Wunsch auf ein Stück Papier, in das sie dann die kleine Puppe einwickeln und zurück in die Schachtel legen. Sie können statt der Schachtel auch einen Strumpf nehmen; Sie wissen ja, dass Strümpfe in vielen Kulturen die klassischen Behälter für Wünsche sind – und das nicht nur zu Weihnachten.

Freilich klingt das nun alles ein bisschen verspielt und auch teilweise kindlich, doch es funktioniert. Durch das Loslassen des Problems können Sie nämlich wieder neue Kräfte schöpfen und Ihren Widersachern frisch gestärkt gegenübertreten.

Tipps für den Umgang mit Konkurrenten

Auch jenseits aller magischen Anwendungen gibt es ein paar Verhaltensregeln im zwischenmenschlichen Bereich, die Ihnen bewusst sein sollten. Eigentlich sind sie ja schon alle hinlänglich bekannt. Doch in Momenten, in denen man die böse Absicht eines Kollegen oder selbständigen Konkurrenten erfahren muss oder auch nur spürt und fühlt, in solchen Momenten ist man nicht mehr ganz Herr seiner Sinne. Zu viele negative Einflüsse werden aktiv, Einflüsse von Trauer über Beleidigtsein bis hin zur blanken Wut, also macht es Sinn, sich diese Tipps für den Umgang mit geouteten oder noch nicht geouteten Konkurrenten nochmal vor Augen zu führen.

Wer dabei einen relativ leichten Weg gehen will, der meidet einfach konsequent den Kontakt mit dem Neider und Konkurrenten. Das Dumme dabei: Dies ist nicht immer möglich. Wenn Sie einen kleinen Laden in Ihrem Heimatort betreiben und der Konkurrent einen gleich gearteten, so müssen Sie dessen Präsenz akzeptieren und immer wieder erfahren. Sei es durch üble Nachrede; durch seltsames Kundenverhalten oder wie auch immer. Es macht also wenig Sinn, einfach so zu tun, als sei der andere nicht existent.

Auch innerhalb einer Firma ist es nicht immer möglich, sich konsequent aus dem Weg zu gehen. Es wird immer wieder Bereiche geben, in denen sich Ihr Feld und das Feld des Konkurrenten überschneiden. Was sogar wahrscheinlich ist, denn sonst wäre er ja kein richtiger Konkurrent. Zumindest keiner, den man ernst nehmen muss.

Also stellen Sie sich dem Feind und der Situation. Das dürfen Sie allerdings nur, wenn Sie innerlich absolut ruhig und gelassen sind, wenn Sie sich nicht durch aktuelle Ereignisse, über die Sie sich geärgert haben, beeinflussen lassen.

Versuchen Sie es in einem freundlichen Gespräch. Dazu gibt es Einleitungen wie »Ich habe das Gefühl, wir zwei sollten uns mal zusammensetzen«, »Haben wir ein Problem miteinander?« oder »In letzter Zeit ist einiges schief gelaufen zwischen uns, wollen wir das nicht wieder hinkriegen?«, und so weiter und so fort.

Natürlich wird Ihr Gegenüber überrascht und vielleicht auch peinlich berührt sein von Ihrem Vorgehen, sich vielleicht sogar innerlich und äußerlich Ihnen gegenüber sperren, aber dann müssen Sie halt mit sanftem Druck insistieren und immer wieder nachhaken, auch konkrete Beispiele nennen, warum Sie das Gefühl haben, dass hier und jetzt etwas bereinigt werden muss. Nur in den seltensten Fällen kann der ertappte Gegenspieler cool bleiben und seine Verweigerung aufrechterhalten.

Wenn nun das Gespräch zustande kommt, vermeiden Sie es unbedingt, mit Vorwürfen zu arbeiten. Sie drängen nämlich sonst Ihr Gegenüber in eine Verteidigungsposition, provozieren Ausreden und sogar Lügen. Womit keinem geholfen und der Wahrheit schon gar nicht gedient ist.

Sie müssen als Verfechter der Ehrlichkeit bei dem Gespräch mit einem Konkurrenten auch bereit sein, aus der Deckung zu gehen, also Ross und Reiter nennen. »Man hat mir gesagt, dass Sie mich schlecht machen«, genügt nicht, Sie müssen ganz genau definieren, wer was und wann gesagt hat. Vielleicht stellt sich ja heraus, dass alles nur ein dummer Irrtum ist. Oder das Ihr eigentlicher Gegenspieler der Überbringer der dubiosen Nachricht ist und nicht Ihr Gesprächspartner. Auch das kommt häufiger vor, als man denkt.

Also die Karten auf den Tisch legen.

Der Sinn eines solchen Gesprächs muss es sein, dass Missverständnisse ausgeräumt werden und dass man einen gemeinsamen Lösungsvorschlag findet, der sich in die Zukunft richtet. Wann immer Ihr Partner ins Schleudern gerät, sich mit Ausreden und Schuldzuweisungen in Richtung Dritter zu retten versucht, haken Sie freundlich, aber bestimmt nach. Ein sicher und fest ausgesprochenes »Tut mir Leid, das kann ich jetzt nicht glauben« ist tausend Mal mehr wert, als mit einem komischen Gefühl aus der Diskussion herauszugehen.

Oft genug werden auch Behauptungen fallen, die sich ohne weiteres überprüfen lassen. »Also Sie meinen, es war der Kollege Müller, der das gesagt hat, und nicht Sie, also fragen wir ihn doch mal. Dagegen haben Sie doch sicher nichts, oder?« Je offener und je wahrhaftiger Sie vorgehen, umso sicherer sind Sie auf der Seite des Erfolges. Es gibt nämlich nichts Durchgreifenderes und Mächtigeres als die Wahrheit. Sie wird sich früher oder später immer herausstellen.

Wie in allen Auseinandersetzungen zwischenmenschlicher Art kann es auch und besonders beim Diskurs mit einem potenziellen Konkurrenten und Neider zu dem Punkt kommen, dass sich innerhalb der Aussprache nichts mehr bewegt. Dass man sich im Kreis dreht oder dass man das Gefühl bekommt, das Ganze hat ohnehin keinen Sinn, weil der andere nicht ehrlich ist.

Der größte Fehler wäre nun, sich nach diesem Vorstoß wieder sang- und klanglos zurückzuziehen. Denn Sie haben sich bereits viel zu weit aus der Deckung gewagt. Der andere weiß nämlich schon, was Sie von ihm halten oder welchen Verdacht Sie hegen. Damit ist er gewarnt und kann dies als Aufforderung begreifen, seine Intrigen gegen Sie in

Zukunft geschickter oder ganz anders zu gestalten. Sie müssen also am Ball bleiben, im Zweifelsfall ein zweites, drittes und viertes Gespräch suchen.

Erst wenn Sie merken, dass gar nichts mehr vorwärts geht, schalten Sie einen Moderator oder Vermittler ein. Am besten eine Person, von der Sie wissen, dass Ihr Gegner sie auch respektiert.

Als letzte, aber wirklich nur als allerletzte Lösung bietet sich der direkte Vorgesetzte an, also der Chef. Es ist sein Job, für innerbetrieblichen Frieden zu sorgen. Bevor Sie aber diesen Schritt unternehmen, sollten Sie ihn Ihrem Widersacher ankündigen. »Wir kommen nicht mehr weiter. Was halten Sie davon, wenn wir unseren Chef um Vermittlung bitten?« Wenn Sie auf diese Ankündigung verzichten, kann nämlich sehr schnell der Eindruck entstehen, dass Sie petzen möchten, den Chef und die damit verbundene Macht und Kompetenz für sich gewinnen wollen.

Daher dürfen Sie auch nie mit Ihrem Problem zum Chef gehen, bevor alle anderen Möglichkeiten nicht vollständig ausgeschöpft sind. Denn schließlich brauchen Sie kein Machtwort, das kurzfristig für Sie punktet, sondern Frieden am Arbeitsplatz.

Druck erzeugt immer Gegendruck; und ein Machtwort ist nichts anderes als Druck. Ihren Frieden haben Sie deswegen noch lange nicht, im Gegenteil. Denn nach einer kurzen Verschnaufpause legt der andere jetzt erst richtig los. Schließlich hat er ja das Gefühl, dass er Ihnen etwas heimzuzahlen hat. Und er wird gnadenlos aufrüsten, darauf können Sie sich verlassen.

Der schönste Erfolg im Umgang mit einem bösartigen Konkurrenten ist natürlich der, dass Sie ihn zum Freund machen. Doch das ist ein langer und steiniger Weg, und er bedarf mehr als einer oder zweier Aussprachen. Außerdem ist das Resultat, also die neue Freundschaft, nicht unbedingt vertrauenswürdig. Sie wissen ja inzwischen, zu was der andere imstande ist. Der Kampf ums Geld wird auf zahlreichen Ebenen geführt.

Höchst fatal, dass die meisten Menschen vergessen, wo der eigentliche Feind zu suchen und zu finden ist. Nämlich nicht im Kollegenkreis, sondern ganz oben, dort, wo die Macht schaltet und waltet. Trotzdem ist Solidarität heute vielerorts noch ein Fremdwort.

Hexenrezepte für mich selbst

Die kleinen und auch unschädlichen Manipulationen, mit denen wir, einen Fuß im Feld der graumagischen Kräfte, unseren Konkurrenten zu beeinflussen versuchen, sind immer nur eine Möglichkeit, den Konkurrenzkampf anzugehen.

Aber suchen wir bitte nicht immer nur bei unserem Nächsten, sondern vor allem bei uns selbst. Auch dann, wenn es darum geht, in einer direkten Auseinandersetzung bestehen zu müssen. Statt den anderen zu schwächen, liegt es also auf der Hand, uns selbst zu stärken. Was moralisch vertretbar und durchaus auch legitim ist.

Greifen wir also nochmal in die Kiste der weißmagischen Möglichkeiten, rüsten wir uns im Fall der Auseinandersetzung mit einem Neider, Konkurrenten oder auch Fallensteller mit allem, was die Hexenkunst zu bieten hat, so zum Beispiel mit Amuletten. Natürlich sind alle Amulette, die ich in diesem Buch bereits vorgestellt habe, auch in diesem Fall angebracht und wirksam. Trotzdem empfehle ich bevorzugt das *Siegel des Salomon*. Es gibt nicht nur Kraft, sondern ebenso Weisheit und den nötigen Überblick, was auch einen gewissen Abstand von der Bedrohung bedeutet. Dieses Siegel sieht so aus:

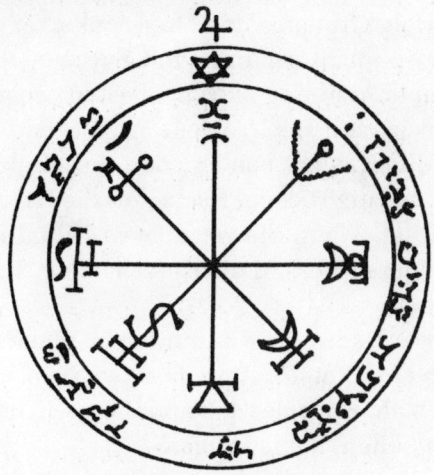

... und ist damit natürlich viel zu kompliziert, um es selbst nachzuzeichnen. Natürlich dürfen Sie es versuchen, das sollten Sie sogar, aber besser ist es, sich dieses Schmuckstück in einem Hexen- oder Magierladen zu kaufen. Es kostet nicht die Welt.

Ein gekauftes Siegel oder Amulett muss vor der Anwendung als Kraft- und Glücksspender immer eine Nacht lang in Salz liegen, das reinigt es. Danach laden Sie es auf – mit einem kleinen Gebet. Vielleicht so: »Weiser Salomon, König der Juden, bitte gib mir Kraft und Einsicht, mit dieser Konkurrenzsituation richtig umzugehen. Halte Schaden von mir fern und beschütze auch meinen Widersacher, mach ihn zu meinem Freund.« Sie tragen nun Salomons Siegel an einer Kette in Höhe des Herzens; niemand außer Ihnen selbst darf es berühren. Aber das wissen Sie ja schon.

Je aufwändiger die Einweihung dieses Siegels gestaltet wird, umso wirksamer kann es werden. Wer das Gebet mit einem kleinen *Kerzenritual* begleitet, kann sich über schnelle Erfolge freuen. Eine Magentakerze, von der Mitte aus nach oben und nach unten mit Success-Öl eingerieben, ist hier meiner Meinung nach am besten geeignet. Konzentrieren Sie sich auf Ihr Problem, wünschen Sie Ihrem Widersacher die Einsicht von Frieden und Kollegialität, und bleiben Sie so lange bei der Sache, bis die Kerze vollständig abgebrannt ist. Wenn Sie vor diesem Ritual noch den Namen des Widersachers in die Kerze ritzen, sind Sie auf der sicheren Seite.

Die direkte Bedrohung durch einen Widersacher ist oft genug auch eine Notsituation. Denken Sie also auch an das *Bad*, das ich am Ende des 4. Kapitels beschrieben habe – es wird Ihnen helfen, keine Frage.

Stärken Sie sich außerdem durch fein dosierte *Ölungen*, sowohl an den Händen als auch an den Schläfen, in der Mitte der Stirn und hinter den Ohren, wo die Haut besonders sensibel und aufnahmebereit ist. Nehmen Sie in diesem Fall Orangenöl, das Parfüm, das Geld magisch anzieht. Denn Ihr Widersacher wird Sie nun auf der starken Seite wähnen, das läuft ganz unterbewusst, und sich gesprächsbereiter zeigen.

Verstärken Sie diese Wirkung noch, indem Sie in Ihrer Wohnung, vielleicht auf einem adretten Teller, etliche *Orangenschalen* vor sich hin duften lassen. Diese Orangenschalen sollten spätestens nach 3 Tagen immer wieder gegen frische ausgetauscht werden, damit die Wirkung nicht nachlässt. Das duftet nicht nur sehr gut, sondern programmiert Sie ebenso auf Erfolg in Sachen Geldverdienen. Diese Ausstrahlung wird auch Ihrem Konkurrenten nicht verborgen bleiben können.

Ebenfalls sehr sinnvoll: *Better-Business-Öl,* eine fertige Mischung. Es ist vielseitig anwendbar: als sparsamer (!) Zusatz zum Ritualbad, als Bereicherung zum Putzwasser innerhalb der Wohnung, in Ihrem Büro oder in Ihren Geschäftsräumen, wenn Sie selbständig sind, aber auch als dezente Duftnote vor dem entscheidenden Gespräch mit dem Widersacher, also als Parfüm. Dermaßen gestärkt werden Sie auch Stärke ausstrahlen, was den Gesprächsverlauf in die richtige Richtung lenken wird.

Für mich ist sicher, dass Sie, wenn Sie meine Rezepte gewissenhaft befolgt haben, nicht nur unbeschädigt, sondern sogar als Sieger aus dem Kampf mit einem Widersacher hervorgehen. Ein Sieg ist ein Sieg. Womit aber noch lange nicht alle Probleme erledigt sind.

Der Sieg – wie gehe ich damit um?

Ja, wie sehen sie aus, die Sieger. Sie strahlen, sie leuchten, sie sind das Inbild von Glück und Seligkeit. Madonna gewinnt den hundertsten Grammy, der F.C. Bayern die zweihundertste Meisterschaft, der Schauspieler XY seinen dreihundertsten Oscar. Sie lachen, sie weinen vor Glück, sie sind die Superstars. Sie stehen auf dem Siegertreppchen, sie sind genau da, wo wir auch gerne wären. Und niemals hinkommen.

Doch wir Normalbürger haben unsere kleinen Siege. Der Hund ist endlich stubenrein, der Sohn bringt eine Eins in Mathe nach Hause, der gierige Handwerker hat endlich kapiert, dass er bei mir an der falschen Adresse ist mit seinen überzogenen Forderungen. Jubel, Trubel, Heiterkeit, ein Bad in Champagner?

Bei uns kleinen Würstchen läuft das alles etwas gemäßigter ab. Wir berichten von unserem klitzekleinen Minisieg stolz dem Partner, der gerade keine Zeit zum Zuhören hat. Und wir erzählen dem Kollegen im Büro, dass wir dem anderen Kollegen endlich mal gezeigt haben, wo der Hammer hängt.

Stopp! Halt! Genau das sollten wir nämlich *nicht* tun. Jeder gefeierte Sieg, gerade im Berufsleben – ob nun als Angestellter oder Selbständiger –, wird sofort eine Gegenreaktion heraufbeschwören. Weil der Widersacher auch feiern möchte. Und natürlich am liebsten auf Ihre Kosten. So was nennt man Revanche. Oder: »Wer zuletzt lacht, lacht am besten.« Wer also seinen Sieg zelebriert, muss sich früher oder später auf Gegenangriffe gefasst machen.

Arrogantes Gehabe gegenüber einem Kollegen, der trotz aller Angriffslust gerade gescheitert ist, vielleicht sogar deshalb, weil man den Chef zu einem Machtwort bewegen konnte, wird immer zu einem schwelenden Vulkan. Einem Vulkan, der irgendwann ausbrechen muss.

Der Umgang mit einem Sieg im Berufsleben setzt also Bescheidenheit und Zurückhaltung voraus, sogar Understatement. Ja, man muss Bescheidenheit üben. Was nicht immer leicht fällt. Aber umso verständlicher wird, je intensiver Sie sich in die Rolle des Verlierers hineinfühlen.

Die Niederlage – wie akzeptiere ich sie, ohne Schaden zu nehmen?

Gehen wir mal von folgender Situation aus: Sie haben einen Konkurrenten in der Firma, haben mehrmals vergeblich das klärende Gespräch mit ihm gesucht, empfinden seine Aktionen gegen Sie als unredlich, ja sogar als unmoralisch, haben die Nase voll von seinen Verleumdungen und Anschuldigungen, sind trotz aller Bemühungen nicht auf einen grünen Punkt gekommen und haben als letzte Instanz den Chef als Moderator und Vermittler eingeschaltet.

Und dieser Chef hat sich in der großen Aussprache zu dritt, im Final Countdown, auf die Seite Ihres Widersachers geschlagen. Ihr Konkurrent und Widersacher hat gewonnen; Sie sind der Depp vom Dienst. Was nun?

Der Stolz verlangt die sofortige Kündigung. So was darf nicht sein, sagt Ihr Inneres und bäumt sich geradezu auf dabei, so was kann nicht sein. Der Chef spinnt; der Widersacher hat ihn irgendwie auf seine Seite gezogen. Mit welchen Tricks auch immer. So muss es der Verlierer zumindest empfinden.

Der Sachzwang sagt, dass das neue Auto noch nicht abbezahlt ist, dass die Miete und die vierte Rate für den Superfernseher anstehen, dass die Kids ins Skilager wollen und dass man sowieso noch genug Schulden bei seiner Bank hat.

Also klein beigeben? Oder den Helden spielen? Oder tatsächlich der Held *sein*, ein kleiner Held des Alltags, ein Unterlegener mit Zivilcourage, der sich nicht alles gefallen lässt?

Als Erstes Ruhe bewahren. Als Zweites nochmal Ruhe bewahren und als Drittes erst mal drüber schlafen. Niemand ehrt Sie für einen großartigen und wütenden Abgang; nirgends stehen Kameras, und es gibt auch keinen Oscar als Hauptgewinn. Aber Sie stehen ja nun da wie ein begossener Pudel, und Sie müssen und wollen irgendetwas sagen, sonst bekommen Sie Probleme mit Ihrem Ego. Ich empfehle folgende Formel, die übrigens auch in anderen Arten von Auseinandersetzungen ihre Gültigkeit hat, nicht nur in solchen mit Kollegen oder Chefs: »Nun gut, ich nehme diese Aussage zur Kenntnis, aber ich bin damit nicht einverstanden. Ich werde darüber nachdenken.«

Was hier in diesem Fall direkt ein bisschen wie eine Drohung klingt, kann aber durchaus auch konstruktiv gemeint sein. Diese Antwort kann also auch beinhalten, dass Sie sich die Gegenargumente nochmal überlegen wollen und sie genau anschauen möchten; es könnte ja sein, dass der andere tatsächlich Recht hat. Andererseits kann sie aber auch heißen, dass Sie eine Verschnaufpause brauchen, um dann, besser gerüstet, zum Gegenzug starten zu können. Beides ist drin. Sie verlieren also weder Ihr Gesicht, noch zerdeppern Sie Geschirr, das dann nicht mehr zu reparieren ist.

Und nun machen Sie genau das, was Sie auch angekündigt haben: Überlegen Sie sich beide Seiten noch mal. Es kann nämlich wirklich sein, dass Sie Ihre Niederlage zu Recht eingefahren haben, oder nicht? Niemand ist unfehlbar; und wir alle haben uns schon mal verrannt. Auch das müssen Sie in Ihre Überlegungen mit einbeziehen. Und zwar gewissenhaft und ohne Selbstbetrug. Ein kleines *Beruhigungsritual* wird Ihnen dabei helfen, zum Beispiel eine Räucherung mit Hopfen und Baldrian, aber auch mit Lorbeer.

Der Kampf ums Geld findet in einer Arena statt, die blutgetränkt ist. Heute werden die Verwundeten zwar nicht mehr den wilden Tieren vorgeworfen, aber immerhin den Statistikern auf den Arbeits- und Sozialämtern. Überlegen Sie sich also genau, was Sie im Fall einer beruflichen Niederlage tun wollen.

Wenn Sie allein sind und wenn von Ihrer Entscheidung niemand anders abhängt als Sie allein, können Sie freier schalten und walten, wenn nur Sie die Folgen zu spüren bekommen. Geigen Sie dem Chef die Meinung, wenn es sein muss und wenn Sie das bohrende Gefühl haben, dass Sie anderenfalls nicht mehr in den Spiegel schauen könnten.

Wenn von Ihnen aber andere Personen finanziell abhängig sind, ein Partner, Eltern, Kinder, dann haben Sie moralisch nicht das Recht, auch über deren Wohl und Wehe mit zu entscheiden, ohne das vorher im Team besprochen zu haben. Sie wollen stolz sein, Zivilcourage zeigen, dem Chef oder dem Kollegen den Marsch blasen? Sie wollen dabei sogar eine Kündigung riskieren oder vielleicht sogar provozieren? Schön. Aber bitte nicht auf dem Rücken derer, die Ihr monatliches Gehalt dringend benötigen. So eine Entscheidung muss also in der Familie gründlich diskutiert werden. Und die Familie muss auch darüber informiert werden, wie es im Fall eines Arbeitsplatzverlustes dann für jeden Einzelnen aus dem Verbund weitergehen wird. Dass der Urlaub und das Skilager dann ausfallen müssen, dass es kein neues Auto gibt, dass man vielleicht sogar das Reihenhaus verliert – und so weiter und so fort. Das alles muss klar und deutlich auf den gemeinsamen Tisch. Floskeln wie »Du findest sicher sehr schnell wieder was Neues, wenn diese Aktion schief geht …« oder »Dann schränken wir uns halt ein bisschen ein …« sind leere Hülsen. Die heutigen Zeiten lassen den Verlust des Arbeitsplatzes oft zum Drama werden, darüber müssen sich alle Betroffenen klar sein.

Ein richtiger Held zeigt sich heute nicht im schnellen Entschluss und auch nicht im wütenden Reagieren; ein richtiger Held muss vor allem eines aufbringen: Durchhaltevermögen. Und auch die Fähigkeit zum Kompromiss. Eine Kompromissbereitschaft, zu der durchaus auch mal die Fähigkeit gehören muss, ein Stück weit klein beizugeben.

Und schon wieder sind wir an dem Punkt angelangt, der verdammt nach Binsenweisheiten riecht und der eigentlich eines Hexen-Ratgebers unwürdig ist. Wie schön wäre es doch, könnten wir die bösen beruflichen Widersacher, Intriganten und Fallensteller mit einem bösen Zauber belegen und sie in die Verdammnis der Verzweiflung schicken, nicht wahr? Haben Sie so etwas nicht schon des Öfteren gedacht?

Warum es ein Unding ist, an schwarze Magie überhaupt nur zu denken, habe ich bereits ausgeführt. Ich will nun, gerade im Augenblick der persönlichen Niederlage, noch ein weiteres Argument anführen, das gegen die schwarze Kunst spricht. Unser Kulturkreis baut auf jüdisch-christlichen Werten auf, auf Tugenden wie Vergeben und Verzeihen. Ich bin weit davon entfernt, diese Werte meinerseits nun neu zu beleuchten, unsere Kultur infrage zu stellen oder zu bestätigen, da ich meine eigene habe und lebe. Aber wir wissen von allen Übeltätern – und nichts anderes ist ein Anwender schwarzer Magie –, dass sie früher oder später von ihrem Gewissen eingeholt werden. Mag es im ersten Moment auch noch so befriedigend sein, den Widersacher ausgeschaltet und verletzt zu haben – irgendwann werden Sie ihm wieder begegnen, das Elend erkennen, das Sie ihm zugefügt haben (wenn alles mit der schwarzen Magie geklappt hat, geklappt haben *sollte!*), und große seelische Probleme bekommen. Auch wenn Sie sich das aufgrund Ihrer heutigen Geisteshaltung vielleicht nicht vorstellen können. Menschen ändern sich im Lauf der Jahre. Sie auch.

Am besten kommen Sie also aus einer Niederlage schadlos heraus, indem Sie Ihrem Gegner verzeihen. Und zwar nicht bloß pro forma, sondern aus tiefstem innerem Herzen. Der Betreffende braucht das ja gar nicht zu erfahren. Aber Sie werden sich besser fühlen.

Ein *Kerzenritual* hilft Ihnen beim Verzeihen. Ritzen Sie den Namen des im Moment überlegenen Mitbewerbers in eine blaue Kerze, die Sie zuvor von der Mitte aus nach oben

178

und nach unten mit Harmony-Öl gesalbt haben. Stellen Sie diese Kerze auf ein blaues Tuch, das Sie mit ein paar frischen Rosenblättern dekoriert haben. Während die Kerze abbrennt, erleben Sie immer wieder den Moment der Niederlage, stellen Sie sich das entscheidende Gespräch immer wieder so plastisch wie möglich vor. Auch den Triumph in den Augen und Gesten Ihres Widersachers. Das tut am Anfang weh, ich weiß, aber irgendwann verliert auch das schrecklichste Szenario seine Wirkung auf Sie. Auch ein Horrorfilm, den Sie zehn Mal angeschaut haben, kann Sie nicht mehr erschrecken.

Erst wenn Sie merken, dass Sie oft genug das Niederlagenbild wieder erlebt haben und dass es Sie nun langsam, aber sicher zu langweilen beginnt, können Sie davon ausgehen, dass nun wirklich alles erledigt ist, dass Sie weder Groll noch verletzte Gefühle empfinden. Nun sind Sie frei; die Niederlage ist schadlos überwunden. Auf zu neuen Taten!

7
• • • •

Meine Arbeit langweilt mich,
der Erfolg bleibt aus

Das sagt und schreibt sich so einfach: »Auf zu neuen Taten!« Gerade nach einer Niederlage gegenüber einem Konkurrenten oder einem Mitbewerber innerhalb einer Firma geht ein ganz schönes Stück an Schwung verloren. Schwung, der aber zum Durchhalten auf der Langstrecke unbedingt vonnöten ist.

Ein noch viel bedeutenderer Schwungkiller als eine persönlich erlebte Niederlage ist die Routine. Wer routinemäßig immer wieder dieselben Arbeitsschritte ausführen muss, schlittert sehr bald auf dem glatten Eis der Langeweile herum. Anfangs verleiht Routine ja noch so eine Art Sicherheitsgefühl. Man hat's gelernt, man hat's kapiert, man hat's umgesetzt, es flutscht. Keine Klippen, keine Fallen, keine Unsicherheiten jedwelcher Art. Man bewegt sich auf erobertem Terrain.

Wann immer jedoch etwas *zu* sicher geworden ist, zur Selbstverständlichkeit heranreifen konnte, kommt in Kürze eine Komponente ins Spiel, die in ihrer Gefährlichkeit nicht zu unterschätzen ist, die Langeweile. Wer feststellen muss, dass die Arbeit langweilt, der wird kurz darauf auch feststellen müssen, und zwar oft unerwartet aus heiterem

Himmel, dass sich Fehler einschleichen, dass der Erfolg ausbleibt.

Beispiele aus meiner Praxis

Hier fällt mir sofort und spontan meine Klientin *Anna K.* (39) aus München ein. Sie hat sich schon als junges Mädel ins gemachte Nest gesetzt, mit 21 geheiratet und kurz darauf eine Tochter bekommen. Ihr Mann verdiente gut; und sie spielte brav Mutter und Hausfrau, wie es sich gehört. Erst die schöne Wohnung, dann das kleine Häuschen mit Hilfe der Eltern des Mannes auf einem Familiengrundstück. Also eine typische Frauen-»Karriere«, vom Objekt der Begierde zum Heimchen am Herd, vom kleinen Opel bis zum großen BMW. Bis sich ihr Mann in eine andere verliebte.

Aus der Affäre wurde etwas Ernstes; Anna und ihre Tochter mussten sich nach einem neuen Lebensanfang ausrichten. Doch als medizinisch-technische Assistentin konnte sie sich nicht mehr bewerben; schließlich war sie schon viel zu lange aus dem Beruf. Ihr Exmann aber, der ihr schließlich nichts Böses wollte, sei es nun aus schlechtem Gewissen oder aus Freundschaft, das spielt keine Rolle mehr, konnte ihr bei der Jobsuche behilflich sein. Anna kam in einem chemischen Labor unter, machte vor Arbeitsbeginn sogar Auffrischungskurse und freute sich regelrecht auf den neuen Lebensabschnitt. Sie hat inzwischen ein sehr freundschaftliches und faires Verhältnis zu ihrem Ex. Beide haben sich, wohl der gemeinsamen Tochter zuliebe, um diese Art von nachehelicher Situation redlich bemüht. Was für sie spricht.

Doch das Drama ließ nicht lange auf sich warten. Anna

musste in ihrem Beruf nämlich immer wieder dieselben Arbeiten verrichten, chemische Serienuntersuchungen am Fließband, versank geradezu in Routine und Langeweile. Sie hatte das Gefühl, als Hausfrau und Mutter wesentlich mehr Abwechslung erfahren zu haben und mehr Produktives geleistet zu haben als in ihrem so herbeigesehnten neuen Job. Was den Fakten nach sicherlich auch stimmte. Aber sie brauchte diese neue Anstellung. Sie war auf sie angewiesen. Die Miete und der Lebensunterhalt für sie und ihre Tochter mussten nach der Scheidung ja schließlich von ihr allein bezahlt werden; die Zuwendungen des Exmannes hielten sich in Grenzen. Anna hatte schließlich den Verdacht und das vielleicht auch nicht ganz zu Unrecht, dass ihr Ex nur deshalb so behilflich beim Wiedereinstieg ins Berufsleben war, damit er nicht so lange Unterhalt bezahlen musste. Aber das sei dahingestellt; wir können es nicht beweisen. Und es spielt auch heute keine Rolle mehr.

Anna empfindet ihre Arbeit als Qual, eigentlich sogar als Demütigung. Das, was sie leisten muss, hätte sie schon als Lehrling leisten können. Trotz jahrelanger Berufs- und Kinderpause, trotz Weiterentwicklung in der Branche und trotz fehlender Weiterbildung. Diese Frau versauert regelrecht, wird muffig und ungerecht ihrer Tochter und ihrem Ex gegenüber.

Auf Grund ihrer wirtschaftlichen Zwangslage kann ich nur empfehlen, dass sie sich weiterhin umschaut, wieder auf den Arbeitsmarkt geht und sucht. Sie darf aber auf keinen Fall die bereits bestehende Stelle kündigen, ohne eine neue in petto zu haben. Das wäre verantwortungslos gegenüber ihrer Tochter und sich selbst; außerdem stünde eine erneute Abhängigkeit an. Ob diese Abhängigkeit nun unter der Regie ihres Exmannes oder einer Behörde ablaufen würde, bleibt sich gleich. Das Selbstwertgefühl dieser

Frau bliebe in jedem Fall auf der Strecke; sie würde seelisch bösen Schaden nehmen.

Zwischenzeitlich kann ich ihr als beratende Hexe nur empfehlen, regelmäßig *Entspannungs- und Beruhigungsritualbäder* zu nehmen, sich mit *Success-* und *Angel-Öl* zu salben, um die harte Zeit durchzustehen.

Außerdem gibt es ja immer noch die Möglichkeit, sich eine zweite Ebene zu schaffen, wenn die erste sich erfahrungsgemäß und trotz vieler Versuche nicht als diejenige erweisen sollte, um so etwas wie Befriedigung, Selbstbestätigung oder gar Erfolgserlebnisse zu erfahren. Hurra, ein Hobby!

Die »Herren der Schöpfung« verweisen uns Frauen in solchen Fällen immer wieder gern auf Bereiche wie »Töpferkurs«, »Malen mit zwei Fingern« oder »Schluchzen in der Toscana«, sofern sie Geldmittel dafür zur Verfügung stellen wollen und können, nur damit wir brav und handsam sind und auch bleiben.

Selbständige oder auch selbständig bzw. berufstätig gewordene Frauen – ob nun aus freien Stücken oder aus dem Umstand der Situation heraus – haben in aller Regel keinen Sponsor. Und damit auch keine Aussicht auf ein Erfolgserlebnis auf einem Nebengleis. Oder etwa doch? Tut es nicht auch so etwas Schönes wie Häkeln, Sticken, Puzzlespielen oder auch Kräuterpflanzen und -pflegen?

Sie sehen, ich werde sarkastisch. Und das mit gutem Grund. Hier bricht die Emanze in mir durch.

Na ja, machen wir uns besser keine Gedanken darüber, was *die* Männer und was *die* Frauen tun können, wenn sie beruflich Frust und Langeweile erfahren, sondern kümmern wir uns lieber darum, was *wir alle* tun müssen, um trotz Langeweile, Routine und Frust im Beruf auf einen grünen Zweig zu kommen.

Wenn man/frau das nämlich *nicht* tut, kann das im Einzelfall ganz schlimme Folgen haben. Folgen, die über ein permanent schwelendes Gefühl der Unterforderung und Unzufriedenheit weit hinausgehen.

Bei *Veronika C.* (42) aus München führte diese schreckliche Langeweile im Beruf direkt in die Nervenheilanstalt, so schlimm war es für sie, diese Situation zu ertragen. Frau C. ist Doktor der Chemie, kommt aus der Tschechei und hat in einem renommierten Münchner Institut eine Anstellung bekommen. Aber nicht eine, die ihrer Ausbildung entsprach, sondern eine, die viel anspruchsloser war. Als Umsiedlerin konnte sie es sich nicht leisten, wählerisch zu sein; sie wollte in ihrer neuen Heimat erst mal einen Fuß auf den Boden bekommen und sich später dann genauer orientieren. An sich eine sinnvolle Vorgehensweise. Doch Frau C. hatte nicht mit ihrem eifersüchtigen Professor gerechnet, der erstens nicht viel von Frauen in seinem Beruf hielt und zweitens noch weniger von »denen aus dem Osten«, obwohl jeder weiß, dass gerade dort die wissenschaftlichen Ausbildungen um ein Vielfaches gründlicher sind als hier. Wie auch immer: Er wollte seiner neuen Mitarbeiterin keine Chance geben, betraute sie mit nervtötenden und enervierenden Routinearbeiten, die in ihrer Stupidität, und das in ständigen Wiederholungen, kaum noch zu überbieten waren.

Nach 10 Jahren Langeweile und Frust wurde aus dem Problem eine Psychose, die letztlich darin gipfelte, dass Veronika C. einen waschechten Tobsuchtsanfall bekam und ihr Labor zertrümmerte, kurz darauf das Labor ihres Vorgesetzten. Sie wurde zwangseingewiesen und musste zeitweise mit starken Psychopharmaka behandelt werden. Heute geht's ihr Gott sei Dank wieder besser, und sie arbeitet auch wieder, freilich nicht mehr am besagten Institut in

München. Da erzählt man noch heute von ihrer tragischen Geschichte.

Natürlich ist das gerade geschilderte Beispiel ein Extrem- und nicht der Normalfall. Aber Unterforderung im Beruf, die programmierte Langeweile und die täglich neu verabreichte Dosis Frustration und Unwert-Gefühl können sehr viel Schreckliches auslösen, vom Magengeschwür bis zu Suchtkrankheiten, vom verzweifelten Harakiri-Liebesabenteuer bis hin zum lebensgefährlichen Extremsport. Alles nur Kompensationsversuche, die eine einzige Ursache haben: Der Betroffene will sich wieder mal spüren, erfahren, dass er noch lebt, Erfolg und Befriedigung empfinden. Wenn nicht im Beruf, dann halt woanders.

Dass diese Nebenkriegsschauplätze wie Affären, Extremsportarten, teure Hobbys und so weiter aber lediglich Placebos sind, noch dazu welche, die nur sehr kurzfristig helfen und dann sofort, ähnlich einer Droge, Dosissteigerungen erfahren müssen, um noch wirken zu können, macht das Ganze tragisch und doppelt gefährlich. Ehen und Familien zerbrechen, Knochen beim Bungee-Jumpen ebenso; und die Ersatzbefriedigung über Konsum und Kaufrausch ist nicht mal auf Generaldirektorebene über längere Zeit schadlos genießbar. Von Rauschmitteln und anderen Kapriolen ganz zu schweigen. Also was tun?

Die Motivation auffrischen

Die meiste Zeit unseres Lebens verbringen wir im Bett. Wie schön für uns. Der zweitgrößte Faktor unseres Lebens aber geht in der Arbeit auf. Es sei denn, Sie heißen Sigi Superstar oder Nicki Neureich, sind von Beruf Weltmeister oder Millionenerbe. Es kann also bei allen Überlegungen einzig und allein darum gehen, sich die Arbeitssituation so angenehm und erfrischend wie möglich zu gestalten.

Und wenn die Arbeit nur noch als langweilig und enervierend empfunden werden kann, ist es unbedingt notwendig, die Motivation wieder aufzufrischen. Darunter verstehe ich auf keinen Fall, dass Sie sich die Situation nun schön reden sollen, eine rosarote Brille aufsetzen und sich selbst was vormachen. Da hilft auch kein Blick auf das Millionenheer der Arbeitslosen in aller Welt oder auf die hungernden Kinder in Indien – eine subjektiv schlecht empfundene Situation ist nun mal schlecht. Daran gibt es nichts zu rütteln.

Die aufgefrischte Motivation kann also nur aus der Änderung des Bestehenden resultieren, aus neuen Aspekten und neuen Zielen. Und die gilt es zu finden.

Wer selbständig arbeitet, muss sich und sein Tun also kritisch unter die Lupe nehmen. Wo gibt es Ausbau- und Änderungsmöglicheiten, die wieder neuen Schwung bringen könnten, vor allem aber neue Motivation? Wo ist der Bereich, der mir eigentlich schon immer Spaß gemacht hätte, den ich mir aber aus diesen oder jenen Gründen versagt habe? Warum eigentlich? Ist es wirklich so schwer, gerade diesen Spaßfaktor einzubauen, ohne finanzielle Verluste zu erleiden? Wir wissen doch alle: Wer mit Spaß zur Arbeit geht, der arbeitet doppelt gut, hat doppelt viel Erfolg. Erinnern Sie sich an Ihre Anfangstage als Selbständiger!

Auch innerhalb einer Firma gibt es viele Bereiche, nicht nur den Ihren. Also den ganzen Laden noch mal kritisch beäugen: Was hat sich im Lauf der Jahre verändert? Wo würde das (Berufs-)Leben wieder Spaß machen? Wie kommt man dahin? Welche Umschulungen und Weiterbildungen wären dafür erforderlich? Wer zahlt die? Die Firma, das Arbeitsamt, alle beide je anteilig? Einfach mal vorsichtig fragen.

Wer sich innerhalb einer Firma verändern will, darf freilich nicht mit der »Mir-macht-mein-Job-keinen-Spaß-mehr«-Fahne hausieren gehen. Denn wenn sich nichts Neues ergeben sollte, sind Sie der Erste, der im Zweifelsfall »freigestellt« wird. Schließlich haben Sie ja selbst zugegeben, dass Ihre Motivation im Keller liegt. Also erst verdeckt alle Möglichkeiten eruieren, dann aktiv werden.

Und wenn wirklich gar nichts mehr geht, wenn Sie weder in Ihrem eigenen Kleinunternehmen noch im Großbetrieb einen Lichtstreifen am Ende des Tunnels erkennen können, dann müssen Sie halt was anderes machen, das aber radikal. Jetzt gilt nur noch die Stimme Ihres Gewissens.

Die Gewissenserforschung aber, ob Sie wirklich vom höheren Beamten mit Aussicht auf eine satte Pension auf freiberuflichen Zirkusdirektor umsteigen sollen, kann Ihnen keiner abnehmen. Schon gar nicht, wenn Sie eine Familie zu ernähren haben. Ein Neuanfang will wohl überlegt sein.

Aber gehen wir erst mal davon aus, dass noch was zu retten ist. Dass mit einer Neuorientierung innerhalb des Bestehenden genug frische Motivation aufgebracht werden kann, um zumindest den Leidensdruck von Ihnen zu nehmen.

Hexenrezepte für eine frische Motivation

Nun geht es darum, ganz klar zu erkennen, dass es sich bei Ihrem Motivationsmangel nicht nur um eine vorübergehende Schwäche und einen zeitweiligen Erschöpfungszustand handelt, sondern um eine echte Sinnkrise. Diese Definition erfahren Sie einfach und sicher im Selbstversuch. Nehmen Sie sich eine schicke Krankheit oder machen Sie

Urlaub und fahren Sie allein (!) irgendwohin. Tun Sie genau das Gegenteil von dem, was Sie bisher im Urlaub gemacht haben. Notorische Faulpelze buchen also ein Aktivprogramm; Aktivlinge schnappen sich einen Liegestuhl und ein gutes Buch. Wie gesagt: nicht in bestehende Muster verfallen, sondern diesen Bedenk-Urlaub bewusst ganz anders gestalten.

Und Sie machen auch bitte wirklich Urlaub. Ihr Problem nehmen Sie zwar mit, aber es darf Ihnen nicht so dominant werden, dass für nichts anderes Platz ist. Für die Lösung des Problems, also die mangelnde Motivation und den Frust am Arbeitsplatz, buchen Sie den *vorletzten* Urlaubstag ein, aber wirklich nur diesen! An allen anderen Tagen hat Ihr Problem zu schweigen. Leichter gesagt als getan.

Hier mein Tipp: Tätigen Sie kurz vor der Abreise ein *Ritual der Ergänzung*. Begleitet vom Licht einer mit *Money-Drawing-Öl* eingeriebenen weißen Kerze nehmen Sie ein Stück Papier, auf dessen linke Seite Sie mit *Taubenbluttinte* (ein pflanzliches Produkt) all das stichwortartig aufschreiben, was Sie konkret an Ihrer Arbeit stört. Diese Stichworte können wie folgt lauten: ständige Wiederholung, keine neuen Anforderungen, keine neuen Ziele, zu wenig Anerkennung und so weiter. Sie falten das Papier von oben nach unten in der Mitte durch und packen es in einen Umschlag, den Sie mit dem Wachs der Kerze versiegeln, die Sie beim Aufschreiben dieser Punkte verwendet haben. Nun ist das Problem weggesperrt. Bis zum vorletzten Urlaubstag.

An diesem Tag brechen Sie das Siegel und schauen sich nochmal an, was Sie geschrieben haben. Sie entzünden wieder die gleiche Kerze wie beim Aufschreiben; sie war ja damals noch nicht ganz niedergebrannt.

Und nun die Gewissenserforschung: Welches dieser Probleme besteht heute noch? Bei jedem Punkt, den Sie heute, also am vorletzten Urlaubstag, belächeln müssen, nehmen Sie einen dicken Filzstift und streichen Sie die entsprechenden Worte bis zur vollkommenen Unkenntlichkeit durch. Sie dürfen Sie vorerst nicht mehr belästigen, nicht mal mehr unterbewusst oder nebenbei wirkend.

Bei allen anderen schreiben Sie spontan einen Lösungsversuch dazu, auf die rechte Seite des Blattes. Egal, wie utopisch dieser Versuch vielleicht in der Praxis aussehen mag – einfach aufschreiben. Mit diesen Ergänzungen auf dem Blatt machen Sie sich innerlich wieder frei von Ihrem Problem, genießen ein schönes Urlaubsende und fahren wieder heim. Sie sind nun, ohne es richtig zu realisieren, mit Ihrem Unterbewusstsein schon einen großen Schritt weitergekommen.

Die Zusammenführung von Unterbewusstsein und Realität muss nun Schritt für Schritt im Alltag erfolgen. Wobei Sie sich kein zeitliches Limit setzen dürfen, sondern bitte von der Prämisse »Rom wurde auch nicht an einem einzigen Tag erbaut« ausgehen müssen, also bitte Geduld.

Wenn Sie aber eher ein Mensch der Gattung »Fakten, Fakten, Fakten!« sind, dann müssen Sie Ihr diffuses Unwohlsein bereits definiert und am besten auch ausformuliert haben, zum Beispiel: »Ich möchte endlich in die und die Abteilung, das habe ich eigentlich schon bei der Einstellung im Hinterkopf gehabt …«, und sich vor allem darüber im Klaren sein, dass dieser Wunsch und seine Erfüllung Ihre Motivation wieder voll auffrischen könnte, dann halten Sie sich an ein *Pyramidenkerzenritual*. Pyramidenkerzen für diesen Zweck werden in Hexen- und Magierläden angefertigt, sie sind blau oder weiß, und es sind Kerzen, die mit der *Kraft der Steine* gekoppelt werden. Bei beruflichen Motivationsproblemen empfehle und verwende ich gerne

Star-Rubin, *Black Star* und *Mondstein*. Alles finanziell durchaus erschwingliche Steine, die in den Rand der Wachspyramide gedrückt werden und die bis zum vollkommenen Abbrennen der Kerze in der Nähe des Feuers bleiben sollen, um ihre geheimen Kräfte voll entfalten zu können. Ist die Kerze abgebrannt, tragen Sie die Steine sooft wie möglich in der linken Hand oder auch in einem Beutelchen um den Hals. Das Resultat: Der Blick fürs Positive wird Ihnen eröffnet. Und Sie werden zweifellos erkennen, warum Ihnen diese berufliche Motivationskrise gerade jetzt und in dieser Form widerfahren ist; außerdem zeichnen sich binnen kurzer Zeit Lösungsvorschläge ab.

Was auch grundsätzlich, begleitend oder auch als Alternative für ausführliche Rituale, hilfreich wirkt: Räucherungen mit *Hierba Santa* und/oder *Concentration*. Selbständige haben die Möglichkeit, außer in ihrer Wohnung auch in den Büro- oder Geschäftsräumen zu räuchern, am besten am Wochenende und ohne Mitarbeiter in die Absicht des neuen »Betriebsklimas« einzuweihen. Sie wissen ja, wir Esoteriker werden leicht als Spinner abgetan.

Mit diesen Räucherungen werden nicht nur Sie selbst, sondern auch Ihr Team motiviert. Ich habe schon so manches Büro mehr oder wenig heimlich geräuchert und durfte kurz darauf erleben, wie aus unmotivierten und beruflichen Zombies wieder eine schlagfertige und durchsetzungsfreudige Gesellschaft wurde, die aufs Neue Spaß an der Arbeit hatte. Mag sein, dass da ab und zu mal ein skeptisches »Was riecht denn hier so komisch?« kommt (immer dann, wenn man's mit dem Räuchern übertrieben hat), aber auch dann genügt ein freundliches »Unsere Putzfrau hat wohl diesmal ein anderes Mittel benutzt« als Antwort. So weit zumindest meine persönliche Erfahrung.

Und ob Screendesigner oder Motorradtechniker – sie alle

reagieren positiv auf Herba Santa und Concentration. Positiv für sich selbst und positiv für das kleine oder große Unternehmen. Und zwar im erfolgreichen Resultat ihrer Arbeit.

Motivationsprobleme sind keine kleinen Probleme; sie sind gravierend und entscheiden oft über Sein und Nichtsein. Mit meinen Fallbeispielen habe ich Ihnen zu demonstrieren versucht, wohin das alles führen kann.

Wenn's wirklich brennt, wenn also von der Motivation in Sachen Berufsleben nicht mehr das Geringste übrig ist, kombiniere ich gern ein *Geld und Harmony-Ritual*. Eigentlich erscheint es ja fast wie ein Unding, wie ein schwarzer Schimmel, wenn man die schwarze Macht Geld mit der weißen Macht Harmonie verbinden will, aber es hat in Einzelfällen oft genug funktioniert. Und Sie können es gerne ausprobieren, ohne für sich oder andere Schaden zu nehmen. Dieses Ritual ist allerdings ein bisschen aufwendig, geben Sie sich also Mühe und nehmen Sie sich vor allen Dingen Zeit und noch mal Zeit.

Sie bauen sich einen kleinen Altar, ein Tischchen, mit rechts und links je einer weißen Kerze. Weiß steht für Reinigung, das wissen Sie. In die Mitte kommt eine grüne *Money-Pyramid-Kerze*, darunter ein Dollar- oder Euro-Schein, ganz wie es beliebt. Die vorherrschende Farbe aber soll Grün sein. Donnerstags zwischen 16.00 und 17.00 Uhr ist die Stunde des Handelns, der germanische Gott Thor (»Thor's Day«, »Thursday«, also Donnerstag) ist bei Ihnen.

Nun versuchen Sie die Kombination aus Schwarz und Weiß, verbinden *Money-Drawing-Öl* mit *Buddha-* und *Angel-Öl*. Das Geld sucht Harmonie und Frieden, der Teufel will mit dem Engel tanzen. Nur Ihr Geruchssinn entscheidet, ob die Mischung gelungen ist. Wann immer ein seltsamer Beigeruch durchdringt, brechen Sie das Ritual sofort ab.

Gelingt die Mischung und sie duftet wohl, dann reiben Sie sich damit Ihre Hände ein und beträufeln Ihre Hände und Ihre Stirn, konzentrieren sich dabei auf das Problem, um das es hier geht: um die fehlende Harmonie zwischen Geld und Leben, um das fehlende Element zwischen Notwendigkeit und innerem Frieden.

Die Kerze muss mindestens 1 Stunde lang brennen, *darf* aber höchstens 3 Stunden Licht und Wärme verbreiten, wenn dieses Ritual gelingen soll. Eine *Räucherung* mit *Money-Drawing-Powder-Incense* kann begleitend hilfreich sein, ist aber kein Muss. Doch jetzt wird's ein bisschen kompliziert: Dieses Ritual muss 7 Tage lang immer zur gleichen Uhrzeit wiederholt werden; erst dann entfaltet es seine volle Wirkung.

Ich komme jetzt zu einem Punkt, den ich in all meinen Büchern immer wieder erwähnt habe und leider auch immer wieder erwähnen *muss*. Für ein und dasselbe Problem kann ich als Hexe verschiedene Lösungsvorschläge machen. Diese Vorschläge fangen an bei allgemeiner Lebensberatung, die auf Erfahrungen basieren. Dann kommen Tipps, die in die Nase gehen, den wichtigsten Sinn überhaupt: Öle, Kräuter, Ölmischungen. Weiterhin die Kraft der Steine, die Kraft der Farben, die Kraft der Amulette und Talismane. Schließlich die Rituale, mehr oder wenig aufwendig und gefühlsintensiv.

Und dann kommt Hansi Huber aus Hubertshausen daher und demonstriert uns genau das, was ich nie und nimmer unterstreichen kann. Er nimmt lieber 3 Aspirin bei Kopfweh, obwohl nur eine empfohlen ist. Weil seiner Meinung nach ein Mehr an Medizin auch ein Mehr an Heilung sein muss.

Isolde Esoterik aus Esslingen ist auch nicht schlauer: Sie fängt gleich beim kompliziertesten Ritual an, weil sie meint, die anderen Schritte davor könne man sich sparen und die Dosis an Spiritualität könne nie hoch genug sein.

Daher bitte ich ganz dringend, zum x-ten Male, die Gesetze von Mutter Natur zu respektieren. Langsam und von unten ein Problem definieren und zu heilen versuchen, nicht gleich voll in den magischen Kreislauf einbrechen. So etwas geht meistens schief, wird zweitens so gut wie nie von Erfolg gekrönt sein können, birgt unzählige Fehlerquellen in sich, schafft oft mehr Verdruss als Genuss und Heilung. Genau so wie eine Überdosis Aspirin oder eines anderen Medikaments.

Magische Erfahrungen haben mit Psychologie zu tun, mit Spiritualität und Bewusstsein, greifen also tief in die Seele des Anwenders. Magische Erfahrungen gibt es nicht im Supermarkt, auch nicht im Esoterikzirkus. Magische Erfahrungen muss man erfahren, sich selbst erarbeiten. Ein »Man-nehme-man-rühre«-System existiert nicht. Und der Grundsatz »Lieber mehr als weniger« schon zweimal nicht. Das Umgekehrte ist nämlich der Fall.

Man muss sich herantasten, man muss die Wirkung eines Öls erriechen und erspüren, den Genuss einer selbst angefertigten Ölmischung als Geschenk erfahren, zumindest den Versuch machen, mit Bäumen zu kommunizieren, die Kenntnis von der Kraft der Steine und Kräuter erleben, langsam, immer mehr, um reif genug für eine rituelle Handlung werden zu können, um schließlich die Kraft der Natur und die Kraft der Naturgötter erleben zu dürfen.

Das ist ein langer und steiniger Weg, gezeichnet von vielen Rückschlägen. Wer nur »ein bisschen« auf der Hexenwelle mitreiten will, hat schon verloren. Der Besen klemmt.

Die Erkenntnis, dass ein neues Kapitel beginnen muss

Wer nun trotz aller Versuche, seine Motivation aufzufrischen, ob nun mit »herkömmlichen« Mitteln oder mit Hexentipps und -rezepten, vielleicht sogar mit beidem, immer noch diese bohrende Unzufriedenheit und schleichende Frustration in Sachen Arbeit erfährt, der muss sich sehr gründlich und gewissenhaft fragen, ob es nun nicht an der Zeit ist, einen neuen beruflichen Anfang zu wagen.

So ein Entschluss darf nie übereilt getätigt werden; und der Weg zu diesem Entschluss kann sehr hart und schmerzhaft sein. Schließlich stellt man ja damit auch seinen bisherigen Werdegang infrage. Gerade in unserer Leistungsgesellschaft gilt es immer noch als Tugend, wenn jemand konsequent von Anfang bis Ende seinen Weg geht, den Karriereplan verfolgt. Abstecher nach rechts und nach links gelten als Schwäche, als Plan- und Ziellosigkeit. Was meiner Meinung nach aber völliger Unsinn ist.

Wie soll denn ein junger Mensch gleich nach Abschluss seiner Ausbildung wissen, ob der eingeschlagene Berufsweg nun wirklich der einzig selig machende ist? Zu viele Faktoren haben bei der Berufsfindung mitgewirkt, die nicht die eigenen waren: der Tipp eines professionellen Berufsberaters, das Elternhaus, Freunde, lokale Verhältnisse und Gegebenheiten, die Gelegenheit des Zufalls und vieles mehr. Und aus diesem Sammelsurium soll der Berufsanfänger nun zielsicher eine Entscheidung herausfiltern, die sein ganzes künftiges Leben bestimmt. Eigentlich ist es nur logisch, wenn man da ins Schlingern gerät und sich nach einer gewissen Zeit des Frustes neu zu orientieren beginnt.

Doch wie gesagt: Das gilt als Schwäche, als Leistungsab-fall. Und nicht selten wird die Periode mit dem Stempel »verlorene Zeit« versehen. Dabei braucht es überhaupt kein Stempler und Lästerer von außen; der Betreffende stem-pelt und belästert sich schon selbst. Angelernte Wertebil-der sitzen tiefer, als man allgemein annimmt.

Trotzdem sehe ich in einem beruflichen Richtungswech-sel eher eine Stärke als eine Schwäche. Ich meine damit nicht den häufigen und ständigen Wechsel, die Plan- und Ziellosigkeit als dauerhaft vorherrschendes Muster, heute hü und morgen hott, sondern ich meine bewusst beschlos-sene Brüche und Korrekturen.

Die Unsicherheit, die damit einhergeht, liegt auf der Hand. Schließlich kann man auch von dem neuen Weg nicht wis-sen, ob er der richtige ist, man hat ihn ja noch nicht aus-probiert. Von der neuen finanziellen Situation ganz zu schweigen. Und die, das wissen wir ja, muss besonders be-achtet werden, wenn andere von Ihnen finanziell abhängig sind, wenn Sie eine Familie zu ernähren haben.

Die Erkenntnis, dass ein neues Kapitel beginnen muss, sollte also sehr wohl von allen Seiten betrachtet werden. Vor allem gilt es zu überprüfen, ob diese Entscheidung wirk-lich auf einer Erkenntnis beruht und nicht das Produkt eines momentanen und temporären persönlichen Tiefs ist. Drei bis vier Versuche, die Motivation neu zu beleben, soll-ten dieser Erkenntnis unbedingt vorausgegangen sein, be-vor sie in eine Aktion umgesetzt wird. Das sind Sie sich, Ih-rer Familie, aber auch Ihrem Arbeitgeber schuldig.

Frustration oder neuer Anfang?

Eine ganz große Gefahr lauert auf alle, die sich inzwischen ganz sicher sind, dass sie mit ihrer Erkenntnis, es müsse sich nun unbedingt etwas Gravierendes ändern, richtig liegen: die Frustration. Diese Frustration wird immer dann auftreten, wenn sie genau in das Muster fällt, von dem ich vorhin schon berichtet habe, in das Muster der alten Wertvorstellungen. Sie fühlen sich wie jemand, der Zeit verplempert hat, der nichts zu Ende bringen kann, der sich bei der Berufswahl vertan hat, der kurz und gut eines ist: ein Versager.

Frustration nach der Erkenntnis, dass ein neues berufliches Kapitel beginnen muss, kommt häufiger auf, als man glaubt. Zwar tritt zuerst ein gewisser Befreiungseffekt ein, und man hat das Gefühl, dass man nach einer langen Zeit des Umherirrens im Dunkeln nun endlich wieder klar sieht. Doch dieser Effekt ist nicht von Dauer.

Oft liegen ja zwischen dem Abschluss des Alten und dem Beginn des Neuen gewisse Karenzzeiten. Was mit Kündigungsfristen, Ein- und Ausstellungsgewohnheiten oder schlicht mit einem Mangel an Möglichkeiten zu tun hat. Es entstehen »Ehrenrunden« in der Warteschleife und damit auch ein großer Zeitvorrat zum erneuten Nachdenken. Viel zu selten wird dieses Zeitreservoir für die Vorbereitungen auf das neue Kapitel verwendet. Stattdessen windet man sich, stellt seinen Beschluss für den Neuanfang immer wieder infrage, sammelt kritische Stimmen aus dem Freundeskreis und so weiter. Man wird also verunsichert, nachdem die Weichen schon gestellt sind.

Nun rächt es sich, wenn man seinen Beschluss nicht rational untermauert, sondern nur aus dem Bauch raus getätigt hat. Jedes neue kleine Gegenargument wird zum un-überwindlichen Hindernis, zum Lieferanten für Unsicher-heit, Angst und Frustration.

Eigentlich wären jetzt Freunde und Familienmitglieder angesagt, die ihnen solidarisch zur Seite stehen und die be-dingungslos mit Ihnen nach vorne schauen. Aber da wir eine Nation von Bedenkenträgern und Schlaumeiern sind, in der jeder alles besser weiß, werden Sie nun überschüttet mit Vorwürfen und klugen Ratschlägen. Diese Ratschläge richten sich auf das Vergangene, sind daher besonders ge-mein. Man kann sie kiloweise absondern und wird nie in die Verlegenheit kommen, ihre Tauglichkeit beweisen zu müssen. Denn der Zug ist ja schon abgefahren.

Sie müssen jetzt ganz klar die Wahl treffen: Widme ich mich dem Frust oder dem neuen Anfang? Doch da beides oft genug Hand in Hand geht, müssen wir beide Aspekte beachten und auch ernst nehmen. Hexentipps und -rezepte können Ihnen dabei helfen.

Hexenrezepte gegen den Frust

Der Frust hat viele Ursachen und auch viele Gesichter, gerade im beruflichen Bereich. Doch wie verschieden die »Frustwurzeln« auch sein mögen, das Erscheinungsbild ist immer das gleiche. Man fühlt sich nicht wohl, ist zuerst ge-hetzt und innerlich zerrissen, um sich dann, um nicht über-fordert zu werden, dem Frust zu widmen, den man sich zu allem Übel auch noch wunderbar erklären kann: »Hat doch ohnehin alles keinen Sinn«, »Bringt doch alles nichts«, »Ist doch eh alles zwecklos« oder »Wäre ja auch ein Wunder, wenn ausgerechnet bei mir mal was funktionieren würde« – und so weiter und so fort.

Besonders gravierend ist dieser Frust natürlich dann, wenn Sie sich gerade für einen neuen beruflichen Weg entschlossen haben und nun im Nachhinein ständig überlegen, ob dieser Entschluss auch richtig war. Von allen Seiten wurden Sie außerdem noch negativ beeinflusst und über die Maßen verunsichert – und nun bemerken Sie an sich Tendenzen, die in Richtung Grau ziehen, die zwischen Selbstaufgabe und Fatalismus liegen. Der Frust geht um.

Und er geht wirklich um. Er befällt nicht nur Sie selbst, sondern Ihre ganze Familie, Ihren kompletten Freundeskreis, ja sogar Ihren Hund, wenn Sie einen haben. Frust ist ansteckend. Die Negativwellen übertragen sich schnell und, wie fatal, kommen schließlich verdoppelt oder gar vervielfacht auf Sie zurück. Daher ist es wichtig, schnell tätig zu werden, um den Frust zu bekämpfen.

Mein erster Tipp liegt noch im Bereich der allgemein gültigen Hausmittelchen. Wann immer eine graue Wolke über Ihre Seele schwebt, unternehmen Sie bitte so oft wie möglich *Spaziergänge*, beschäftigen Sie sich dabei mit der Natur, blicken Sie um sich, studieren Sie Bäume, Vögel, schauen Sie die Wolken an. Ausreden ziehen nicht, schon gar nicht die vom schlechten Wetter. Es gibt kein schlechtes Wetter; es gibt nur falsche Kleidung. Licht, Luft und Wind reinigen Ihre Seele, bringen Sie zurück auf die sichere Seite.

Bei der Reinigung der Seele ist auch *Cocos* sehr effektiv, und zwar in allen Formen. Als Öl (im Bad oder als Parfüm), als Unterstützung bei einem kleinen Ritual mit weißen (!) Kerzen oder auch als Räucherung. Erst vor kurzem durfte ich wieder erleben, wie groß die Reinigungskraft von Cocos ist: Eine kleine Runde von 5 Leuten, davon 2 Streithähne, wurde im Handumdrehen zu einer lustigen Gesellschaft, nur weil ich ein Cocos-Räucherstäbchen abgebrannt hatte. Ein einziges Räucherstäbchen!

Cocos gibt es auch als Milch, und zwar in jedem besseren Supermarkt in der Asien-Abteilung. Ein paar Tropfen davon im rituellen Bad wirken Wunder. Außerdem kann man die Milch auch als Lotion direkt auf die Haut auftragen; Sie sollten sie aber vorher verdünnen. Schließlich wollen Sie ja nicht wie ein lebendiges Stück Weihnachtsgebäck oder wie ein personifizierter Karibikdrink durch die Gegend laufen. Und nie vergessen: vor jedem Ritualbad den Körper gründlich reinigen, also vorher mit unparfümierter Seife duschen oder baden.

Die gleichen Anwendungsmöglichkeiten bieten sich auch bei der *High-John-Ölmischung* an, also der Anwendung als Parfüm, als Badezusatz, als verdünnte Hautlotion. Mit dieser Mischung vertreiben Sie nicht nur Ihre schlechte Laune und Ihren Frust, sondern Sie unterstützen Sie darüber hinaus bei der Erkennung Ihrer Ziele.

Auch *Houseblessing-Öl*, wieder eine Mischung, arbeitet in diese Richtung. Mit dem Öl behandeln Sie nicht Ihren Körper, sondern, wie der Name schon sagt, Ihr Haus oder Ihre Wohnung, auch Ihr Büro. Ein paar Tropfen an der Haus- oder Zimmertür, direkt an der Schwelle, machen gelassen, lassen Frieden und Freundschaft einkehren. Sie verstärken die Wirkung dieses Öls, wenn Sie es nicht wild durch die Gegend kleckern, sondern ganz gezielt am Tag des Jupiters, dem Donnerstag, in Haus und Hof zur Anwendung bringen. Ein kleines Gebet hilft dabei, zum Beispiel so: »Ich wünsche mir für dieses Haus/für diese Wohnung/für dieses Büro immer Frieden und Freundschaft, auf dass Frieden einkehren möge in meine Seele und jede Frustration verschwinde.« So oder so ähnlich. Sie dürfen auch Ihre eigenen Worte und Ihre eigene Sprechweise verwenden. Hauptsache, Sie sind während dieses kleinen Gebets voll bei der Sache.

Wenn der Frust besonders stark ist, empfehle ich ein *Kerzenritual mit Ylang-Ylang-Öl.* Sie brauchen dazu 2 Kerzen. Die eine ist weiß, sie verkörpert in ihrer Farbe die Reinigung, die andere ist orangefarben, sie verkörpert in ihrer Farbe die Kraft und Überlegenheit. Beide Kerzen reiben Sie von der Mitte aus je nach oben und unten mit dem Öl ein, das es übrigens in fast jeder Apotheke gibt. Das Öl ist magnetisch, hat sowohl beruhigende als auch aktivierende Komponenten. Verharren Sie während des Abbrennens der so gesalbten Kerzen ruhig und konzentrieren Sie sich dabei auf Ihre nächsten Schritte in Ihrem Berufsleben. Betrachten Sie während dieser Konzentrationsphase hauptsächlich Ihre *eigenen* bisherigen Entscheidungen, nicht so sehr die von anderen. Suchen Sie nie einen Schuldigen für den bisher gegangenen Weg, klagen Sie weder sich selbst noch Dritte an, sondern freuen Sie sich auf den Neuanfang. Und schon gibt es nicht den geringsten Grund mehr, diesen Neuanfang halbherzig oder gar mit Frust im Herzen zu begehen.

Ein Hexenritual für den beruflichen Neuanfang

Ein neuer Anfang im Berufsleben ist ein genauso gravierender Schritt im Leben wie ein neuer Anfang innerhalb der Bereiche Freundschaft, Liebe und Gesundheit. Ein neuer Freund tritt auf den Plan, eine neue Liebe offenbart sich, ein verändertes Leben nach einer schweren Operation tut sich auf – oder ein neuer Job, ein neuer Aufgabenbereich oder gar der Schritt in die Selbständigkeit stehen kurz bevor.

Natürlich gehört eine gewisse Gelassenheit dazu, solche

Anfänge zu registrieren und auszuführen. Aber dennoch muss auch eine kurze Weile des Realisierens zelebriert werden, um sich die Bedeutung des jeweiligen Neuanfangs wirklich bewusst machen zu können. Nicht umsonst gibt es gesellschaftliche Rituale bei Neuanfängen aller Art, von der Taufe bis zur Abiturfeier, vom Debütantinnenball bis zur Vereidigung eines Ministers. Neuanfänge werden gefeiert. Und das ist gut so. Dienen diese Feiern nämlich nicht nur der Lust am Feiern an sich, sondern auch der Verdeutlichung des Ernstes der Situation.

Auch wir Hexen feiern unsere Neuanfänge. Das *Ritual für einen beruflichen Neuanfang* hat außerdem noch einen ganz praktischen Sinn. Es soll alle Zweifel, ob dieser Neuanfang auch wirklich gut geplant und fundiert ist, ausräumen, soll eventuell bestehende Ängste vertreiben. Ängste, mit denen man sich nur selbst im Weg steht.

Zur Lockerung und Lösung dieser Ängste empfehle ich dringend *Magic-Öl*; und der Name ist Programm. Diese Mischung vertreibt nicht nur negative Gefühle aller Art, sondern hilft auch dabei, neue Ziele, auch berufliche, klar zu erkennen und einzukreisen.

Wie jedes Öl dürfen Sie auch Magic-Öl sowohl als Parfüm, als Zusatz im Putz- oder auch Badewasser verwenden, außerdem natürlich auch als Salbung für Ihre Kerzen.

Das Ritual für den beruflichen Neuanfang aber sieht so aus: Sie füllen eine kleine runde (!) Schüssel, am besten aus Glas oder Stein, mit klarem Wasser. Darin träufeln Sie genau 13 Tropfen Magic-Öl hinein, einzeln, mit kleinen Pausen zwischen den einzelnen Tropfen, und voll konzentriert auf den Wunsch, dass der berufliche Neuanfang gelingen möge. Dazu dann bitte noch 7 Tropfen *Success-Öl*. Nun rühren Sie mit dem rechten Zeigefinger 13-mal im Uhrzeigersinn die Flüssigkeit um, dann 13-mal gegen den Uhrzeigersinn.

Haben Sie keine Angst vor der Zahl 13. Wir gehen jetzt nicht in schwarze Gefilde. Bitte bedenken Sie, dass die 13 in vielen Kulturen auch eine Glückszahl ist. Nur bei uns gibt es dieses alberne Getue. Doch wenn Sie wirklich tiefe Abneigungen gegenüber der 13 empfinden, tun es auch 12 oder 14 Tropfen, besser 12.

Noch ein Hinweis zum Reintröpfeln, ob nun 12 oder 13 oder 14: Das müssen Sie sehr langsam tun, und bei jedem Umrühren sagen Sie laut und deutlich Ihren Wunsch, zum Beispiel: »Ich bitte um Glück und Weisheit, um Frieden, Ruhe und Sicherheit bei meinem neuen beruflichen Anfang.«

Eigene Formulierungen, vielleicht sogar an eigene Götter gerichtet, aus welcher Religion auch immer, oder auch an die Geister der Verstorbenen, sind hier oft noch sinnvoller. Nur ein bisschen feierlich sollten sie klingen. Ein flapsiges »Hey, Oma, mach, dass mein neuer Job richtig toll wird« ist in so einer Situation nicht unbedingt angebracht. Also bemühen Sie sich.

Verstärken Sie die Wirkung dieses Rituals, indem Sie die Wasserschüssel auf einen kleinen Altar stellen, den Sie selbst dekoriert haben. Die Tischdecke bzw. die Altardecke sollte orangefarben oder gelb sein, damit sie Kraft ausstrahlen kann. Rechts und links von der Schüssel je eine Kerze, die eine weiß, zur Reinigung, die andere orangefarben, um den Elan zu fördern. Beliebige Blumen, ebenfalls weiß und orange, können den Altar schmücken, sofern sie nicht dominante und alles überdeckende Duftstoffe verbreiten.

Noch ein wichtiger Hinweis: Dieses Ritual für den beruflichen Neuanfang sollten Sie nur bei zunehmendem Mond machen. Neuer Anfang, neuer Mond. Also schauen Sie in den Kalender und legen Sie den Termin für dieses Ritual so, dass er möglichst nah dran ist am tatsächlichen Neuanfang, also am ersten Tag in der neuen Firma oder am Eröffnungstermin Ihres eigenen Unternehmens.

Und nun viel Glück und viel Erfolg. Sie haben das Richtige getan, das kann ich Ihnen versichern.

8

• • • •

Alles geht schief, ich bin
ein Verlierer

Die letzten Kapitel dieses Buches gelten nun jenen Menschen, die trotz aller Tipps, seien es nun welche aus dem allgemeinen Bereich der gültigen Lebenserfahrung oder auch magische, permanent immer wieder auf der Verliererstraße landen. Sie ziehen das Pech und den Misserfolg buchstäblich an und haben sich schon so viele Rückschläge eingehandelt, dass sie aus Angst vor neuen schon gar nicht mehr bereit sind, irgendetwas zu unternehmen, in welche Richtung auch immer. Sie sind in eine Lethargie gefallen, die ihnen jede Bewegung unmöglich macht. Und damit auch jede Besserung ihrer Situation.

Manche Politiker sprechen in solchen Fällen mehr oder weniger hinter vorgehaltener Hand immer wieder von »Faulenzern«, von »Leistungsverweigerern« oder gar »Sozialschmarotzern«. Kaum einer der wohlsituierten Megaverdiener dieser Couleur kennt einen einzigen notorischen Verlierer persönlich; kaum einer macht sich die Mühe, jemanden aus der Verliererecke überhaupt kennen zu lernen.

Denn für die meisten Politiker wird es immer nur um Statistiken gehen, um statistische Erfolge, mit denen es sich gut hausieren und in Wahljahren noch besser protzen lässt. Alles andere ist dem nachgeordnet.

Aber hinter all diesen Zahlen der Langzeitarbeitslosen stehen Schicksale, verzweifelte Schicksale und Lebenswege voller Schmerz und Resignation. Dabei spielt es überhaupt keine Rolle mehr, ob es nun eigenes Verschulden war oder nicht – die Situation ist nun mal so, wie sie heute ist und wie sie subjektiv empfunden werden muss.

Es sind nicht immer die »Ungebildeten« oder die »Menschen ohne Ausbildung«, geschweige denn »einfach gestrickte« Menschen, die der Dauerarbeitslosigkeit anheim fallen. Es gibt Schicksalsschläge, die können jeden von uns treffen, gleich, mit welcher Qualifikation im Hintergrund.

Beispiele aus meiner Praxis

Roland M. (45) aus Olching bei München hatte lange Zeit eine gut dotierte Stellung als Computerfachmann inne. Er ist einer jener Menschen, die sich nie vorstellen können, dass es auch sie treffen kann. Aber dann kam die Scheidung von seiner Frau, die in hohen Unterhaltszahlungen gipfelte. Roland konnte seinen Verpflichtungen nicht mehr nachkommen, verlor im Lauf der Zeit alles, was er hatte: Eigentumswohnung, Haus, Auto. Schließlich verlor er sogar seine Arbeitsstelle, weil die Computerbranche, und nicht nur sie, schweren Rezessionsströmungen unterworfen ist. Aus dem einst so tüchtigen Abteilungsleiter wurde ein statistisch erfasster und mit staatlichen Almosen abgespeister Arbeitsloser, der trotz unzähliger Bewerbungen beruflich nicht mehr Fuß fassen konnte. Der meistgehörte Ablehnungsgrund: Zu alt. Nun lebt er in einer kleinen Sozialwohnung mit eineinhalb Zimmern und glotzt von früh

206

bis spät in die Glotze. Frühstücksfernsehen, Talk-Shows, Tierfilme, Game-Shows und all den Verblödungsmist, der rund um die Uhr angeboten wird. Seinen Trost fand er im Alkohol. Der Stand der Dinge ist mittlerweile der, dass er, bevor er überhaupt irgendwo und irgendwie Leistung zeigen könnte, erst mal auf Entziehungskur gehen müsste. Doch er sieht keinen Sinn mehr. Er hat sich damit abgefunden, dass er mit 45 »zu alt« ist und keine Chance mehr bekommt. Er will auch nicht mehr. Zu groß ist der jeweilige Schmerz bei einer Ablehnung. Und schließlich tröstet ja der Geist aus der Flasche …

Bei *Andreas D.* (39) aus Augsburg war der Fall ähnlich gelagert: Scheidung, Verlust der Wohnung, Verlust der Arbeitsstelle, Alkohol. Im Gegensatz zu Roland fand Andreas nicht mal mehr die Kraft, sich was zum Wohnen zu suchen. Ein paar Monate konnte er sich noch billige und schäbige Pensionszimmer leisten, dann rutschte er in die Obdachlosigkeit ab, frequentierte anfangs noch karitative Männerwohnheime, nun vegetiert er auf der Straße. Er liest viel, will trotz all der Schicksalsschläge nicht ganz auf sein Niveau verzichten, ist aber im Grunde schon längst ein Penner geworden.

Es gibt Tausende solcher Schicksale und Beispiele; und ich will sie jetzt nicht überstrapazieren. Was aber allen gemeinsam ist: Kein einziger der »Kandidaten« hätte sich jemals vorstellen können, auf diese Art betroffen sein zu können. Jeder hatte sich vor dem großen Bruch eigentlich relativ sicher gefühlt, sich mit dem Konsum-System arrangiert. Umso schlimmer haben sie den Absturz empfunden, den Absturz ins Nichts, in die Perspektivlosigkeit.

Dann kommen einzelne Versuche des Aufbäumens, letzte

Kraftakte. Und schließlich schaut sich der Betreffende im Spiegel an und erkennt auf fatale Weise: »Ich bin ein Verlierer.« Die schlimmste Erkenntnis, die sich ein Mensch überhaupt zumuten kann.

Warum? Weil aus ihr Resignation erwächst, gespeist aus Selbstaufgabe und Achtungsverlust vor dem eigenen Ego. Hier, also ganz unten, muss angesetzt werden.

Neuer Mut oder der Gang zum Sozialamt?

Wenn nun dieser tiefe Punkt der Selbstaufgabe und der absolute Verlust der Selbstachtung schon über längere Zeit zum gewohnten Zustand geworden sind, wenn man sich mit diesen beiden Teufeln arrangiert hat, so wird es immer schwieriger, einen neuen Anfang zu nehmen. Nicht nur aus Gründen der Ermüdung und Erschöpfung, sondern auch wegen der Selbstschutzmechanismen, die in diesen Fällen besonders schnell greifen.

Wir Menschen haben die Angewohnheit, aus jeder Situation etwas Gutes herausfiltern zu wollen. Aber wirklich aus jeder. Selbst die KZ-Insassen redeten sich gegenseitig Mut zu, nahmen einzelne Aspekte des Geschehens als Silberstreif am Horizont, deuteten schrecklichste Aspekte in irgendetwas Positives, nur um überleben zu können. »Als Letztes stirbt die Hoffnung«, sagt ein Sprichwort. Der Unterschied zwischen blinder Hoffnung und Selbstbetrug ist sehr klein. Die Situation der KZ-Opfer soll hier nicht bagatellisiert werden, sondern das Gesagte verdeutlichen.

Irgendwann muss der Dauerarbeitslose dann zum Sozialamt. Er wird diesen Gang vor sich und den Seinen sehr wohl begründen. Er wird außerdem, und das ist fast schon grotesk, auch noch etwas Gutes dabei herausfiltern. Aus einer Situation, die er als entwürdigend und demütigend empfinden mus. Nicht selten hört man arrogante Sprüche wie: »Ja bin ich denn blöd und mach diese oder jene Arbeit und krieg weniger als beim Sozialamt?« Und dann kommen wieder die politisch korrekten Hardliner, unterstellen Sozialschmarotzertum, auf den ersten Blick nicht mal unmotiviert und auch nicht aus der Luft gegriffen, und wollen gerade diese Menschen zwangsdisziplinieren. Irgendwo im Hintergrund schreit ein alter Nazi nach Arbeitslagern und sonst was. Ist das wirklich die Lösung des Problems?

Eins muss ganz klar festgehalten werden: Das soziale Netz ist erstens dazu da, die Schwachen aufzufangen. Wer es zweitens in Anspruch nehmen muss – und keiner tut das gern –, erfährt keine Gnade, sondern übt ein Recht aus. Und jede Gesellschaft lässt sich drittens daran messen, wie sie mit ihren schwächsten Mitgliedern umgeht. Grundsätze, die eigentlich klar sein müssten, die ich aber gerne immer wiederhole.

Es braucht sich also niemand zu schämen, die Hilfe des Staates in Anspruch zu nehmen, egal, ob es um Wohngeld, Sozialhilfe oder einen Fortbildungskurs des Arbeitsamtes geht. Doch wer diese Einnahmen aus Staatsquellen, sie sind ohnehin knapp genug bemessen, von der Überbrückungshilfe in schlechten Zeiten zur künftigen Einnahmequelle machen will, wer diese Leistungen in seine Lebensplanung mit einbezieht, hat ein großes Problem. Er hat nämlich nicht nur seinen Elan verloren, sondern auch sein Selbstwertgefühl und seinen Stolz. Wer sich mit dieser Verlustbilanz arrangieren kann, und das vielleicht auch noch aus voller Überzeugung, muss entweder ein Narr sein oder ein Zyniker. Beide haben in unserem System keine Überlebenschancen.

Das Hobby zum Beruf machen

Das Leben ist lebenswert. Und auch das Berufsleben ist lebenswert. Da mag es noch so viele Pleiten, Pech und Pannen gegeben haben, irgendwie und irgendwann gab es Situationen, in denen der Job oder der Beruf Spaß gemacht haben. Das ist genau der Punkt, bei dem ich »notorische Verlierer« packen möchte.

Ich fordere zur Gewissenserforschung auf, wann und wie diese Situationen eingetreten sind. Wo die Motivation war, wo so etwas wie Begeisterung empfunden werden konnte.

Und wenn Sie nun daherkommen und resigniert meinen, dass Ihnen dieses ganze Feld des Geldverdienens immer schon als Frust und Unlust entgegentrat, dass von Anfang an oder von einem bestimmten Zeitpunkt an das Geldverdienen nur noch eine lästige Pflicht war und Sie nie befriedigen konnte, außer im Moment der Gehaltsauszahlung, dann gibt es eigentlich nur eine einzige Antwort: Sie haben bislang auf einem für Sie falschen Claim nach Gold gesucht. Sie haben den falschen oder gar keinen Beruf erlernt, Sie haben immer nur das gemacht, was andere von Ihnen erwartet haben, kurz und schlecht: Sie haben nie Befriedigung in Ihrer Arbeit erfahren. Kein Wunder, dass Sie in der Berufswelt gescheitert sind und auch keine Lust mehr haben, es aufs Neue zu versuchen.

Nun gut, halten wir das mal als Zwischenbilanz fest. Doch wenn Sie davon ausgehen, Sie bekommen von mir ein paar Streicheleinheiten, dann haben Sie sich geirrt. Schicksal, auch das berufliche, ist nämlich nicht nur das, was Ihnen die Außenwelt zumutet, sondern auch das, was *Sie sich selbst* zutrauen und für sich selbst umsetzen. Und das vor allen Dingen.

Hierzu gibt es ein schönes Beispiel aus der hebräischen Mythologie, aus dem so genannten Alten Testament. Zwei Söhne erben von ihrem Vater den gleichen Geldbetrag, und zwar schon zu Lebzeiten des Vaters. Der eine Sohn verscharrt dieses Geld, der andere arbeitet damit und macht mehr daraus. Was den Vater natürlich wesentlich mehr begeistert, weswegen er ihm schließlich das Gesamterbe zuspricht.

Was uns das heute noch sagen kann? Man muss wissen, was man will und was man kann, und genau auf dieser Basis sollte man das suchen, was sich heute »Lebensunterhalt« nennt.

Also wieder die Frage nach dem Hobby, nach dem Spaß im Leben, nach der eigentlichen Bestimmung. Was macht Ihnen wirklich Spaß? Fernsehen gucken? Erdnüsse reinstopfen? Gelangweilt auf der Couch rumlungern? Zum Arbeitsamt gehen? Sozialhilfe kassieren? Ständig die Vorwürfe der Familie ertragen, seien sie nun stumm oder drastisch ausgesprochen?

Oder machen Ihnen andere Sachen Spaß? Basteln, werkeln, Autos reparieren, Briefe schreiben, Bücher lesen, kochen, Gäste bewirten, Pflanzen großziehen, Tiere pflegen? Denken Sie doch mal nach. Und wenn Sie schon keinen Elan mehr haben, denken Sie zurück in die Vergangenheit. Was hat Ihnen in Ihrem Leben schon mal richtig Spaß gemacht? Damals, als Sie noch voller Kraft waren?

Bei solchen Überlegungen kommen oft die seltsamsten Sachen raus. Jawohl, Einkaufen hat Spaß gemacht, aber das geht ja jetzt nicht mehr ohne Geld. Oder Skifahren macht Spaß, Eis essen, in die Wirtschaft gehen, Karneval macht Spaß und in die Disco gehen. Mit dem Hund spazieren gehen, stundenlang, das ist es. Oder schwimmen, faul in der Sonne liegen, oder Musik hören. Bilder malen, Gedichte schreiben, an elektrischen Geräten rumbasteln. Das alles und viel mehr – das macht Spaß. Sicher fallen Ihnen noch mehr Sachen ein.

Und wenn Ihnen *das* eingefallen ist, was Ihnen bisher in Ihrem Leben am meisten Spaß gemacht hat, was Ihr Superhobby ist, dann suchen Sie den Weg vom Hobby zum Beruf. Der leidenschaftliche Eis-Esser kann zum Eis-Konditor werden, der fröhliche Spaziergänger mit dem Hund kann zum Pfleger im Tierheim avancieren, der Musik-Fan zum Fachverkäufer in einem CD-Geschäft oder auch zum Discjockey, der Sonnenanbeter zum Urlaubsberater und so weiter und so fort.

Man muss nur ein bisschen nachdenken und sich um die entsprechenden Verbindungen in der Berufswelt bemühen. Was man wirklich will, das bekommt man auch. Darauf können Sie sich verlassen. Und ich kann Sie in meiner Eigenschaft als Hexe bei dieser Suche nach dem Knackpunkt garantiert unterstützen.

Jesus und sein Verhältnis zur Arbeit

Es ist gerade bei Leistungsverweigerern, ob nun gefrustet oder auch als Prinzip, chic geworden, Jesus von Nazareth zu zitieren, wenn es um das Thema Arbeit geht: »Sehet die Vögel unter dem Himmel, sie säen nicht, sie ernten nicht, und unser himmlischer Vater ernährt sie doch.«

Ganz abgesehen davon, wie quellentreu dieses Zitat sein mag, aufgeschrieben von Leuten, die Jesus nicht oder nur aus abenteuerlichsten Erzählungen kannten, frühestens notiert im Jahre 210 nach seinem Tod, so ist hier genau das passiert, was im heutigen Medienwesen jeden Tag abläuft, und zwar auf drastischste Weise. Ein Zitat wird aus einem

Zusammenhang gerissen, verfremdet, für eigene Zwecke eingesetzt.

Von Möchtegern-Esoterikern und Hobby-Bibelkennern wird dieses Zitat immer dann herangezogen, wenn es um die Rechtfertigung der Faulheit geht. »Der himmlische Vater wird's schon richten.« Sprich: Arbeiten ist nicht so wichtig.

Jesus, der gelernte Schreiner, später der erste Hippie der Weltgeschichte, der allein aufgrund seiner Ausstrahlung und seiner Bekanntheit immer damit rechnen konnte, dass ihn jemand zum Essen und zum Übernachten einladen würde, wollte mit diesem Ausspruch nichts anderes tun, als seine Begleiter von dem Stress zu befreien, den die Sicherung des täglichen Lebensunterhalts mit sich brachte. Womit er auch Recht hatte. Denn er hatte ein ganz anderes Ziel vor Augen: seine Predigt. Eine Predigt, die möglichst viele Menschen erreichen sollte. Mit so banalen Dingen wie Lebensunterhalt und dessen Besorgung konnte und wollte er sich nicht mehr abgeben.

Eine Ausnahmesituation also, die beileibe nicht für alle Erdenbürger zutreffen kann. Von heutigen erfolgreichen charismatischen Film- oder Musikstars, Präsidenten oder Religionsführern wissen wir, dass sie zu Werbezwecken fast in jedem Restaurant eingeladen sind und bestimmte Produkte wie Kleidung und Autos zur Verfügung gestellt bekommen. Heutige Millionenstars wissen meist nicht mehr, wie es ist, irgendwo mal bezahlen zu müssen. Sie haben auch nicht den geringsten Schimmer davon, was ein Liter Milch oder ein Pfund Butter kostet. All diese »unangenehmen Sachen« erledigt ein Untergebener, wenn überhaupt.

Ähnlich wird es Jesus ergangen sein. »Der himmlische Vater wird's schon richten« gilt in Bezug auf die Sicherung des Lebensunterhaltes also nur dann, wenn Sie genau so weit sind wie Julia Roberts, Paul McCartney oder Franz Beckenbauer.

Der himmlische Vater wird's aber *nicht* richten, wenn so kleine Würstchen wie Sie und ich zum Einkaufen gehen. Dann gilt nämlich immer noch der Grundsatz: Hilf dir selbst, dann hilft dir Gott.

Neuer Schwung für notorische Verlierer: Hexenrezepte

Natürlich können auch Sie etliches dazu beitragen, um diese göttliche Hilfe zu aktivieren. Wobei es, darauf habe ich schon oft hingewiesen, wirklich keine Rolle spielt, ob Sie an *einen* oder an *mehrere* Götter glauben, an den christlichen, jüdischen, buddhistischen oder islamischen Gottesbegriff – oder auch an die Naturgeister. Jeder Mensch hat eine Art Überbewusstsein (im Gegensatz zum Unterbewusstsein), das göttlich inspiriert ist und daher auch entsprechend empfänglich.

Leute, die schon aufgegeben haben oder die sich selbst bereits als »notorische Verlierer« bezeichnen, die auch eigentlich gar keine rechte Lust mehr haben, irgendetwas an ihrer fatalen Situation zu verändern, weil sowieso alles schief geht, sind besonders schwer zu Aktivitäten jeder Art zu motivieren.

Bei Frauen geht das nach meiner Erfahrung noch um einiges leichter. Selbst wenn sie ein paar Jahre »versumpft« waren, raffen sie sich, gerade wenn sie Kinder zu versorgen haben, immer wieder mal auf. Denn der Mutterinstinkt sitzt tief; und es muss schon einiges passieren, bis dieser Instinkt völlig abgestumpft ist. So weit zumindest meine persönliche Erfahrung.

Männer verfallen eher dem Phlegma, lassen sich fallen und reden sich die Situation zu allem Übel auch noch schön. Traurig, aber wahr.

Dennoch gibt es grundsätzlich für jeden die Möglichkeit, sich selbst wieder auf die Beine zu helfen. Denn darauf kommt es an: Dass man *sich selbst* hilft, nicht, dass man sich helfen lässt bis zum Gehtnichtmehr. Jede Hilfe darf immer nur die Hilfe zur Selbsthilfe sein, muss daher auch zeitlich limitiert werden. Das ist Stammbuch all derer, die sich als Helfer(in) gefallen und gar nicht mehr aus ihrer Rolle mit dem Helfersyndrom herausfinden. Dieses Helfersyndrom aber wird sich bitter rächen, wird auf längere Sicht gesehen die Situation des Betroffenen eher verschlimmern als verbessern. Auch wenn's der Helfende gut gemeint hat.

Noch ein wichtiger Punkt im Zusammenhang mit magischen Anwendungen: Menschen mit Suchtkrankheiten (Alkohol, Drogen) dürfen sie absolut *nicht* ausprobieren. Das Wahrnehmungsempfinden ist nämlich gestört bis verfälscht, und es können unangenehme Resultate herauskommen, wenn man unter Fremdeinfluss magisch tätig wird. Als Faustregel für alle Suchtgefährdeten gilt, dass zumindest der körperliche Entzug oder die Entgiftung – auch der letzte Rückfall – mindestens ein Jahr lang her sein muss, bevor man sich in magische Bereiche vorwagt. Das mag jetzt manchen zwar entmutigen, aber es geht nicht anders. Und wer dieses Hemmnis zur Ausrede oder als Bestätigung benutzen und missbrauchen will, »dass ohnehin alles egal ist«, der soll's tun. Denn wäre es nicht diese Ausrede, dann eine andere. Gegen Selbstaufgabe ist nämlich absolut kein Kraut gewachsen, auch kein Hexenkraut.

Doch nun zum eigentlichen Thema. Menschen, die »notorisch« und immer wieder verlieren, bedürfen erst mal einer grundsätzlichen seelischen Reinigung, bevor sie an weitere

Schritte überhaupt nur denken dürfen. Zu viel Frustration und Unlust haben sich angesammelt, zu viel Verzweiflung und Phlegma. Und all das, was sich über mehrere Jahre festigen und systematisieren konnte, lässt sich nicht über Nacht wegspülen. Eigentlich bedarf es einer Verhaltenstherapie, die all das einschließt und neu antrainiert, was über längere Zeit verloren gegangen ist: Selbstdisziplin, Pünktlichkeit, eine gewisse Sorgfalt für das äußere Erscheinungsbild und vieles mehr. Besonders aber die Fähigkeit, unangenehmen Tatsachen ins Auge zu blicken und sie sich weder schön zu reden noch sie im Alkohol oder anderen Drogen zu versenken.

Doch fangen wir bescheiden an. Ein *Ritual mit reversiblen Kerzen* kann einiges an Frust und seelischem Schmerz wegputzen, wenn man es gewissenhaft macht. So viel Disziplin muss sein. Dieses Mindestmaß müssen Sie aufbringen, sonst weiß ich auch nicht mehr weiter.

Also: Sie bauen sich einen kleinen Altar, das kann ein Tischchen oder ein Fußbänkchen sein, weiß bedeckt, und drapieren rechts und links je eine weiße Kerze. Ganz normale weiße Kerzen, erhältlich in jedem Drogeriemarkt. Zwischen die Kerzen in die Mitte eine Schale mit klarem Wasser und eine reversible Kerze. Das ist eine schwarzrote Kerze im Glasmantel, erhältlich im Hexenladen. Der obere Teil dieser Kerze ist schwarz (schwarz steht für negativ), der untere rot (rot für Energie, Lebenskraft).

Nun nehmen Sie ein *Reinigungsbad mit Reversible-Öl* (genau 7 Tropfen) und stellen sich während des Bades genau den Umstand vor, der eintreten müsste, damit Sie wieder Lust und Kraft bekommen, es nochmal zu versuchen. Was müsste passieren? Eine neue oder frisch belebte Beziehung, eine neue Verantwortung, ein neuer Job, die Möglichkeit, das Hobby beruflich umzusetzen, oder was? Bitte denken Sie nach. Und wenn es Ihnen nicht gleich einfällt, wiederholen Sie das Reinigungsbad so oft, bis Sie die erleuchtende Idee bekommen haben.

Diese Idee schreiben Sie nun auf einen Zettel und legen ihn unter die reversible Kerze, die Sie nun, zusammen mit den beiden weißen Altarkerzen, an einem Abend zwischen 19.00 und 20.00 Uhr anzünden und die ab diesem Zeitpunkt durchbrennen muss, bis sie von selbst ausgeht oder bis das Wachs aufgebraucht ist. Sie knien vor dem Altar und denken fest an Ihren Wunsch, ungefähr eine Stunde lang. Beten Sie zu Ihrem Gott oder Ihren Göttern, zu den Kräften der Natur und des Universums. Je intensiver Sie das machen, umso besser wird es Ihnen ergehen.

Noch etwas Praktisches: So eine Kerze kann, je nach Größe, 3 bis 7 Tage brennen. Denken Sie also bitte unbedingt an die Feuergefährlichkeit dieses Unternehmens. Gerade dann, wenn Sie nicht anwesend sind, können Luftzug, das liebe Haustier oder unvorhersehbare Umstände Böses anrichten. Der sicherste Platz für den von innen brennenden Glaskegel ist also eine mit ein bisschen Wasser gefüllte Badewanne, eine mit Wasser gefüllte Kuchenbackform oder Ähnliches. Das fehlt Ihnen gerade noch, dass Sie sich durch Unachtsamkeit das Dach über dem Kopf anzünden!

Wer spürt, dass ihm irgendwie die Bodenhaftung verloren gegangen ist, dass sein Bezug zur Realität im Laufe der Zeit stark gelitten hat, bereitet sich mit einem *Erdritual* auf den Neuanfang vor. Zurück zu Mutter Erde, zum Ausgang der Schöpfung, zurück auf den Boden der Tatsachen. Die vorherrschenden Farben, mit denen wir jetzt also arbeiten, sind *Braun* und *Grün*. Wir bauen wieder einen kleinen Altar, diesmal mit einem grünen Tuch und mit 2 braunen Altarkerzen rechts und links. Die grüne Kerze in der Mitte ist ein bisschen dicker als die anderen beiden, und wir pressen kleine Münzen in ihren Schaft. Auf den Altar legen wir Geschenke für die Götter, die Leben und Wohlstand verkörpern, also kleine Geldscheine, Brot, Getreidekörner und Ähnliches. Nun reinigen Sie Ihre Hände mit Wasser oder besser noch mit Kokosmilch und rufen Ihren Gott oder Ihre Götter laut (!) an. »Ich bitte um deinen/euren Beistand, auf dass ihr diese Geschenke annehmt, meine Situation erkennt und mir Hilfe schickt.« So oder so ähnlich.

Sie sehen, wir haben es hier mit einem Voodoo-Ritual zu tun. Voodoo-Rituale basieren immer auf Opfern, der Voodoo-Kult ist ein Opferkult. Und es wird immer geopfert, rund um die Uhr, jede Stunde und jede Sekunde, in unzähligen Ländern der Welt.

Daher ist man dazu übergegangen, die Götter vor dem Opfer besonders aufmerksam zu machen. Durch einen Klingelton oder ähnlich Geartetes. Drei Mal ein Glöckchen läuten (haben Sie noch das, mit dem Sie früher die Kinder an Heiligabend zur Bescherung hereingeläutet haben?), oder dreimal mit einem Metallgegenstand wie Messer, Gabel oder Löffel gegen ein Glas schlagen. In afrikanischen und karibischen Ländern verwendet man die Maraca, jene mit Kürbiskernen oder Steinchen gefüllte getrocknete Frucht, die beim Musikmachen so schön rasselt. Kann man hier zu Lande ebenfalls kaufen. Wie auch immer: bitte dreimal anklingeln, bevor Sie das Ritual eröffnen. Es ist nicht nur ein schöner Brauch, sondern erhöht auch die Feierlichkeit der Situation. Und wer weiß – vielleicht mögen es die Götter ja wirklich, wenn man höflich anklingelt, bevor man sie mit Wünschen überfällt. Vorstellen kann ich mir das schon. Mir ginge es nämlich auch nicht anders.

Nun beginnen Sie das eigentliche Ritual: Eine *Räucherung mit Yellow-Dog-Kräutern* weiht Ihren Altar und eine *High-John-Wurzel* ein, 5 ungefähr 6 bis 8 Zentimeter lange

Eisennägel werden kreisförmig in ein Stück Holz gebohrt, dazu geben Sie eine Prise *Zimtpulver* (gibt's in jedem Supermarkt) in die Wasserschale in der Mitte des Altars, füllen dann die Zimt-Wasser-Schale mit reinem *Alkohol* aus der Apotheke bis zum Rand auf. Ihre Hände salben Sie fein dosiert mit *Job-Öl*.

Das klingt jetzt ein bisschen komplizierter, als es in Wirklichkeit ist, aber auf die genaue Reihenfolge kommt es nicht so an.

Die Räucherung brennt, die Kerzen brennen, das Holz mit den Nägeln verbrennt, die Kräuter werden ebenfalls geräuchert, und irgendwann entsteht ein Sammelsurium von Ritualresten – und auf *das* kommt es nämlich an. Aber nur dann, wenn Sie sich richtig in allen Phasen der Vorbereitung konzentriert haben.

Die Wachs- und Kräuterreste streuen Sie auf Ihren Weg, wenn Sie etwas erreichen möchten, also wenn Sie zu einem Vorstellungsgespräch gehen oder auf Wohnungssuche. Genau wie Hänsel und Gretel im finsteren Wald lassen Sie bei einem entscheidenden Erledigungsgang immer ein Stückchen der Mischung fallen.

Die Nägel vergraben Sie in einem Garten, Park oder einfach im Freien, möglichst nah an dem Punkt, wo Sie sich meistens oder zumindest sehr oft aufhalten. Und die High-John-Wurzel tragen Sie, immer wieder aufs Neue von Job-Öl beträufelt, ständig bei sich. Sie sollten diese Wurzel in regelmäßigen Abständen aufladen, also rituell und mit dem festen Gedanken an Ihren Wunsch neu einölen.

Die Kraft der Kräuter und Öle

Das Praktizieren der eben genannten oder ähnlicher Rituale hat natürlich in einigen Punkten etwas von einer »Beschäftigungstherapie«, wobei ich diesen so inflationär verwendeten Begriff gar nicht abwerten will. *Jede* Beschäftigung ist nämlich besser als depressives Herumhängen und Versinken im Selbstmitleid. Außerdem wissen wir, dass diese Rituale, ernsthaft ausgeführt, zu Neuorientierungen, zu Neuanfängen und oft auch zu noch nie erlebten Erfolgen führen. Das zeigen unsere Erfahrungswerte, die wir über Jahrhunderte sammeln konnten. Es sind also keine Ersatzhandlungen.

Also lassen Sie sich darauf ein, auch wenn Sie nicht unbedingt daran glauben. Macht ja nichts, oder? Zu verlieren gibt's nichts mehr – wer sollte Sie also daran hindern, mal etwas völlig anderes zu versuchen?

In *sehr* schweren Fällen, also wenn die Resignation und die Unlust *ganz* tief sitzen, wenn das Dilemma auch noch möchtegern-philosophisch hochgejubelt und vielleicht mit dem Beispiel Jesus begründet wird, der ja angeblich auch nichts gearbeitet hat in seinem Leben und so weiter (ich kann's schon nicht mehr hören), in diesen Fällen empfehle ich immer die Reduktion des magischen Tuns, die Besinnung auf ganz einfache und garantiert anstrengende Aktionen. Aktionen, die der Reinigung von angesammelten Negativerfahrungen dienen sollen und bei denen man fast überhaupt nichts tun muss.

Da sind zum Beispiel die regelmäßigen *Reinigungsbäder in Salzwasser*, die nichts anderes tun, als seelische Krusten aufzulösen. Danach empfehle ich *Bäder mit Kokosmilch* (ein paar Tropfen genügen), *Bäder und Räucherun-*

gen mit weißen Nelken, viel mehr muss es erst mal nicht sein.

Wer noch einen Schritt weiter gehen will und kann, der möge sich mit folgenden Ölmischungen die Hände, die Fußsohlen, die Schultern und auch den Solarplexus einreiben: *Job-, Success-, Angel-* und *Buddha-Öl,* das sind die Kombinationen, mit denen man sich im resignierten Alltag neue Impulse und auch Kräfte zuführen kann. Man muss nicht dran glauben, man benötigt keine Konzentrationskraft, man braucht rein gar nichts außer diesen Ölen, die es in jedem Magier- und Hexenladen gibt. Und sie kosten nicht die Welt. Hier geht es um raffinierte und bewährte Mischungen, die über Ihren Geruchssinn Ihre Seele positiv stimulieren. Und hier geht es um Naturgesetze. Die Frage, was ein lethargisch gewordener Mensch davon hält oder nicht – diese Frage stellt sich nicht. Diese Wirkstoffe, es gibt sie oft auch als Kräutermischungen für den Tee oder für eine Räucherung, tun ihren Job sowieso.

Aber es dauert, das muss Ihnen klar sein. Halbskeptisch an eine Sache herangehen, vielleicht sogar nur aufgrund der »Überredungskunst« dieses Buches oder eines Freundes – und dann auch noch von heute auf morgen Wunder erwarten: Das können Sie sich abschminken.

Doch die Kraft der Kräuter und Öle (und Öle sind ja bekanntlich nicht mehr als konzentrierte Kräuter [siehe auch mein Buch *Rezepte aus der Hexenküche,* Goldmann Verlag]) wird auf lange Sicht auch jedem notorischen Verlierer helfen. Ihn vielleicht sogar zu der Erkenntnis beflügeln, dass er gar kein notorischer Verlierer ist, sondern dass er sich das nur eingeredet hat oder von anderen hat einreden lassen.

Noch ein klitzekleines Ritual unter der Überschrift »Kräuter und Öle«, das ich auch dem erschöpftesten und resigniertesten Kämpfer auf der Straße des beruflichen Scheiterns zumuten kann, ein *Kerzengebet plus Salbeiräucherung*. Salbei gibt's überall; eine weiße Kerze ebenso. Der Salbei wird geräuchert, unter die weiße Kerze legen Sie ein Stück Papier mit dem *Solarkreuz*. Das sieht so aus:

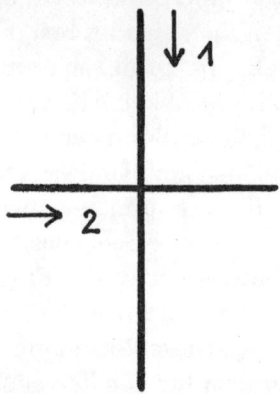

Das Solarkreuz kann Sie beschützen und neu motivieren; es ist außerdem ein Zeichen der Macht. Wenn Sie aber das Gefühl haben, und von diesem Verdacht gehe ich jetzt mal aus, dass es erst darum geht, einiges Negative zu vertreiben, bevor man an Aufbauarbeit denken kann, dann zeichnen Sie im Rahmen dieses selben Rituals zunächst lieber ein *Vertreibungspentagramm*. Hier die Skizze:

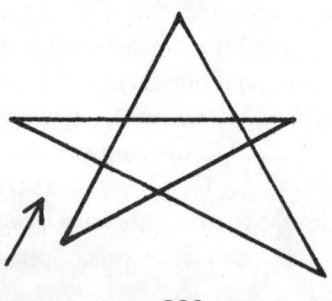

Haben Sie keine Angst vor dem martialischen Namen. Ein »Vertreibungspentagramm« vertreibt nur das Böse, in Ihrem Fall also die Unlust, die Resignation und das Phlegma; es hat außerdem nicht das Geringste mit schwarzer Magie zu tun, es kann Ihnen also nur nutzen.

Sie dürfen auch beide Symbole gleichzeitig unter die brennende Kerze legen.

Und nun beten Sie, zu wem auch immer. Zum Geist Ihrer verstorbenen Mutter, wenn Sie wollen, oder zum Geist Ihres Urururgroßvaters.

Das ist alles. Kriegen Sie das hin?

Selbstcoaching – ein heilendes Ritual

Wenn Sie nicht mehr ganz am Boden liegen, wenn Sie schon die neuen Kräfte in sich spüren, und wenn Sie auch wieder neue Ideen entwickeln konnten, die Sie vielleicht aus dem Dilemma herausführen könnten, dann ist es Zeit für ein *Ritual des Neuanfangs*. Dieses Ritual darf man nicht »so nebenbei« ausführen, man muss die Fähigkeit mitbringen, sich voll zu konzentrieren. Es ist ein Kerzen-Ritual, das es in zwei Varianten gibt.

Für die Variante 1 empfehle ich eine *Novena-Kerze*. Novena, novum, neu. Das Glas, in dem diese Kerze steht, ist geschmückt mit hilfreichen heiligen Symbolen, es gibt die Kerze für Rituale von 3, 7, 9 und 14 Tagen. Sie sehen, auch der Esoterik-Supermarkt passt sich den Wünschen der Kunden an und tut etwas für sie. Hoch leben die modernen Zeiten.

Spaß beiseite. Sinn der Sache ist nämlich nie die leicht praktikable Handhabbarkeit, sondern stets der dahinter stehende Wunsch und seine Erfüllung. Wenn es um berufliche Dinge geht, wählen Sie also eine »9«, eine Kerze für 9 Tage. Das hat sich bewährt.

Sie schauen in Ihrem Kalender und suchen sich den 9. Tag vor Neumond heraus, um mit diesem Ritual zu beginnen. Der beruflich bedingte Wunsch wird wieder auf ein Stück Papier geschrieben, unter die Kerze gelegt, und dann muss diese Kerze brennen. Sie ahnen es schon: 9 Tage und Nächte lang. Bitte beachten Sie die üblichen Sicherheitsmaßnahmen in Sachen Feuerschutz; wir haben schon darüber gesprochen.

Jeden einzelnen dieser 9 Tage sollten Sie so gestalten, dass Sie eine ganze Stunde Zeit haben, dieser Kerze beim Abbrennen zuzuschauen. Sie starren in die Flamme, jeden Tag zur gleichen Stunde, und meditieren oder visualisieren Ihren konkret erreichbaren Wunsch. Das muss sein. Sie dürfen die Serie von 9 Tagen nicht unterbrechen. Geht die Kerze von selbst aus oder kommt Ihnen etwas dazwischen, dass Sie das Ritual nicht vollständig ausführen können, müssen Sie von vorn beginnen. Hier geht es um das Gesetz der Serie.

Bei Variante 2 ist es im Grunde genauso. Nur, dass Sie außer einer einzigen großen Kerze 9 kleine verwenden, am besten in brauner oder auch weißer Farbe. Hier tun es Kerzen in Größe eines Teelichts, die leicht zu bekommen sind. Noch schöner sind allerdings die kleinen Motiv- und Votivteelichter, die es in Magier- und Hexenläden zu kaufen gibt. Die Zeit der täglichen Konzentration soll mindestens so lange andauern, wie das Kerzlein brennt.

Der Brauch, alles Schlechte wegzubrennen, das Neue mit Feuer und Flamme zu begrüßen, hat eine uralte Wurzel. Schon die alten Ägypter haben um die Kraft dieser Symbolik gewusst. Erklären kann und will ich die Reinigungskraft des Feuers auch nicht. Zumal dieses Argument – freilich nie die Kraft selbst – immer wieder als dumme Ausrede herhalten musste, wenn eine meiner Hexenschwestern von der katholischen Kirche verbrannt wurde.

Dennoch gilt die Lehre, dass Reinigungsrituale entweder mit Salz oder mit Feuer zu tun haben, auch in meiner Hexenreligion. Und es gibt außerdem noch die *Giftrituale*. Wer demonstrativ und als Opfergabe Gift hingibt, öffnet damit sein Herz in Richtung Reinheit. Das Gift soll geopfert werden, soll verbrennen, soll auf jeden Fall verschwinden. Um der Reinheit Platz zu machen.

Eines der schlimmsten und schnellstwirksamen Gifte ist das der Klapperschlange. Und die Wurzel der Klapperschlange ist in ihrem Sperma zu finden. Ohne Sperma keine neuen kleinen Schlangen mehr. Wer die beiden oben beschriebenen Rituale dahingehend ergänzt, dass er *Klapperschlangensperma* opfert, am besten, indem er es verbrennt, hat das Aufwendigste getan, um seinen Wunsch zu unterstützen.

Klapperschlangensperma gibt's natürlich nicht bei Aldi und auch nicht bei Tengelmann. Und Sie können diese seltene Substanz auch nicht in jedem x-beliebigen Esoterikshop bekommen; Sie müssen schon ein bisschen suchen. In meinem Hexenladen werden Sie fündig. Und es gibt noch einige seriöse Adressen mehr.

Die Klapperschlange ist ein Gotteskind wie wir Menschen auch. Es gibt keinen Grund, sie zu verteufeln. Die Natur wird schon wissen, warum sie sie ausgerechnet mit diesem hochwirksamen Gift ausgestattet hat. Trotzdem weiß die Natur auch, dass gewisse Spezies *nebeneinander* leben müssen und nicht *miteinander*, dass also wir Menschen den Klapperschlangen aus dem Weg gehen sollen und umgekehrt. Was die rituelle Kraft eines Opfers von Klapperschlangensperma nur noch aufwertet.

Bevor Sie allerdings ein Ritual dieser Art auch nur in Erwägung ziehen sollten, müssen Sie *ganz* genau wissen, was Sie brauchen und was Sie wollen. Auch wenn wir es hier mit der »Blaupause« der Klapperschlange zu tun haben, eigentlich ja nur mit einer der beiden Komponenten dieser vorexistenziellen Phase, stehen wir schon mit einem Bein im Königreich der mindestens grauen Magie. Und müssen bedenken, dass der Umgang mit Gift oder seinen Vorboten giftig enden kann.

Doch die Voodoo-Götter haben Gefallen an diesem Opfer. Wer also auf der Voodoo-Basis aktiv werden will, muss dieses Risiko eingehen. Beachten Sie unbedingt meine vorausgegangenen Regeln: Zwei frustrierte Säufer vor dem Fernseher, die nebenbei ein Ritual machen und Klapperschlangensperma verbrennen, »nur so zum Spaß«, können sich selbst immensen Schaden zufügen.

Resignation oder Depression: Wie erkenne ich was?

All diese in den vorigen Kapiteln empfohlenen Rituale und Anwendungen, besonders das Giftritual, sind ausgesprochen hilfreiche Maßnahmen, um Sie aus einer Phase der Resignation zu führen. Sie sind aber keinesfalls geeignet, wenn es um die Heilung einer Depression geht.

Wir alle gehen mit dem Begriff »Depression« mehr als inflationär um. Jeder, der ein bisschen traurig ist oder einfach unter einer schlechten Tagesform leidet, behauptet von sich, dass er »depressiv« sei. Doch das stimmt nicht. Depression ist ein medizinisch festgelegter Begriff, der sich vor allem durch absolute Antriebslosigkeit und tiefes Empfinden einer grauen und schweren Sinnlosigkeit kennzeichnet. Eine Lage, in der ein »Reiß dich zusammen« oder »Das vergeht schon wieder« absolut unfruchtbar bleiben müssen, weil es einfach nicht geht. Das klassische Bild einer Depression sieht so aus, dass im Nebenzimmer das Kind schreit, weil es Hunger hat, und die depressive Mutter nicht mal in der Lage ist, aufzustehen und sich um ihr Kleines zu kümmern.

Depressive haben schon allergrößte Schwierigkeiten damit, tägliche Hygieneanwendungen wie Zähne putzen, duschen etc. auf die Reihe zu bringen. Das Hauptmerkmal der Depression ist also nicht die Trauer. Trauer ist in einem gewissen Maß sogar gesund und sehr wichtig. Das Hauptmerkmal ist ebendiese Schwere und völlige Erstarrung im Nichts.

Depressionen bleiben oft unerkannt. Viel zu viele schlecht ausgebildete Hausärzte dilettieren auf diesem Gebiet herum. Oft erkennt man eine Depression erst dann, wenn es zu spät ist, wenn der so oft ungehört angekündigte oder zumindest immer wieder gedachte Selbstmord erfolgreich in die Tat umgesetzt wurde. Menschen, die beruflich völlig abgeschrieben worden sind und die sich im Besonderen selbst völlig abgeschrieben haben, sind sehr gefährdet, in eine Depression zu verfallen. Da sie aber nicht den Mut finden, mit anderen über dieses schreckliche Gefühl der Ohnmacht zu sprechen, bleiben Depressionen viel zu lange Zeit in einem gefährlichen Schwelzustand, in dem sie ständig wachsen und an Gefährlichkeit gewinnen. Dabei ist Früherkennung sehr wichtig, hilft sie doch, die Heilungschancen beträchtlich zu steigern. Wie und wo geheilt werden kann, davon später mehr.

Hier soll es erst mal um die (möglichst frühe) Erkennung der Depression gehen. Ein Zustand, der sich deutlich von dem der Resignation unterscheidet. Beide Situationen sind alles andere als angenehm; aber die Resignation kann oft im Selbstheilungsverfahren angegangen werden, während das bei der Depression nicht möglich ist.

Wer resigniert, gibt einfach auf. Wie ein Rennläufer, der sehen muss, dass er das Ziel nicht oder zu spät erreicht, dass alle anderen viel schneller sind, dass es scheinbar (!) keinen Sinn mehr hat, erneut zu trainieren und wieder an den Start zu gehen. Die Resignation passiert also einzig und allein in der Seele. Schlimm genug. Aber nicht so schlimm wie eine Depression.

Die Depression passiert nämlich nicht nur in der Seele, sondern auch im Körper. Genauer gesagt: im Stoffwechsel der Gehirnzellen. Und diese Störung verwandelt Trauer und Resignation in Depression. Es gibt verschiedene Theorien darüber, warum das beim einen zutrifft und beim anderen nicht. Theorien, die sich gegenseitig ergänzen, teilweise aber auch widersprechen. Das fängt an bei der genetischen Veranlagung, also der Vererbung, und geht hin bis zu frühkindlich erlebten körperlichen und seelischen Verletzungen, die sich in Form eines Ausbruchs den Weg nach außen verschafft haben. Die Wissenschaftler streiten noch, und die »endogene« Fraktion hadert mit der »reaktiven«. »Reaktiv« heißt, dass in Reaktion auf irgendetwas – in unserem Beispiel die Hoffnungslosigkeit im beruflichen Bereich – diese Körperfehlfunktion aufgetreten ist. »Endogen« heißt »im Inneren entstehend«.

Wie auch immer gilt, dass man eine Depression als Kapitulation der Seele bezeichnen kann. Nichts geht mehr. Die Resignation kann man bekämpfen, sich wieder seelisch aufmöbeln, sich neu motivieren; bei der Depression aber haben solche Versuche nicht den geringsten Sinn. Sie werden vom Betroffenen nur als lästige Anstrengung erfahren.

Der Resignierte *will* nämlich im tiefsten Innern seines

Herzens etwas an seiner Situation verbessern, *will* einen neuen Job finden, neue Ziele erkennen und so weiter. Auch wenn er so tut, als wäre ihm schon alles egal, weil alles ohnehin sinnlos sei. Der Depressive aber will nichts anderes als seine Ruhe, am besten seine ewige.

Sobald sich solche Gedanken bei Ihnen einstellen, müssen Sie sofort hellhörig werden. Wenn diese Gedanken noch einhergehen mit Schlafstörungen, radikalen Änderungen der Essgewohnheiten, tiefer Trauer, warum auch immer, müssen sofort alle Alarmglocken klingeln. Dieser Hinweis an dieser Stelle gilt besonders den Angehörigen.

Depressionen kommen und gehen nicht über Nacht. Sie schleichen sich ein, und sie schleichen sich aus. Sobald Sie die ersten Anzeichen feststellen, bitte *sofort* alle magischen Tätigkeiten einstellen. Es könnten Fehlresultate entstehen, die Ihnen längerfristig zu schaffen machen. In der Magie darf nur tätig werden, wer weiß, was er tut. Und das ist bei Depressionen nicht unbedingt vorausgesetzt.

Freilich erkennen Sie den Unterschied zwischen Resignation und Depression auch daran, dass Ihnen alle Maßnahmen, die ich Ihnen empfohlen habe, viel zu »umständlich« und viel zu »anstrengend« erscheinen. Oder auch einfach daran, dass Sie überhaupt nicht mehr in der Lage sind, in diesem Buch oder in einem anderen, und sei es auch nur ein Kinderbuch, zu lesen.

Jawohl, auch das ist ein sicheres Indiz für eine Depression: Wer im Zustand der Traurigkeit oder der Resignation, warum auch immer, nicht mehr lesen kann, ist mit an Sicherheit grenzender Wahrscheinlichkeit schon depressiv. Damit meine ich nicht, dass er die Buchstabenlehre vergessen hat oder dass die Buchstaben vor seinen Augen verschwimmen, sondern ich meine, dass man eine Buchseite anschaut und sie nur als grafisches Gebilde von Buchstaben wahrnimmt, den Inhalt aber nicht mehr recht oder überhaupt nicht erfassen kann.

Aber wie gesagt, es gibt den grauen Bereich des Ein- und Ausschleichens. Wer merkt, dass er langsam, aber sicher Schwierigkeiten bekommt, sich auf das Lesen von irgendwelchen Texten zu konzentrieren, muss aufpassen.

Aber wenden wir uns erst mal der Resignation zu, bevor wir beim Thema Depression tiefer einsteigen. Denn im Bereich der Resignation können wir Hexen sehr wohl tätig werden. Eine geringe und wenn auch noch so kleine Bereitschaft vorausgesetzt, dass der Betroffene etwas ändern will.

Hilfe aus der Resignation: Hexenrezepte

Resignation, halten wir das der Ordnung halber noch mal fest, ist die Aufgabe aller Aktivitäten, an seiner misslichen Lage etwas zu verbessern. Man sagt sich, dass das eh alles keinen Sinn mehr hat, schwindelt sich irgendwie durch, ob nun mit schlauen Sprüchen oder mit Sozialhilfe, und man wird müde und unbeweglich. Im tiefsten Inneren aber träumt man vom Lottoglück oder von der Wunschfee, will ein anderes Leben führen. Auch wenn man es nicht immer zugibt.

Nun gut – wenn all das auf Sie zutrifft –: erstens kann es nicht schaden, zweitens haben Sie Interesse an esoterischen und magischen Aktivitäten, sonst würden Sie dieses Buch nicht lesen. Und drittens haben Sie ohnehin nichts Besseres zu tun.

Ich empfehle also eine *Naturmeditation*. Sie suchen sich einen möglichst grünen Baum aus, also einen mit vielen und breiten Blättern, lehnen sich an ihn, mit dem Rücken zum Stamm, die Hände nach hinten, den Stamm umgreifend und stellen sich ganz einfach eine Situation vor, wie Sie sich eine wünschen. Viel Geld, ein schönes Auto, ein schönes Haus und so weiter. Spüren Sie die Kräfte und Säfte, die durch den Baumstamm laufen, bitten Sie den Baum, dass er seine Äste wie Antennen in den Kosmos richtet, damit Ihr Wunsch von dessen Geistern gehört werden kann. Das machen Sie 7 Tage lang hintereinander, immer zur gleichen Uhrzeit.

Grün ist die Farbe des Geldes; und der *Geldbaum*, auch bekannt als »fette Berta«, hat dicke und fleischige grüne Blätter. Diese Pflanze kostet nicht viel, ist pflegeleicht und sieht sehr gut in Ihrer Wohnung aus. Mit dem Baum machen Sie gar nichts. Stellen Sie ihn einfach an einen schmucken Platz. Sie werden sehen, die Dinge kommen in Bewegung. Und nach dem ersten kleinen Erfolg verschenken Sie Ableger davon an Freunde, damit auch sie die Kraft dieses Bäumchens kennen lernen können. Und weil sie Ihre Freunde sind, denen Sie Gutes wünschen.

Wir bleiben bei der Kraft der Geldfarbe Grün und basteln uns einen *Geldtalisman*: Sie sticken mit einem hellgrünen Seidenfaden auf silbernen Satin die auf der nächsten Seite folgende Figur, so gut Sie können.

Schon beim Sticken der Figur werden spirituelle Kräfte frei, die Ihnen, nicht nur beruflich, viele Türen öffnen können, und auch noch nach dem Türöffnen als Glücksbringer treu bleiben.

Das Hauptsymbol in der Mitte ist das Zeichen von Petro Simi, einem der wichtigsten Voodoo-Götter; die kleinen Zeichen rundherum dienen der Verstärkung des Hauptsymbols.

Nun weihen Sie diesen kleinen Talisman ein, und zwar mit einem Gebet, ungefähr so: »Bitte verhilf mir zu Wohlstand, Reichtum und Glück, ändere meine jetzige Situation.«

Das Gebet begleiten Sie mit einem Opfer von selbst gebackenem (!) Brot und Weißwein, die Menge bestimmen Sie selbst.

Noch ein wichtiger Hinweis: Dieses kleine Ritual dürfen Sie nur durchführen, wenn es wirklich ausschließlich um Gelddinge und berufliche Angelegenheiten geht. Die Voodoo-Götter ärgern sich, wenn sie in Anliegen belästigt werden, die nichts mit ihrem »Zuständigkeitsbereich« zu tun haben; und sie werden ihrem Ärger stets Luft machen, Ihnen also Unheil schicken, wenn Sie sich nicht an die Spielregeln halten.

In und um New Orleans gilt St. Peter, also der heilige Petrus der Christen, aufgrund der Tatsache, dass er Schlüssel in der Hand hält, also vielleicht auch die Schlüssel zur Kasse und des Hauses, als der »Zuständige« in allen Dingen, die Wohlstand betreffen. Opfern Sie ihm eine kleine Räucherung aus *grünen Pflanzen*, am besten aus *Peter*silie. Die Namensassoziation ist Absicht. Und bevor Sie diese Räucherung machen, putzen Sie Ihre Wohnung. Ins Putzwasser kommen Petersilie und Thymian. Sie reinigen Wohnung und Büro (sofern vorhanden) von der Tür aus nach hinten bis ins letzte Eck, immer rückwärts, bis Sie fertig sind. Dann erst opfern Sie die Räucherung. Denken Sie sowohl bei dem gesamten Reinigungsvorgang als auch bei der anschließenden Räucherung so intensiv wie möglich an Ihren Wunsch.

Weil wir gerade bei New Orleans sind, hier noch was zum Schmunzeln, der *Zauber mit der Schwefelzwiebel*, der angeblich schon viel Nutzen gebracht hat. Wann immer ein Resignierter oder ein verzweifelter Arbeitsuchender ein wichtiges Gespräch mit einem Menschen hatte, der ihm helfen konnte oder nicht, höhlte man sich eine rote Zwiebel aus und füllte das Loch mit Schwefel, umfasste diese Zwiebel und drückte im Laufe der Unterredung immer wieder mal drauf. Was natürlich schrecklich stinkt. Der alte Zauber soll oft genug dazu geführt haben, dass der Arbeitgeber den Job schon deshalb vergeben hat, um den Bewerber so bald wie möglich wieder aus seinem Zimmer zu bekommen …
Na ja, ich weiß nicht. Ich vertraue da eher auf wohlriechende Öle. Aber versuchen kann man's ja. Natürlich nur mit dem Bewusstsein, dass hier Sagen, Zauber, Mutterwitz und Magie Hand in Hand gehen.

Genauso wie bei dem *Froschtrick*. Grün ist das Geld, grün ist der Frosch, und ein Frosch in der Tasche, den man immer wieder heimlich anfasst, bringt Geld bei Unterredungen oder beim Glücksspiel. Ich habe leider keine Ahnung, was passiert ist, wenn es inmitten einer spannenden Pokerrunde auf einmal laut gequakt hat. Das waren sicher sehr skurrile und freiwillig komische Situationen. Doch in der Literatur der New-Orleans-Voodoo-Kunst gilt der arme Frosch immer noch als Geldmagnet.

Dazu zwei ultimative persönliche Anmerkungen. Erstens ist das Glücksspiel sicherlich die falscheste Methode, um an Geld zu kommen. Zweitens steht der Laubfrosch unter Naturschutz. Und auch wenn er das nicht täte, lassen wir uns bitte nicht auf Tierquälerei ein. Denn um nichts anderes geht es, wenn wir dieses arme Tier in der Hosentasche rumtragen. Ich habe den Froschtrick nur erwähnt, um Sie ein bisschen über die seltsamen Auswüchse eines an sich wichtigen Kultes zu informieren und um Sie zu erheitern. Clowns und Harlekine gibt es in jeder Religion, in jedem Kult, in jeder Politik.

Doch wenn schon New-Orleans-Voodoo, dann bitte ernsthaft. Der Voodoo-Meister Claude O. Winston und sein Gehilfe Joseph Bush, beide lebten Anfang des 19. Jahrhunderts, haben seriös ihre Versuche mit *Räucherungen* und *Kerzenritualen* dokumentiert, bei denen es ausschließlich darum ging, überwiegend *grüne* Farben zum Einsatz zu bringen, in Form von Kräutern, als Öl oder auch als Wachs. Bush zitiert etliche Dankesbriefe.

Aus einem Sammelsurium von Rezepten sind schließlich folgende Ölmischungen entstanden, die wir heute noch anwenden: *Quick-Money-Öl*, *High-John-Öl* und *Uncrossing-Power-Öl*. Es gibt etliche mehr. Sie kosten in einem Hexen- oder Magierladen zwischen 20 und 25 Euro, und sie müssen sehr sparsam eingesetzt werden, tropfenweise.

Das kann man auch sehr gut mit *Steinamuletten*. Wenn grüne Steine, wie der Achat, der grüne Turmalin oder der grüne Smaragd, mit einem dieser Öle gesalbt werden und man diese Steine dann als Talisman mit sich trägt, in der Hosentasche oder an eine Halskette gefasst, werden Geld anziehende Kräfte aktiv, darauf kann man sich eigentlich immer verlassen. Man muss nur darauf achten, dass man regelmäßig nachölt, und dass niemand anders den Talisman berührt. Aber das gilt ja generell.

Und wer ganz schwer resigniert ist, eigentlich schon fast aufgegeben hat, andererseits aber fest an die magischen Kräfte glaubt, der sollte das *Licht-und-Rauch-Ritual* einsetzen, um sich von allen negativen und lähmenden Kräften zu befreien, damit endlich wieder mal neuer Schwung in die Bemühungen auf der Suche nach einer Arbeitsstelle kommt. Dieses Ritual reinigt, sorgt für innerliche Ausgeglichenheit, für einen klaren Kopf, der die nächsten Schritte weisen wird.

Und so geht's: Sie besorgen sich 2 verschiedene *Räucherungen*, in diesem Fall am besten Räucherstäbchen. Ich empfehle Kokos und Thymian; aber lassen Sie Ihren Geruchssinn und Ihr persönliches Empfinden entscheiden. Dann fertigen Sie sich ein rotes Brettchen, eine Leiste an oder besorgen sich ein Stück hölzernen roten Untergrund, auf den Sie eine rote und eine weiße Kerze stellen. Auf diese Liste zeichnen Sie bitte die folgenden beiden Figuren. Zuerst ein Tetragrammaton, das sieht so aus:

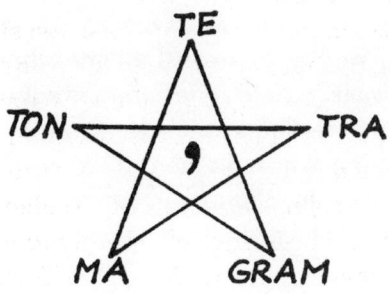

Dieses Symbol zeichnen Sie bitte auf die *rechte* Seite der roten Leiste, also neben die rechte Kerze. Sie müssen intuitiv entscheiden, welche der beiden Kerzen rechts und welche links steht. Also das Tetragrammaton auf jeden Fall neben die rechte Kerze zeichnen, am besten einritzen.

Auf der *linken* Seite der Leiste kommt ein Dreieck von unten, ungefähr so:

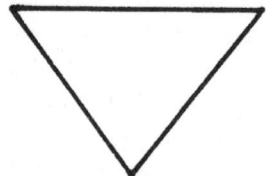

Und nun entzünden Sie den Weihrauch, und zwar beide Räucherstäbchen gleichzeitig. Sie malen mit dem ersten Stäbchen ein großes »S« in die Luft, mit dem zweiten daneben ebenfalls ein »S«, aber spiegelverkehrt, direkt neben dem ersten. Es entstehen imaginär zwei Schlangen, die sich anschauen.

Dazu sprechen Sie ein Gebet, das ungefähr so lautet: »Mit dieser Kraft aus dem Dreieck von unten und mit der Kraft des Tetragrammatons beschwöre ich die Naturgeister, mir alle widrigen Umstände, Feinde, Neider und Widersacher fern zu halten, mir neuen Mut zu geben, auf dass ich meine Resignation überwinden möge. Die beiden Schlangen, die ich mit Weihrauch in die Luft gezeichnet habe, sollen zum Leben erwachen, mich wie Tempelwächter beschützen und wieder auferwecken aus der Resignation.« Sie können auch Ihre eigenen Worte wählen. Und natürlich auch mit diesem Ritual wen auch immer ansprechen; wir Hexen machen niemandem Vorschriften, an welchen Heiligen oder Gott er zu glauben hat. Denn aus dem Anspruch des Absolutismus entstand und entsteht schreckliches Unglück, wie man es auch heute aus den fanatischen Fraktionen aller Religionen und Kulturen immer wieder leidvoll erfahren muss.

Sich aus der Resignation neu aufzuschwingen, sich neuen Mut zuzufächeln, sich aus der zur Gewohnheit gewordenen Lethargie zu befreien, das ist eine schwierige und kräftezehrende Angelegenheit. Wer mit meinen Tipps in Sachen Magie etwas anfangen kann, sollte sich unbedingt auf diesem Gebiet versuchen. Wer skeptisch ist, sollte es bitte bleiben lassen und stattdessen Psycho-Ratgeber mit Selbstmotivationstraining studieren, vielleicht sogar eine Therapie ins Auge fassen. Denn allzu schnell und allzu leicht wird aus einer Resignation eine Depression.

Hilfe aus der Depression: Wer ist zuständig?

Unterstützende Hexenrezepte

Den Begriff »Depression« habe ich ja schon definiert. Alle, die nur so ein bisschen »rumblättern und rumlesen« in diesem Buch, verweise ich hier ausdrücklich auf den Abschnitt »Resignation oder Depression: Wie erkenne ich, was« (siehe weiter oben).

Doch nun zur Sache. Auch wenn Sie »nur« den Verdacht haben, dass Sie, Ihr Partner oder Ihr Freund an einer Depression leidet, muss *sofort* oder zumindest *so schnell wie irgend möglich* ein Fachmann oder eine Fachfrau an Bord gezogen werden. Bei Hausärzten sind Sie hier an der falschen Adresse. Konsultieren Sie diese Herrschaften, die oft genug Feld-Wald-und-Wiesen-Doktoren sind, wenn es um Impfungen und Sportunfälle geht, um triefende Nasen und gebrochene Arme. Aber bitte nicht, wenn es um gebrochene *Seelen* geht.

Ein hartes Urteil, ich weiß, aber meine bisherige Erfahrung aus meiner Beratertätigkeit lässt keinen anderen Schluss zu. Und auch die Statistik sagt uns, dass die meisten Depressionsfälle unentdeckt bzw. falsch diagnostiziert bleiben. Weil der Hausarzt mit dem Thema überfordert war.

Zuständig ist in so einem Fall immer erst mal der *Neurologe*, der Nervenarzt. Depressionen haben zwar nur zu einem geringen Teil mit Nerven zu tun, aber es hat sich so eingebürgert, dass »der Fall« hier anlaufen muss. Einen Neurologen für den Notfall finden Sie im Branchen-Telefonbuch. Wenn Ihr Hausarzt kein borniener Rechthaber und Besserwisser ist, wird er Ihnen einen Neurologen empfehlen.

Psychiatrische Kliniken sind immer dann Anlaufstelle, wenn es keinen Hausarzt oder Neurologen in der näheren Umgebung gibt oder zu geben scheint und wenn die Depression für den Betroffenen oder seine Angehörigen unerträglich wird. Angehörige müssen hier sehr stark und tapfer sein, denn der Betroffene will auf keinen Fall in so eine Klinik, auf keinen Fall »ins Irrenhaus abgeschoben« werden.

Meine Erfahrungen mit vielen depressiven Ratsuchenden haben allerdings immer wieder gezeigt, dass es gerade diese Kliniken sind, die in der akuten Depressionsphase helfend und oft auch lebensrettend aktiv werden. Die Ärzte dort haben in aller Regel die nötigen Erfahrungen. Und die Mär vom Irrenhaus, in dem man einfach »ruhig gestellt« und »abgespritzt« wird, diese Mär stimmt schon lange nicht mehr. Es hat sich einiges getan im Bereich der Psychiatrie. Den Göttern sei Dank.

Eine Depression ist, rein äußerlich von den Symptomen her, erst mal eine Stoffwechselstörung. Genauso wie Diabetes, die Zuckerkrankheit. Das heißt, dass der Stoff, den der Körper nicht mehr produziert, von außen zugeführt werden muss, als Medikament. Bei den Zuckerkranken heißt dieser Stoff Insulin; bei Depressiven heißt er Serotonin.

Serotonin ist der Glücksbotenstoff, der Verantwortliche fürs Wohlfühlen. Wenn der Körper diesen Stoff nicht mehr aufbauen kann, stellt sich die Depression ein. Die Depression hat nicht immer unbedingt damit zu tun, dass man Job und Wohlstand verloren hat, sondern sie entsteht auch aus mehr oder weniger banalen Gründen. Das Wetter ist schlecht, die Katze frisst nicht wie sonst, das Konto ist schon wieder heillos überzogen oder wie auch immer. Es gibt keine äußeren Anlässe für eine Depression! Stattdessen suchen sich Körper und Seele im Fall der chemisch bedingten Depression einen Anlass aus vielen möglichen heraus und machen ihn zum Hauptmotiv. Weil ein Zwang zur Erklärung ansteht. Ein Zwang, der aber nichts bringt. Und dessen Antwort schon gleich zweimal nichts bringt. Sie ist nämlich nur eine Momentaufnahme.

Eine Depression aber ist keine Momentaufnahme. Eine Depression ist auch keine Missbefindlichkeit und erst recht schon gleich zwei mal keine schlechte Laune, eine Depression ist ein lebensbedrohendes Problem, eine unter Umständen tödlich ausgehende Krankheit. Hinter jedem Depressiven steht ein potenzieller Selbstmörder, ob er sich nun zu erkennen gibt oder auch nicht.

Erst wenn der akute Zustand behandelt worden ist, und zwar mit *Antidepressiva*, mit Medikamenten, die im Lauf von etwa 2 bis 3 Wochen – diese Zeit gilt es durchzuhalten – wieder ein Mindestmaß an Serotonin in der Gehirnchemie herstellen, darf man daran denken, in die nächste Phase der Therapie zu gehen, einen *Psychologen* oder einen *Psy-*

chiater aufzusuchen. Vorher macht das keinen Sinn. Und nun muss besprochen werden, welche Therapie möglich sein kann.

Nehmen Sie nicht gleich das erste Angebot. Psychiater, Psychologen, Handwerker und Rechtsanwälte, die wirklich was taugen, erfährt man normalerweise nicht aus dem Branchenbuch. Empfehlungen von Freunden können helfen; aber in erster Linie gilt der persönliche Eindruck, der Eindruck oder die »Liebe auf den ersten Blick«. Verlassen Sie sich ausschließlich auf Ihre Naturinstinkte, alles andere ist Quatsch. Und scheuen Sie sich nicht, vier bis fünf mögliche Therapeuten zu besuchen, bevor Sie sich festlegen.

Einen Punkt müssen Sie immer dabei im Auge behalten: *Sie* sind der Kunde, *Sie* sind der Chef, *Sie* bezahlen die Rechnung, bzw. *Ihre* Krankenkasse zahlt des Doktors Honorar, *Sie allein* bestimmen also, wo's langgeht. Sie sind kein Bittsteller, Sie sind kein Kaninchen, das vor der Schlange in Weiß vor Ehrfurcht erfrieren muss, hören Sie auf Ihre innere und heilige Stimme. Wenn der Mensch Ihnen gegenüber auf Sie eine schlechte Ausstrahlung hat, gehen Sie zum nächsten. Das ist nicht nur Ihr gutes Recht, sondern auch Ihre Pflicht sich selbst gegenüber.

Es ist bestimmt kein Neid und keine Eifersucht dabei, wenn wir Hexen gestehen müssen, dass sowohl die medikamentöse als auch die auf analytischen Gesprächen basierende Therapie einen großen Schritt nach vorne gemacht haben. Gerade im Bereich der Depressionen hat sich einiges getan. Deswegen habe ich stets ein absolut gutes Gewissen, wenn ich akute Depressionspatienten sofort in die Hand der Fachärzte weiterleite.

Denn sie sind zuständig. Niemand anders sonst. Und sie verstehen ihr Handwerk. Soll ich »Mittelalter-Hokospokus« aus dem Ärmel zaubern in der Absicht, diese Ärzte ad absurdum zu führen? Nur des Prinzips wegen? Ich hoffe, für so dumm halten Sie mich nicht.

Niemals, und das muss man bei allen Überlegungen wissen, geht es um die Untermauerung eines bestehenden Prinzips oder gar eines fanatischen Vorurteils. Oder gar einer fanatischen Idee. Ernst zu nehmende Hexen von heute arbeiten mit Medizinern, mit Neurologen und Psychiatern zusammen, sie versuchen, sich gegenseitig zu ergänzen. Und sie versuchen auch, voneinander zu lernen. Die Richtung des Voneinander-Lernens ist zwar immer noch ein bisschen einseitig, aber ich habe Geduld.

Geduld müssen auch jene mitbringen, die mit Depressionen zu kämpfen haben. Es geht um innere Ruhe, und es geht um Gelassenheit. Und sosehr ich auch weiß, dass es auf den ersten Blick so ausschauen mag, dass sich Hexenkunst und medizinische Depressionstherapie ausschließen könnten, so selbstsicher empfehle ich Hexenrezepte, die im Fall einer Depression unterstützend wirken können. Ich betone das Wort »unterstützend«. Um mehr geht es nicht; um mehr *soll* es auch nicht gehen.

Ein ganz wichtiger Schritt ist der Schritt nach draußen, *der Schritt in die freie Natur*. Das ist nichts Neues, und das wird wohl jeder Arzt empfehlen, wie Licht und Luft, bei welchem Wetter auch immer, im Zusammenhang mit der aufgebrachten Bewegungsarbeit grundsätzlich dazu geeignet sind, den Botenstoff Serotonin im Körper zu erzeugen, der dem Depressiven fehlt. Natürlich tut sich der Depressive sehr schwer, sich aufzuraffen, rauszugehen, gerade bei ungünstiger Witterung. Darum wieder mein grundsätzlicher Appell an die Angehörigen, hier hartnäckig und unterstützend zur Seite zu stehen, am besten den Kranken bei seinem täglichen Spaziergang von mindestens einer Stunde zu begleiten, wenn es die Zeit irgendwie zulässt. Ausreden gelten nicht. Der Spaziergang, am besten täglich zur gleichen Zeit, muss ein fester Programmpunkt im Ablauf werden.

Denn mir geht es dabei nicht nur um Luft, Licht und Bewegung, sondern vor allem um den Kontakt mit den *Naturgeistern*. Um die Betrachtung von Tieren, von Büschen und Bäumen, fließendem oder stehendem Wasser, um Wind und Wolken. Schauen Sie den Lebewesen zu, versuchen Sie, sich in sie hineinzuversetzen oder zumindest irgendeine Art Kontakt mit ihnen herzustellen. Das wird Ihnen gut tun; das wird Sie aus dem Teufelskreis der immer wieder gleichen Gedankenfallen holen. Fallen wie »Ich bin nichts wert«, »Ich bringe es im Berufsleben ohnehin nie zu irgendwas« oder auch »Das Leben hat keinen Sinn mehr«.

Bei Depressiven finden wir immer wieder diese Gedankenfallen, die sich dann in einem Teufelskreis der negativen Gefühle manifestieren. Auch wenn der eigentliche und wirkliche Grund für die Erkrankung ein ganz anderer sein mag als der angegebene, wird der Patient das nie erkennen können. Denn sein Gehirnstoffwechsel hat schon versagt, und seine Gedankenwelt hat bereits eine ganz besondere Drehung und vor allem Richtung bekommen. Argumente helfen da wenig.

Deswegen empfehle ich den Aufbau eines neuen *Mantras*. Sie wissen, ein Mantra ist eine immer wieder vor sich hin gesagte Formel, manchmal auch ein Zauberwort aus der Religion. Ob das nun »Hare Krishna, Hare Krishna«, »Kyrie eleison« oder ein unzählige Male gebeteter Rosenkranz mit »Ave Maria« ist, bleibt sich gleich. Die Wirkung des Mantras, das für den Außenstehenden meist unerklärlich bleibt, basiert auf der Kraft der Wiederholung, des ständigen Immer-wieder-Runterleierns. Eine kleine Gehirnwäsche, wenn Sie so wollen.

Das neue Mantra eines Depressiven, der seiner Meinung nach aufgrund seiner aussichtslosen beruflichen Lage depressiv geworden ist, kann also heißen: »Ich bin schön, ich bin toll, ich bin erfolgreich.« Nur so zum Beispiel. Dieser Satz, mindestens hundert Mal pro Tag vor einem Spiegel mit dem strengen Kontakt von Auge zu Spiegelauge dahergesagt, wird auf Dauer seine Wirkung tun. Zumindest aber wird er das Negativmantra auslöschen können. Und das ist auch schon was.

Depressive haben große Probleme mit den täglichen Verrichtungen wie duschen, Zähne putzen, anziehen und so weiter. Und sie greifen, wenn sie sich schon mal aus dem Bett gequält haben, immer wieder zu denselben, meist dunkelfarbigen Kleidungsstücken. Nicht nur weil Grau und Schwarz wieder mal modern geworden sind, sondern weil die innere Verfassung ebenfalls grau und schwarz ist. Die *Lehre von den Farben* aber sagt uns, dass es eben *nicht* egal ist, was wir anziehen und welche Farbe unsere Kleidungsstücke haben. Farben strahlen Schwingungen aus, auf die unsere Seele reagiert. Depressive sollten unbedingt grüne, gelbe und orangefarbene Kleidungsstücke tragen, weil von diesen Farben Kraft ausgeht. Es können auch rote Sachen sein. Die machen zwar ein bisschen aggressiv, aber das ist erst mal nicht so schlimm.

Allerdings gibt es bei Rot eine Einschränkung. Nur Depressive, die sich bereits auf dem Weg der Besserung befinden, dürfen diese Farbe tragen. Denn Aggressionen können auch gegen einen selbst aktiv werden. Das heißt, die Antriebskraft, die dem Kranken so oft fehlt, ist in vielen Fällen auch gleichzeitig eine Lebensversicherung. Garantiert diese fehlende Kraft doch, dass der Patient seinen oft in Gedanken ausgemalten Selbstmord nicht tatsächlich in die Realität umsetzen kann. Deshalb Vorsicht mit Rot!

Die anderen Farben, also Grün, Gelb und Orange, können aber unbedenklich in jedem Stadium der Krankheit eingesetzt werden. Leihen Sie sich, wenn Sie solche Farben nicht in Ihrem Kleiderschrank finden, solche Sachen aus, oder kaufen Sie sich welche, wenn es finanziell machbar ist.

Bis die Antidepressiva, die Ihnen Ihr Arzt verschrieben hat, greifen, dauert es wie gesagt ungefähr 2 bis 3 Wochen. Medikamente, die per Knopfdruck wirksam werden, gibt es in diesem Fall (noch) nicht. Sie merken, dass Sie auf dem Weg der Besserung sind, wenn Sie sich fragen, ob denn nun das Schlimmste schon überstanden sei oder nicht, ob es wirklich besser geworden ist oder ob Sie sich das nur einbilden. Wenn Sie solche Gedanken hegen, vielleicht auch nur verstohlen, dann geht's schon aufwärts.

In diesem Stadium helfen Ihnen *heilende Ölmischungen* wie *Healing*, *Angel, Power,* bei Frauen auch *Jezebel*. Ein paar Tropfen hinters Ohr, auf den Hand- und Fußflächen verteilt, auch über den Schultern, schaffen Wohlgeruch und sedative Wirkungen. Sie dürfen auch durchaus mit diesen Mischungen experimentieren und sie je nach persönlichem Empfinden mischen. Ihre Nase entscheidet, was Ihnen gut tut, was Sie heilt.

Diese Ölmischungen wenden Sie bitte vorzugsweise abends an. Denn sie verhelfen Ihnen zu einer Art Gelassenheit, die Sie schon lange vermisst haben. Außerdem können Sie auf diesem Weg Ihre krankheitsbedingten Schlafstörungen lindern oder im besten Fall sogar heilen.

Depressive Patienten empfinden oft eine wahnsinnige Skepsis, wenn es wieder aufwärts geht. Zu tief sitzen die schmerzhaft erlebten Erfahrungen, zu misstrauisch muss alles beäugt werden, was eine Linderung verspricht oder schon eine Linderung gebracht hat. Das hat damit zu tun, dass die Depression ja auch eine Flucht, eine Kapitulation war und ist, dass man ein Refugium gefunden hat, wenn auch ein schmerzhaftes, das einen aber zumindest der Verantwortung entheben konnte. Einer Verantwortung, die man nur noch als Last zu fühlen vermochte.

Es gibt keine allgemein übertragbaren Regeln, wann eine Depression anfängt, wie lange sie dauert und wann sie wieder aufhört. Es gibt auch keine allgemein wirksamen Medikamente. Der eine Patient spricht auf dies an, der andere auf das. Oft muss erst ein bisschen geforscht werden. Aber seien Sie sich sicher: Die Depression vergeht. Darauf können Sie sich verlassen.

Noch ein praktischer Tipp: Beim Thema psychische Krankheiten fühlt sich jeder Klugschwätzer dazu aufgerufen, seine Halbweisheiten und dummen Vorurteile unters Volk zu bringen. Von »Bloß keine Psychopharmaka, die machen süchtig!« über »Gehen wir mal auf 'n Bier und sprechen uns richtig aus« bis zu »Bei meiner Oma ist das von allein wieder weggegangen« und ähnlichem Unsinn ist alles drin. Bei jeder komplizierten Reparatur, bei jedem diffizilen Rechtsfall oder auch bei jedem Arm- oder Beinbruch verlässt man sich auf den Fachmann – nur beim Thema Psychiatrie meint jeder Hanswurst »klug« daherschwätzen zu dürfen. Also entscheiden Sie sich klar und deutlich für den Rat des Fachmanns und blenden Sie alle anderen Zwischenmeldungen rigoros (!) aus, sie irritieren nämlich nur.

Verlassen Sie sich in der anfänglichen akuten Phase ausschließlich auf Ihren Neurologen, Ihren Facharzt in der Nervenklinik vielleicht, später dann, wenn Sie beschlossen haben, dass Sie sich auf eine Therapie jenseits der medikamentösen Behandlung einlassen wollen oder müssen, auf Ihren Psychologen oder Psychiater, also auf Ihren Therapeuten. Auch noch so wohl meinende Besserwisser und Laien, die sich eine Kompetenz anmaßen, die andere erst in

245

jahrelangem Studium und in der Praxis erworben haben, sollten den Mund halten.

Das ist nicht immer leicht durchzusetzen, denn schließlich braucht man ja Freunde und Familie, und man will niemanden verletzen und vor den Kopf stoßen. Aber jetzt geht es nur um Sie allein, nicht um die anderen. Es wird der Tag kommen, an dem Sie die Kraft haben, im Nachhinein wieder alles gerade zu rücken und zu erklären. Und wahre Freunde werden Verständnis zeigen, auch wenn sie erst mal ausgeblendet worden sind. Und um die, die kein Verständnis aufbringen können, ist es ohnehin nicht schade.

Carpe diem, nutze den Tag

Wir kommen zum Ende unseres großen Kapitels für die so genannten »Verlierer«. Sind sie denn wirklich Verlierer? Oder sind sie nicht eher Opfer eines unmenschlichen Systems? Die Frage erübrigt sich, denn wir müssen noch eine Zeit lang mit diesem System leben. Ob wir es gutheißen oder nicht. Denn wir haben kein anderes.

Das heißt aber auch gleichzeitig, dass sich niemand in seiner Opferrolle einnisten darf. Solange es regnet, ist jeder dumm, der keinen Regenschirm benutzt. Und solange die Sonne brennt, ist Sonnenöl angesagt, um die Haut zu schützen. Und solange der Kapitalismus herrscht, müssen wir uns mit ihm arrangieren.

Das Überleben im Kapitalismus ist eine Frage der Intelligenz. Und eine Frage der Selbstorganisation. Die Götter und Geister haben es nun mal nicht vorgesehen, dass wir alle mit einem goldenen Löffel im Mund geboren werden, dass wir alle Millionenerben sind oder dass wir alle gleich viel Geld haben.

Es gilt das Gesetz der Natur: Der Starke frisst den Schwachen. Wieder mal ein Grund mehr, Sinn und Unsinn des Humanismus zu hinterfragen, aber das ist ein anderes Buchthema.

Wer also in diesem System überleben muss und will, kommt um ein Mindestmaß an *Selbstorganisation* nicht herum. Das heißt, ein Terminkalender muss her, alles Wichtige wird eingetragen, im Fall der Erledigung abgehakt, im Fall der Nichterledigung auf den nächstmöglichen Termin übertragen, ums auf ein Neues zu versuchen. Jeden Abend wird der Terminkalender geprüft, auf Erfolg und Verschiebung getestet. Und jeden Tag fängt man mit dem unangenehmsten Punkt an, um sich dann langsam vorzuarbeiten. Anders geht es nicht.

Das heißt auch, Rechnungen oder Mahnungen werden nicht ungeöffnet weggeschmissen, sondern angeschaut und eingeordnet, höchstens bis zum fälligen Zahlungstermin verschoben. Alles fein eintragen. Ist es nicht möglich, zu zahlen, weil das Geld fehlt, muss man mit dem Gläubiger Kontakt aufnehmen und ihm das sagen. Vielleicht verlängert er die Frist oder macht einen überraschend neuen Vorschlag, man weiß es ja nicht. Das Schlimmste ist Stillschweigen und den Kopf in den Sand zu stecken. Dann tickt nämlich die Bombe, gespeist aus Dynamit, das sich aus Computermahnungen, Mahnbescheiden und sonst was zusammensetzt, und sie ist eines Tages nicht mehr aufzuhalten und explodiert. Weil sie so programmiert ist.

Geht gar nichts mehr weiter, helfen Schuldnerberatungsstellen. Aber auch die besuchen einen nicht ungefragt wie die Zeugen Jehovas; man muss schon so viel Energie aufbringen, sich dorthin zu bequemen. Vielleicht haben die geschulten Mitarbeiter dort einen Vorschlag, mit dem man leben kann.

Und dann, um nun doch noch zu einem positiven Abschluss dieses Kapitels zu kommen, nehmen Sie sich Ihren Terminkalender zur Hand und tragen sich jeden Monat, am besten immer an einem ganz bestimmten Tag, das Wichtigste ein, was in diesem Monat ansteht: Ihre persönliche Lebensfreude.

An diesem Tag kaufen Sie sich einen Blumenstrauß, gehen in die Berge, machen einen Ausflug ans Wasser, gehen wieder mal in den Zoo, kaufen Sie sich was Schönes, leisten Sie sich wieder mal ein Essen in einem netten Restaurant oder wie auch immer. Dieser *Tag der Lebensfreude* ist keine Marotte, er ist sehr wichtig. Wichtig für Ihre Seele.

Carpe diem, sagten die alten Römer, freue dich an der Gegenwart, nutze den Tag. Verschwende ihn nicht, lass ihn nicht im Frust untergehen, lass ihn nicht in einer grauen Wolke mit vielen anderen Tagen verschwinden, sondern mach was daraus. Und das nicht nur heute und morgen, sondern auch übermorgen und überhaupt. Denn dieser Tag ist der erste Tag vom Rest deines Lebens.

Ein Nachwort

Sie können mir glauben, liebe Leser, auch ich wäre manchmal gern Harry Potter. Und auch ich hätte gern oft ein Haustier, zu dem ich einfach sagen muss: »Esel, streck dich«, und schon kommen aus dem Hinterteil des lieben Esels glitzernde Goldmünzen heraus. Außerdem hätte ich noch gern eine schöne Villa, einen eleganten Wagen mit einem noch galanteren Chauffeur, und meiner lieben Paula, meinem Hund, würde ein Gold-Halsband, am besten mit Diamanten besetzt, sicher auch nicht schlecht stehen. Träume dürfen erlaubt sein.

Wenn Sie jetzt erfahren haben, dass auch eine Hexe tagtäglich darum kämpfen muss, den Tanz mit dem Geldteufel richtig und elegant hinzukriegen, und wenn Sie deshalb enttäuscht sind, weil sie sich eigentlich ein bisschen Hokuspokus erwartet haben, der Sie von allen Geld-Sorgen befreit, dann, ja genau: Dann haben Sie mein vollstes Verständnis. Doch das Leben ist halt so, wie es ist, und nicht anders kann es sein.

Geldzauber funktioniert nur wohl dosiert und in der Stunde der Bedürftigkeit. Gierhälse haben keine Chance. Sie können mit all meinen magischen Tipps also nur das bekommen, was Sie im Moment brauchen. Nicht mehr. Aber auch nicht weniger. Die Götter werden für Sie und Ihr Wohlergehen sorgen. Da hat Jesus schon Recht: Der himmlische Vater wird's schon richten. So einrichten, so arrangieren. Irgendwie kommen wir schon über die Runden.

Die Zeiten sind hart. Alles wird teurer, die Zahl der Arbeitslosen steigt, der Lebensstandard sinkt. Irgendwie finde ich es ja sogar gerecht, dass auch wir in der westlichen Luxus-»Zone« endlich kapieren, dass nicht immer alles golden sein kann. Doch wenn mir dann wieder eine Mahnung ins Haus flattert, verfluche auch ich den ganzen Konsumterror und sein System, kämpfe mich aber wacker durch, so gut es halt geht.

Was ist ein Geldzauber wert, der nicht mal mir selbst helfen kann? Warum muss ich ein Buch darüber schreiben? Warum zaubere ich nicht lieber im stillen Kämmerlein vor mich hin, bis ich Millionärin bin? Das wäre doch viel eher angebracht, oder etwa nicht?

Ja und nein. Natürlich wende ich viele meiner hier niedergeschriebenen Tipps, Rezepte und Rituale für mich selbst und meine Freunde an. Und sie wirken. Doch nicht in dem Maße, dass auf einmal und vor allem für ewig alle Probleme mit dem Geld aus der Welt geschafft wurden, sondern immer nur von Fall zu Fall. Die Götter sorgen für uns, das weiß ich, aber sie verwöhnen uns nicht. Sie wollen, dass wir uns bemühen, dass wir strampeln und arbeiten, dass wir Profil zeigen. Dass wir selbst eines Tages zu Göttern werden. Und hier gilt das alte Gesetz: »Nur unter Druck entstehen Diamanten.« Halten wir also den Druck aus, den wir aushalten können, wachsen wir an ihm, verzweifeln wir nicht, sondern machen das Beste aus der Situation.

Machen wir uns nichts vor. Bei allen Widrigkeiten und bei aller Rezession geht es uns in Europa noch relativ gut. Nicht mehr so gut wie vor zehn Jahren, das mag sein, aber immer noch wirtschaftlich besser als unseren Brüdern und Schwestern in der Dritten Welt, die am Montag noch nicht wissen, was sie am Dienstag ihren Kindern zu essen geben sollen. Wir leben. Und das alles andere als schlecht, rein ökonomisch gesehen.

Geldzauber ist keine Hexerei, Geldzauber ist die Arbeit mit Natur- und Geisteskraft; Geldzauber will wohl überlegt sein. Wer ihn überstrapaziert oder gar missbraucht, kann und wird keinen Erfolg damit haben. Ein Ritual für den zweiten Porsche wird nie und nimmer funktionieren. Nicht mal eins für den ersten, solange das bisherige Auto noch seine Dienste tut. Das ist gut und gerecht so.

Und auch einen sehr angenehmen Nebeneffekt hat die Rezession: Die Menschen rücken wieder näher zusammen, haben Besseres miteinander zu besprechen, als sich gegenseitig mit Erfolgsmeldungen zu beeindrucken, tauschen auf einmal auch wieder Sorgen und Probleme aus. Es entsteht wieder so etwas wie Solidarität.

Wann aber entsteht endlich die Solidarität zwischen den Völkern? Und was können Sie persönlich dazu beitragen? Denken Sie bitte mal darüber nach, in einer ruhigen Stunde. Die Götter mögen Sie beschützen!

Sandra, im Dezember 2002

Falls Sie zu Sandra Kontakt aufnehmen möchten, wenden Sie sich bitte an folgende Adresse:

SANDRAS HEXENLADEN
Baierbrunner Straße 2
81379 München
Telefon 089/786541

ARKANA
GOLDMANN

Sandra – Deutschlands bekannteste Hexe

Ich, die Hexe   12134

Hexenrituale   12193

Weiße Magie, Schwarze Magie,
Satanismus   21527

Sandra, Rezepte aus der
Hexenküche   14198

Goldmann • Der Taschenbuch-Verlag

Mit Tarotkarten einen konstruktiven Weg aus der Krise finden

Hajo Banzhaf und Elisabeth Hemmerlein stellen ein Legesystem vor, bei dem nach dem »nächsten Schritt« in bezug auf Problemlösungen und Lebensentscheidungen gefragt wird. Inspirierende Anleitungen, um auf die wohl meistgestellte Frage an das Tarot (»Was soll ich bloß tun?«) eine klare Antwort zu bekommen.

Tarot als Wegbereiter   21501

ARKANA

Das aktuelle Standardwerk von Deutschlands Tarot-Spezialisten Nr. 1

Hajo Banzhaf
Das Tarotbuch
ISBN 3-442-33646-5
208 Seiten, vierfarbig, gebunden

GOLDMANN